"十二五"普通高等教育本科国家级规划教材

21世纪韩国语系列教材

大学韩国语

第六册

主　编　牛林杰　[韩] 崔博光
副主编　李学堂　[韩] 李泳恩　尹锡万

图书在版编目(CIP)数据

大学韩国语·第六册/牛林杰,(韩)崔博光 主编. —北京：北京大学出版社，2010.1
(21世纪韩国语系列教材)
ISBN 978-7-301-16136-4

Ⅰ.①大… Ⅱ.①牛…②崔… Ⅲ.①朝鲜语–高等学校–教材 Ⅳ.①H55

中国版本图书馆CIP数据核字(2009)第222779号

书　　名	大学韩国语·第六册
著作责任者	牛林杰　[韩]崔博光 主编
责任编辑	宣　瑄 ccxuan@hotmail.com　刘　虹
标准书号	ISBN 978-7-301-16136-4
出版发行	北京大学出版社
地　　址	北京市海淀区成府路205号　100871
网　　址	http://www.pup.cn　新浪微博:@北京大学出版社
电子信箱	pup_russian@163.com
电　　话	邮购部 62752015　发行部 62750672　编辑部 62754382
印刷者	北京大学印刷厂
经销者	新华书店
	787毫米×1092毫米　16开本　15印张　265千字
	2010年1月第1版　2016年6月第2次印刷
定　　价	35.00元

未经许可,不得以任何方式复制或抄袭本书之部分或全部内容。
版权所有,侵权必究
举报电话: 010-62752024　电子信箱: fd@pup.pku.edu.cn
图书如有印装质量问题,请与出版部联系,电话:010-62756370

"十二五"普通高等教育本科国家级规划教材

"21世纪韩国语系列教材"专家委员会

主任委员:

 安炳浩 北京大学 教授
     中国韩鲜语/韩国语教育研究学会会长
 张光军 解放军外国语学院亚非系主任 博导
     教育部外语教学指导委员会委员
     大韩民国国语国文学会海外理事
 张 敏 北京大学 教授 博导
 牛林杰 山东大学韩国学院院长 教授 博导

委员:

 金永寿 延边大学韩鲜韩国学院院长 教授
 苗春梅 北京外国语大学亚非学院韩国语系主任 教授
 何彤梅 大连外国语学院韩国语系主任 教授
 王 丹 北京大学外国语学院韩鲜(韩国)语言文化系主任 教授 博导

韩国语专家顾问:

 闵贤植 韩国首尔大学国语教育系 教授
 姜信沆 韩国成均馆大学国语国文系 教授
 赵恒禄 韩国祥明大学国语教育系 教授

总 序

　　中韩建交之初，北京大学出版社出版了全国25所大学联合编写的韩国语基础教科书《标准韩国语》。在近十年的教学实践中，这套教材得到了广大师生的认可和欢迎，为我国的韩国语人才培养做出了积极的贡献。随着我国韩国语教育事业的迅速发展，广大师生对韩国语教材的要求也越来越高。在教学实践中，迫切需要一套适合大学本科、专科等教学的韩国语系列教材。为此，北京大学出版社再度荟萃韩国语教学界精英，推出了国内第一套韩国语系列教材——《21世纪韩国语系列教材》。

　　本系列教材是以高校韩国语专业教学大纲为基础策划、编写的，编写计划基本上囊括了韩国语专业大学本科的全部课程，既包括听、说、读、写、译等语言基础教材，也包括韩国文化、韩国文学等文化修养教材，因其具备完备性、科学性、实用性、权威性的特点，已正式被列为普通高等教育"十一五"国家级规划教材。

　　本系列教材与以往其他版本教材相比有其鲜明特点：首先，它是目前为止唯一被列入"十一五"国家级规划的韩国语系列教材。第二，它是触动时代脉搏的韩国语教材，教材的每一个环节都力求做到新颖、实用，图文并茂，时代感强，摆脱了题材老套、墨守成规的教材编写模式，真正实现了"新世纪——新教材——新人才"的目标。第三，语言与文化是密不可分的，不了解一个国家的文化，就不能切实地掌握一个国家的语言，从这一视角出发，立体化系列教材的开发在外语教材（包括非通用语教材）规划中是势在必行的。《21世纪韩国语系列教材》就是在这一教学思维的指导下应运而生的。第四，本系列教材具有权威性。由中国韩国语教育研究学会会长、北京大学安炳浩教授，大韩民国国语国文学会海外理事、中国韩国语教育研究学会副会长张光军教授，北京大学张敏教授，山东大学牛林杰教授组织编写。参加编纂的中韩专家、教授来自北京大学、韩国首尔大学、北京外国语大学、韩国成均馆大学、山东大学、解放军外国语学院、大连外国语学院、延边大学、青岛大学、中央民族大学、山东师范大学、烟台大学等国内外多所院校。他们在韩国语教学领域具有丰富的执教经验和雄厚的科研实力。

　　本系列教材将采取开放、灵活的出版方式，陆续出版发行。欢迎各位读者对本系列教材的不足之处提出宝贵意见。

北京大学出版社
2007年4月

前　言

中韩两国隔海相望，文化交流源远流长。1992年中韩建交以来，两国在政治、经济、文化等各领域的交流日益频繁。在我国，学习韩国语、渴望了解韩国文化的人越来越多，韩国语教育也进入了一个新的历史时期。根据社会的需求，山东大学韩国学院组织编写了这套韩国语基础课教材。本教材是北京大学出版社组织出版的《21世纪韩国语系列教材》之一。教材根据韩国语语法、词汇、词性的难易度、使用频率，以日常生活、韩国文化为主要内容，旨在培养学习者的综合韩国语能力。

本教材遵循由浅入深、循序渐进的原则，语法讲解详细系统，听、说、读、写各方面的训练分布均匀，使学生在获得扎实、坚固基本功的基础上，能够活学活用，快速提高韩国语综合能力。另外，教材还反映了韩国的政治、经济、文化等内容，使学习者在学习韩国语的同时，加深对韩国的理解。

本教材共分六册，可供大学韩国语专业一至三年级作为精读教材使用，也可供广大韩国语爱好者自学。教材第1—4册每册18课，第5—6册每册12课，每课由课文、词汇、语法、练习、阅读、补充单词等组成。课文一般由一段对话和一段简短的说明文组成。对话部分一般使用口语形式，以与人们日常生活息息相关的内容为题材，便于学习者理解、记忆和使用；说明文则根据会话的主题设计，一般使用书面语形式。生词部分整理了课文中新出现的单词和惯用语。单词表中的汉字词都标有相对应的汉字，便于学习者理解和记忆。语法部分是对课文中重要句型和语法的解释。重点讲解语法的构成，并举例说明其用法。练习部分以加深对课文的理解、词汇的灵活运用、语法的熟练为主要目的，题目多样、新颖。课外阅读由一篇与课文内容相关的短文组成，通过短文阅读，训练学习者的综合阅读能力，扩大词汇量。补充生词部分收录了语法和练习、课外阅读中出现的生词。每册的最后附有总词汇表，是全书单词的整理，便于学习者查找、记忆。

本教材在编写和出版过程中，得到了山东大学韩国学院和北京大学出版社的大力支持和帮助。韩国学院亚非语言文学专业研究生刘惠莹、贺森、徐静静、王凤玲、尚应朋、方飞等参加了本教材的部分编写和资料整理工作,北京大学出版社的编辑同志为本书的出版付出了艰辛的努力。在此,我们谨向所有关心和支持本教材编写和出版的有关人士表示衷心的感谢。

由于时间仓促和编者的水平有限,书中难免出现一些错误,真诚地希望国内外韩国语教育界的同行和广大读者对这套教材提出宝贵意见。

牛林杰
2009年3月

제1과	한국의 전통 혼례 ···	1
	韩国的传统婚礼	
제2과	학문의 목적 ···	13
	做学问的目的	
제3과	인터넷 ···	28
	因特网	
제4과	올림픽을 향하여 ··	45
	五环梦	
제5과	신록 예찬 ···	58
	新绿礼赞	
제6과	마지막 수업 ··	72
	最后一课	
제7과	우동 한 그릇 ···	90
	一碗乌冬面	
제8과	마지막 임금님 ···	110
	不幸的国王	
제9과	쿵이지 ···	127
	孔乙己	
제10과	포스트모던 (post modern) 의 보자기 문화 ···············	144
	后现代包袱文化	
제11과	금시조 (1) ··	165
	金翅鸟 (1)	
제12과	금시조 (2) ··	199
	金翅鸟 (2)	

1. 작품 감상
　　혼례란 젊은 남녀가 하나로 합쳐 위로는 조상의 제사를 지내고 아래로는 자손을 후세에 존속시켜 조상의 대를 끊기지 않게 하기 위해 치르는 혼인의 예이다. 오늘날의 전통혼례가 자리를 잡은 것은 조선시대부터였다. 전통혼례의 순서와 그 과정의 의미를 알아보자.

2. 생각해 볼 문제
　① 각 시대별 결혼 풍습에 대해서 생각해 보세요.
　② 한국과 중국의 결혼 풍습을 비교해 보세요.
　③ 사랑하지만 궁합이 맞지 않거나 집안의 반대가 있을 때는 어떻게 행동할 지 생각해 보세요.

　한국은 겉으로는 일부일처제(한 남자가 한 명의 아내만을 두는 것)를 지켜 왔지만 여러 명의 첩을 두는 관습이 얼마 전까지도 계속되었다. 여자를 재산의 하나로 여기는 가부장 제도의 관습이 오래도록 이어져 왔기 때문이다.

　신라와 고려의 왕족은 혈통을 보존하기 위해 가까운 친척끼리 결혼을 했다. 사촌은 물론이고 여동생과 결혼을 한 왕이 있었다는 기록도 전해진다. 그러나 유교의 영향력이 커지면서 친척이나 가족과 결혼을 하는 것이 법으로 금지되었고, 배우자의 신분도 엄격하게 따지게 되었다.

　한국의 역사를 훑어보면 나라마다 독특한 결혼 풍습이 있었다. 옥저(沃沮: 고조선 시대의 한 부족)에서는 돈을 받고 결혼을 하는 매매혼이 유행했다. 고구려에서는 신랑이 신부의 집 뒤뜰에 서옥이라는 집을 짓고 살며 신부네 집안일을 돌보다가 자식이 큰 다음에야 비로소 아내를 데리고 집으로 돌아갈 수 있었다. 이것을

'데릴사위'라고 하는데, 이 풍습은 고대 씨족 사회에서 비롯되었다.

 오늘날의 전통 혼례가 자리를 잡은 것은 조선시대부터였다. 유교의 가르침에 따라 결혼식을 올리게 된 것이다.

 전통 사회에서는 젊은 남자와 여자가 만날 수 있는 기회가 별로 없었다. 그래서 결혼도 신분이 비슷한 집안끼리 중매를 통해서 이루어졌다. 결혼할 나이가 된 자식을 둔 두 집안에서 중간에 사람을 두고 서로의 생각을 묻는데, 이 때 두 집안을 오가며 의견을 전하는 사람을 '중신에미' 또는 '중신애비'라고 한다.

 두 집안의 뜻이 서로 맞아 결혼을 시키기로 결정하면, 신랑의 집에서는 사주단자라는 상자에 편지와 함께 신랑의 사주를 적어 신부의 집에 전한다. 사주단자는 신랑 집안에서 덕망 있는 사람이 가지고 가는데, 사주단자를 전하는 것을 '납채'라고 한다.

 사주단자가 신부의 집에 도착하면 신부 집안에서는 신랑과 신부의 궁합을 본 다음, 결혼하기에 좋은 날을 잡아 다시 신랑의 집으로 보낸다. 이런 풍습은 오늘날에도 그대로 이어져서 결혼 날짜는 대개 신부쪽에서 정한다.

 결혼 준비가 갖추어지고 나면 혼례 전날 밤에 신랑집에서 신부집으로 함을 보낸다. 이 때 함을 지고 가는 사람을 '함진아비'라고 한다. 전통 혼례에서 함진아비는 신랑 집안의 덕망 있는 사람이 맡지만, 요즘에는 신랑의 친구들이 이 역할을 맡는다. 함진아비는 신부의 집 앞에서 머뭇거리며 들어가기를 주저하는 척한다. 그러면 신부 집안의 사람들이 술과 고기를 대접하여 함진아비를 집 안으로 끌어들인다.

 혼례는 신부의 집 마당에서 마을 사람들이 지켜보는 가운데 치러진다. 의젓하게 사모관대를 차린 신랑이 가마나 조랑말을 타고 함진아비와 함께 신부집에 도착하면 혼례가 시작된다.

 신랑은 보자기에 싼 기러기를 들고 서서 절을 세 번 하고 신부집에 들어가 상위에 기러기를 놓고 나서 다시 절을 한다. 그러면 신부의 어머니가 신랑의 절이 끝나기 전에 재빨리 기러기를 치마에 싸서 안방으로 들어간다. 원래 살아 있는 기러기를 써야 하지만 나무를 깎아 만든 것을 사용하기도 했다.

 신랑이 상 앞에서 서쪽을 향해 서면 원삼차림에 족두리를 쓰고 연지, 곤지를 찍은 신부가 동쪽을 향해 선다. 신부가 두 번 큰절을 하면 신랑은 무릎을 꿇고 앉아서 한 번 절하는 것으로 답례하고, 신부가 다시 두 번 절을 하면 신랑이 다시 큰절로 답례한다. 이것을 '교배례'라고 한다.

교배례가 끝나면 신랑은 무릎을 꿇고 앉고, 신부도 그 맞은편에 앉는다. 술잔에 술을 따른 뒤 신부가 신랑에게 술을 보내면 신랑은 그 잔을 입에 대었다가 다시 신부 쪽으로 건넨다. 이렇게 신랑과 신부가 서로 술을 나누어 마시는 것을 '합근례'라고 한다.

혼례가 끝나고 나면 신랑은 예복을 벗고 나와 신부의 부모와 집안 어른들에게 인사를 한다. 이 때부터 집 안에서는 흥겨운 잔치가 벌어진다.

폐백은 신부가 시댁 식구에게 첫인사를 드리는 것이다. 폐백은 혼례를 마친 다음 신부가 신랑을 따라 시집으로 가서 드린다. 요즘에 서양식 결혼을 할 때는 결혼식이 끝난 뒤에 예식장에 따로 마련되어 있는 폐백실에서 신랑과 신부가 집안 어른들께 인사를 올리는 것으로 폐백을 대신한다. 폐백 음식으로는 대추와 고기를 사용한다. 폐백 음식에는 자손이 번창하기를 바라는 의미가 담겨 있다.

단 어

일부일처제	[명]	한 남편이 한 아내만 두는 혼인제도.
가부장제도	[명]	가부장이 가족에 대한 지배권을 행사하는 가족 형태. 또는 그런 지배 형태.
훑어보다	[동]	위아래로 또는 처음부터 끝까지 빈틈없이 죽 눈여겨보다.
매매혼	[명]	<사회> 신랑이 신부 집에 금품을 지급함으로써 성립되는 혼인 형태. 미개사회에서 널리 행하여졌으며, 신부를 인신매매한다기보다는 신부의 노동력에 대한 보상의 의미를 가진 것이다.
뒤뜰	[명]	집채의 뒤에 있는 뜰.
서옥	[명]	<역사> 고구려 때에, 혼인을 정한 뒤 신부 집의 뒤꼍에 조그마하게 지어, 사위를 머무르게 하던 집. 거기서 자식을 낳고 장성하면 아내를 데리고 신랑 집으로 돌아갔다.
데릴사위	[명]	처가에서 데리고 사는 사위.
씨족사회	[명]	<사회> 씨족 제도를 바탕으로 하여 성립된 원시 사회.

올리다	[동]	① '오르다'의 사동.
		② 위쪽으로 높게 하거나 세우다.
		③ 의식이나 예식을 거행하다.
		④ 큰 소리를 내거나 지르다.
사주단자	[명]	<민속> 혼인이 정해진 뒤 신랑 집에서 신부 집으로 신랑의 사주를 적어서 보내는 종이.
납채	[명]	<민속>
		① 신랑 집에서 신부 집에 혼인을 구함. 또는 그 의례.
		② =납폐.
궁합	[명]	<민속>혼인할 남녀의 사주를 오행에 맞추어 보아 부부로서의 좋고 나쁨을 알아보는 점.
함	[명]	혼인 때 신랑 쪽에서 채단(采緞)과 혼서지(婚書紙)를 넣어서 신부 쪽에 보내는 나무 상자.
끌어들이다	[동]	남을 권하거나 꾀어서 자기편이 되게 하다.
의젓하다	[형]	말이나 행동 따위가 점잖고 무게가 있다.
사모	[명]	고려 말에서 조선시대에 걸쳐 벼슬아치들이 관복을 입을 때에 쓰던 모자. 검은 사(紗)로 만들었는데 지금은 흔히 전통 혼례식에서 신랑이 쓴다.
관대	[명]	<역사> '관디'의 원말. 옛날 벼슬아치들의 공복(公服). 지금은 전통 혼례 때에 신랑이 입는다.
조랑말	[명]	몸집이 작은 종자의 말.
원삼	[명]	<역사> 부녀 예복의 하나. 흔히 비단이나 명주로 지으며 연두색 길에 자주색 깃과 색동 소매를 달고 옆을 튼 것으로 홑옷, 겹옷 두 가지가 있다. 주로 신부나 궁중에서 내명부들이 입었다.
족두리	[명]	부녀자들이 예복을 입을 때에 머리에 얹던 관의 하나. 위는 대개 여섯 모가 지고 아래는 둥글며, 보통 검은 비단으로 만들고 구슬로 꾸민다.

곤지	[명]	전통 혼례에서 신부가 단장할 때 이마 가운데 연지로 찍는 붉은 점.
답례하다	[동]	말, 동작, 물건 따위로 남에게서 받은 예(禮)를 도로 갚음.
교배례	[명]	전통 결혼식에서, 신랑과 신부가 서로 절을 하는 예식.
따르다	[동]	그릇을 기울여 안에 들어 있는 액체를 밖으로 조금씩 흐르게 하다.
합근례	[명]	전통 혼례식 절차의 한 가지. 신랑 신부가 잔을 주고받는 일.
흥겹다	[형]	매우 흥이 나서 즐겁다.
폐백	[명]	① 신부가 처음으로 시부모를 뵐 때 큰절을 하고 올리는 물건. 주로 대추나 포 따위를 이른다. ② 혼인 전에 신랑이 신부 집에 보내는 예물.
예식장	[명]	예식을 치를 수 있도록 설비를 갖추어 놓은 장소. 주로 결혼식장을 이른다.
번창하다	[동]	번화하게 창성하다.

연습

1. 다음 (   ) 안에 알맞은 것을 고르십시오.

   (1) 한국 사람들은 보통 퇴근 후의 술 한잔 (   ) 그 날의 피로를 풉니다.
      ① 으로   ② 으로서   ③ 으로 말미암아   ④ 이나마
   (2) 가: 수정과 맛이 어때요?
      나: 처음 먹었을 때 잘 모르겠더니 몇 번 (   ) 그 맛을 알겠더군요.
      ① 먹다 보고   ② 먹어 보니   ③ 먹어 봐도   ④ 먹어 볼 테니
   (3) 요즘 젊은 아이들은 (   ) 버릇이 없는지 모르겠어요.
      ① 왜 그리도   ② 왜 하필이면   ③ 왜냐고 하더라도   ④ 왜 어쩌면

(4) 우리 시에도 장차 이 나라의 가요계를 떠메고 나가겠다는 청춘 남녀가 (   )처럼 싹트고 있습니다.
   ① 백년해로   ② 명경지수   ③ 아비규환   ④ 우후죽순
(5) 갑작스러운 정전으로 난방 장치를 가동할 수 없었다. 추운 방에서 밤새도록 (   ) 떨었더니 오늘 아침까지도 정신이 멍하다.
   ① 들썩들썩   ② 송글송글   ③ 와들와들   ④ 쭈뼛쭈뼛

2. 다음 밑줄 친 부분과 의미가 가장 비슷한 것을 고르십시오.

(1) 더위에 지친 그의 몸은 엿가래처럼 <u>척</u> 늘어졌다.
   ① 퍽   ② 축   ③ 꽥   ④ 쭉
(2) 기세당당하던 앞집 개가 으르렁거리는 불도그를 보고는 <u>금세</u> 움츠러졌다.
   ① 곧바로   ② 연이어   ③ 이윽고   ④ 드디어

3. 다음 밑줄 친 부분 중 잘못된 것을 고르십시오.

(1) (   )
   ① 움츠려 든 경제가 <u>좀처럼</u> 회복의 기미를 보이지 않는다.
   ② 한국의 애완견 시장 규모가 <u>자그마치</u> 1조 원을 넘어섰다.
   ③ 벤처 사업의 바람을 타고 청년 실업가의 수가 <u>부쩍</u> 늘어났다.
   ④ 수입 농산물이 <u>웬만큼</u> 많아서, 국내 농업 기반이 위협 받고 있다.
(2) (   )
   ① <u>도둑이 제발 저린다</u>더니, 그 사람 마음은 도무지 모르겠어요.
   ② 무슨 일이든 열심히만 한다면 <u>산 입에 거미줄이야 치겠습니까</u>?
   ③ 큰돈을 쓰고도 이익을 못 보셨다니, <u>밑 빠진 독에 물 붓기</u>로군요.
   ④ 이 옷은 길가에서 싼 값에 산 것인데, 역시 <u>싼 것이 비지떡</u>이네요.

4. 다음 글을 읽고 물음에 답하십시오.

폴 고갱(1848~1903)은 타히티에서 지독한 가난과 싸우면서 예술혼을 불태운 천재 화가이다. 그는 중년이 되어서야 본격적으로 화가의 길로 들어서게 되었다. 그래도 아내만은 그의 천재성을 ㉠ (이해하다), 생활고에

시달린 나머지 고갱을 떠나고 말았다. 천재의 고독한 운명을 믿는 고갱은 직장과 가정의 속박에서 벗어나 그림에만 몰두하였다. 삶의 희망을 ⓒ (포기하다) 혹독한 시련은 그를 번민케 하였으나 그림은 그를 구원하는 원동력이었다.

(1) ㉠을 문맥에 맞게 바꾸어 쓴 것을 고르십시오.
　① 이해하련마는　　　　　② 이해하였더라도
　③ 이해다시피하여　　　　④ 이해하기도 하려니와
(2) ⓒ을 문맥에 맞게 6음절로 고쳐 쓰십시오.
　　(　　　　　　　　　　　)

5. 다음 글을 읽고 물음에 답하십시오.

　　필터란 쉽게 말해서 거름종이와 같은 (　㉠　) 어떠한 것을 걸러내서 좀 더 깨끗이, 좀 더 순수한 것을 얻고자 할 때 쓰는 것을 말한다. 쉬운 예로 정수기를 들 수 있다. 그런데 정수기는 액체를 분리하는 것이고, 우리가 연구하는 것은 기체를 선택적으로 분리할 수 있는 필터이다. 기체의 종류를 (　ⓒ　) 어떤 종류의 기체든지 혼합된 상태로부터 뽑아낼 수 있는 방법을 연구하는 것이다.

(1) ㉠에 알맞은 말을 고르십시오.
　① 논리로　　② 원리로　　③ 이치로　　④ 법칙으로
(2) ⓒ에 알맞은 말을 쓰십시오.
　　(　　　　　　　　　　　)

6. 다음 표현을 이용하여 만든 문장 중 가장 자연스러운 것을 고르십시오.

(1) 본인이 좋다고 하다 / 주위 반대가 심하다 / 무슨 소용이 있다
　① 본인이 좋다고 한들 주위 반대가 심하면 무슨 소용이 있겠는가.
　② 본인이 좋다고 하면 주위 반대가 심해서 무슨 소용이 있겠는가.
　③ 본인이 좋다고 한들 주위 반대가 심할까마는 무슨 소용이 있겠는가.
　④ 본인이 좋다고 하면 주위 반대가 심할까마는 무슨 소용이 있겠는가.

(2) 정치 문제도 문제이다 / 경제 난국 / 현 정부가 어떻게 풀다 / 더욱 중요하다
   ① 정치 문제도 문제라도 경제 난국을 현 정부가 어떻게 푸느냐가 더욱 중요하다.
   ② 정치 문제도 문제려니와 경제 난국을 현 정부가 어떻게 푸느냐가 더욱 중요하다.
   ③ 정치 문제도 문제랍시고 경제 난국을 현 정부가 어떻게 풀 것인가가 더욱 중요하다.
   ④ 정치 문제도 문제일지언정 경제 난국을 현 정부가 어떻게 풀 것인가가 더욱 중요하다.

(3) 언론이 비판받다 / 정치적 중립을 지키다 / 소외계층을 배려하다 / 보도 윤리에 어긋나다
   ① 언론이 비판받게 되면 정치적 중립을 지키거나 소외계층을 배려하는 보도 윤리에 어긋난다.
   ② 언론이 비판받게 되면 정치적 중립을 지킨다지만 소외계층을 배려하는 보도 윤리에 어긋났기 때문이다.
   ③ 언론이 비판받는 것은 정치적 중립을 지키고 소외계층을 배려해야 한다는 보도 윤리에 어긋났기 때문이다.
   ④ 언론이 비판받는 것은 정치적 중립을 지켰더라도 소외계층을 배려하는 보도 윤리에 어긋난 것이다.

● 7. 다음을 읽고 물음에 답하십시오.

다음은 신문기사의 표제를 보고 쓴 글입니다. 적절하게 풀어쓰지 못한 부분을 고르십시오.

직장인, 자기 계발 투자 저조

45% 투자 전무, 15만 원 이상 13%
올해 초 38%가 자기 계발 투자 용의 밝혀
전문가, 자기 계발은 기업과 국가 경쟁력 기반

① 직장 생활에서 자기 계발의 중요성이 높아지고 있지만 직장인들은 여전히 이에 대한 투자가 저조한 것으로 나타났다. ② 직장인을 대상으로 각각 한 달 평균 자기 계발에 투자하는 비용을 물은 결과, 전체 직장인의 45%가 전혀 투자하지 않았고, 15만 원 이상 투자하는 이들은 13%인 것으로 조사됐다. ③ 그러나 올해 초 자기 계발에 투자하는 시간을 조사했을 때에는 전체의 38%가 자기 계발을 긍정적으로 생각하고 있는 것으로 응답했다. ④ 전문가들은 개인의 자기 계발은 기업 및 국가 경쟁력의 기반이라는 점을 강조했다.

8. 다음 글에서 <보기>의 문장을 넣을 수 있는 곳을 고르십시오.

(1) 인생길은 산행 길과 비슷합니다. (㉠) 산에는 오르기 힘든 오르막길이 있는가 하면 걷기 쉬운 내리막길도 있습니다. (㉡) 그러므로 오늘의 삶이 고통스럽다고 해서 절망할 필요는 없습니다. (㉢) 그래서 고진감래라는 말도 있지 않습니까? 오히려 젊은 시절의 고생은 미래를 위한 값진 경험이 될 수 있습니다. (㉣) 젊은이들이여, 미래의 행복과 가치 있는 인생을 위해 젊은 날을 힘차게 살아갑시다.

<보기>
그 고통을 보상해 줄 행복한 날은 반드시 옵니다.

① ㉠   ② ㉡   ③ ㉢   ④ ㉣

(2) 우리 사회에서는 맞벌이 부부의 비율이 늘었음에도 여전히 여성의 가사부담은 크다고 한다. (㉠) 아직 유교적 관념이 많이 남아 있는 탓일 것이다. (㉡) 하지만 우리 여성의 지위가 남성에 비해 낮고, 사회적 역할이 가정에만 머문다면 이는 국가적으로 큰 손실이다. (㉢) 여성들이 사회로 진출할 수 있는 길을 내어 주고 경제적 독립을 통한 평등을 이룰 수 있도록 해야 한다. (㉣)

<보기>
이를 위해 정책적으로 여성의 취업 기회를 확대해 나가는 것이 바람직하다.

① ㉠   ② ㉡   ③ ㉢   ④ ㉣

9. 다음 글을 읽고 물음에 답하십시오

(가) 그런데 하루의 시작을 해 뜰 때로 정해야 하는가, 해 질 때로 정해야 하는가? 원시 시대부터 해가 뜨면서 일이 시작되었기 때문에 전자를 택하는 사람이 많을 것이다. 그러나 또한 해가 지면 일이 끝나며, 끝이 난다는 것은 새로운 시작을 의미하므로 후자를 택하는 사람도 있을 것이다.

(나) 따라서 정오나 자정은 일 년 내내 대체로 일정하므로 정오나 자정을 하루의 시작으로 삼으면 좋다. 정오를 하루의 시작으로 정하면 사람들이 한창 활동하고 있는 대낮에 날짜가 바뀌게 되는 단점이 있으나 자정을 하루의 시작으로 정하면 이와 같은 불편이 없다. 1925년부터는 밤에 일하는 천문학자들조차도 다른 '보통 사람들'처럼 자정을 하루의 시작으로 채택하게 되었다.

(다) 현대에 와서는 하루의 시작이 해 뜰 때나 해 질 때가 아니다. 해 뜰 때부터 다음 해 뜰 때까지의 시간은 낮이 점점 짧아지는 반년 동안은 24시간보다 조금 더 길고, 낮이 점점 길어지는 다음 반년 간은 24시간보다 조금 짧다. 일출과 일몰은 반대 방향으로 일어난다. 즉, 서로 접근하거나 서로 멀어진다.

(라) 예를 들면 고대 이집트에서는 해 뜰 때를, 유태인들은 해 질 때를 각각 하루의 시작으로 삼았다. 유태인들의 관습은 오늘날까지도 계속되어 우리는 축제일의 전야제를 다음 날 아침에 시작되는 원래의 날보다 더 즐기기도 한다.

(1) 이 글은 순서대로 맞게 배열한 것을 고르십시오.
① (가)-(나)-(다)-(라)   ② (가)-(라)-(다)-(나)
③ (다)-(나)-(가)-(라)   ④ (다)-(라)-(가)-(나)

(2) 밑줄 친 부분이 가리키는 말을 쓰십시오.
(   )

(3) 현대인이 하루의 시작을 자정으로 채택한 이유를 두 가지 쓰십시오.
① (   )
② (   )

10. 다음 글의 전개에서 없어도 되는 문장을 고르십시오.

(1) 민속에서 불은 번성을 뜻하기도 한다. ㉠ 새로 이사간 집에 성냥이나 초를 가져가는 것은 불의 상징적인 의미 때문이다. ㉡ 활활 타오르는 불길처럼 집안이나 사업이 번성함을 상징하는 것으로 옛날부터 믿어왔다. ㉢ 불은 민속에서 여러 가지 기능을 나타낸다. ㉣ 요즘에 비누나 합성 세제를 선물하는 것은 거품이 일듯이 집안 살림이 불어나라는 것인데, 이는 불의 변형으로 이해할 수 있다.

① ㉠   ② ㉡   ③ ㉢   ④ ㉣

(2) ㉠ 날씨에 따라 차이는 있겠지만 사람들이 겨울철에 소모하는 열량은 여름보다 10~20% 높다고 한다. ㉡ 여름철에 땀을 많이 흘리다가 자칫하면 탈진할 수도 있다. ㉢ 추위를 이기기 위해 필요한 열량이 여름철에 땀으로 배출되는 것 못지않다는 이야기다. ㉣ 추위에 오래 노출되고 나면 여름에 땀을 흘린 것 이상으로 피로감을 느끼는 것도 이 때문이다.

① ㉠   ② ㉡   ③ ㉢   ④ ㉣

11. 다음 중국어 내용을 한국어로, 한국어 내용을 중국어로 번역하세요.

(1) 企业大学是一种由企业建立和管理的教育性组织,作为满足企业全部教育需求的机构,其主要目的是帮助企业在日益激烈的竞争中获得持续的竞争优势,是现代企业有效提升核心竞争力和保持独特性的重要手段与战略之一。在企业高速成长时,企业大学有助于解决企业员工素质提升和人才储备的需要;在企业转型时,企业大学可以帮助企业解决文化变革带来的问题。此外,企业大学还可以帮助企业获得供应商,客户以及战略伙伴的认同,在对它们进行质量控制和技术支持的同时,加强战略同盟关系。

(2) 미국의 경제학자 루이 암스트롱은 어린이들의 협상 교육을 위해 '전쟁과 평화'라는 동화를 썼다. 이 동화는 남자 아이와 여자 아이가 해변에서 모래성을 쌓으며 놀다가 둘 사이에 영토 분쟁이 일어나는 것으로 시작된다. 둘이 계속 다투자 제3의 어린이가 나타나 협상 방법 세 가지를 제시한다. 둘 다 영토를 사용하지 못하게 하는 패—패 게임, 한 쪽이 양보하지 않는 한 전쟁을 해야 하는 승—패 게임, 둘 다 영토를 사용할 수 있는 승—승 게임의 방법이었다. 두 아이는 결국 승—승 게임을 받아들여 다시 친한 친구가 된다. 승—승 게임을 하려는 사람들은 창조적이며 협조적인 사람들이다. 양보할 것은 양보하고, 얻을 것은 얻는다는 자세로 협상한다. 이들에게는 결코 자신의 이익만을 고집하는 경우가 없다. 서로 생각이 다를지라도 함께 유익한 일을 도모할 수 있다.

제2과 학문의 목적

1. 작가 소개
　박종홍 [朴鍾鴻, 1903~1976]: 호는 열암이고 한국의 철학자이자 교육자, 서울대학교 교수, 성균관대학교 유교대학장, 한양대학교 문리과대학장 등을 역임하였고 학술원 종신회원, 철학회 회장, 한국사상연구회 회장, 대통령 교육문화담당 특별보좌관을 지냈다.

2. 작품 감상
　학문의 목적은 윤리적 수양과 실천을 통해 성인에 이르고, 인간의 실생활에 유용하고 보탬이 되게 하는 데 있다. 진리탐구 이외의 현실적 목적을 우선으로 할 때, 학문의 본질은 왜곡되고 악용될 수 있다는 필자의 비판적 견해를 통해 당시의 대학이나 학문이 상당히 현실 문제에 깊이 관여되어 있었거나, 필자의 견해에서 볼 때 그릇된 학문의 풍토가 유행하고 있었음을 알 수 있다. 논리의 전개에 있어서 옛 성현의 말이나 주장을 인용함으로써 설득의 효과를 높일 뿐 아니라, 동서양을 망라한 예를 제시하여 논지의 보편성도 획득하고 있다.

3. 생각해 볼 문제
① 논설문에 맞게 서론, 본론, 결론을 나눠 보고, 글의 전개와 구성을 생각해 보세요.
② 학문의 실용적 목적과 궁극적 목적에 대해서 생각해 보세요.
③ 논설문에서 소견논거의 효과에 대해서 생각해 보세요.
④ 학문의 순수성과 실용성에 대해서 생각해 보세요.

우리는 초등학교, 중·고등학교, 그리고 대학까지 어려서부터 소년, 청년 시대를 거의 학문을 하는 데 보내고 있다. 학자는 물론이려니와, 보통 사람도 학교를 마쳤다고 학문을 그만두는 것은 아니다. 일생을 두고, 전문(專門)과 주력(注力)의 정도 차이는 있을망정, 학문과 떠난 생활을 하는 것은 아니다. 죽는 날까지 배우는 것이 인생인 것도 같다. 학문이 없는 곳에 인생의 고귀함도 없을지도 모를 일이다.

노자(老子)는 도덕경(道德經)에서 "성(聖)을 절(絶)하고 지(智)를 버리면 민리(民利)가 백 배(百倍) 하리라."고 하여, 지식이니 학문이니 하는 것의 불필요함을 말하였다. 그러나 딱한 것은 지식이 불필요하다고 아는 것도 하나의 '앎' 이요, 후세 사람들이 도덕경이라는 책을 읽음으로써 이 노자의 사상을 알 수 있게 마련이니, 노자의 말은 오히려 지(知) 자체를 반성한 지의 지라고 하겠다. 소크라테스는 자기의 무지(無知)를 아는 사람은 그 무지조차 알지 못하는 다른 사람과 다름 직도 하다고 하였거니와, 노자는 지의 불필요를 아는 지를 가지고 있었던 것이다. 진리는 말로 표현할 수 없다는 것을 말로 표현하였듯이, 지가 불필요함을 지로써 전하는 것이라 하겠다. 결국 지(知) 이상의 것도 지를 통함으로써만 알 수 있는 것이다.

공자는 15세 때에 학문할 뜻을 세웠고, 그 후 계속적인 정진(精進)을 한 나머지 "하루 종일 식사도 하지 않고, 밤이 새도록 잠도 안 자고 생각하여 보기도 하였으나, 무익한지라 배움만 같지 못하더라."고 하였다. 그러나 그처럼 배워서 무엇을 하려고 한 것인가? 유교에서는 '수신제가(修身齊家) 치국평천하(治國平天下)'를 학문의 궁극적 목표로 한다지만, 공자 자신의 수양 과정을 보면 "50에 천명을 알고, 60에 귀가 순(順)하여지고, 70에 마음이 하고자 하는 대로 하여도 법도(法度)를 넘기지 않았다."고 하였다. 결국 천리(天理) 그대로 힘들이지 않고도 저절로 도리에 맞는 생활 태도에 이른 것이니, 천리와 인욕(人欲)이 혼융 일체(渾融一體)가 된 경지(境地)라고 하겠다. 이것이 다름 아닌 성인(聖人)인 것으로, 유학(儒學)에 있어서 학문의 궁극적인 목적은 성인이 되는 데 있다고 해도 틀림없다.

청년 율곡(栗谷)도 그의 자경문(自警文) 첫째 조목에, "먼저 그 뜻을 크게 하여 성인으로써 모범을 삼되, 일호(一毫)라도 성인에 미치지 못한다면 나의 일은 끝마치지 못한 것이다."라고 썼던 것이다. 동양의 학문이, 왕양명(王陽明)의 지행합일설(知行合一說) 같은 것은 말할 것도 없거니와, 아무리 이다(理多) 기다(氣多) 까다로운 이치를 따지는 것같이 보이는 경우에도, 결국은 성인이 되어야 한다는 점에 있어서는 모두가 일치한다고 하겠다.

노장(老莊) 사상은 인위적인 것을 배격하고 천(天)에 합일(合一)할 것을 주창하였거니와, 그러한 천인(天人) 합일의 경지가 곧 유교의 성(聖)의 경지가 아닐 수 없다. 그리하여 동양에서는 학문의 목적을 주로 윤리적인 수양(修養)에 두었던 것이라고 하겠다. 그리스의 소크라테스가 지덕(知德) 일치를 주장하며, 완전히 알면서도 행하지 않을 수 없는 법이라고 생각하였음은 널리 알려져 있는 일이거니와, 그에게 있어서도 학문은 윤리적인 실천과 뗄 수 없는 연관성을 가지는 것이었다.

　　그러나 학문의 목적이 이러한 윤리적인 데에 그치는 것인가? 더구나 현대 과학의 목적을 윤리적인 면에서만 찾기는 곤란할 것이다. 우리는 과학이라고 하면 현대의 기계 문명을 연상하리만큼, 우리의 일상생활을 보다 편리하고 효과적이게 하는 힘을 가진 것으로 생각한다. 과학의 응용으로 여러 가지 기술이 급속도로 발달한 덕택이라 하겠다. "아는 것이 힘이다."라고 한 프랜시스 베이컨의 말은, 오늘의 과학이 스스로 증명하고도 남음이 있다.

　　현대에 있어서 세계의 패권(覇權)을 장악하고 있는 나라는 무엇보다도 과학이 발달한 나라다. 현대전은 과학전이라는 말도 있거니와, 전시 아닌 평시에도 과학에 있어서의 경쟁이 얼마나 날로 심해져 가고 있는가를 우리는 목도(目睹)하고 있다. 과학의 목적은 그의 실용성에 있다고 하게 되었다. 우선 당장 나라의 체면을 위해서도 과학의 필요성을 절실히 느끼게 되었고, 따라서 어느 국가를 막론하고 이에 충당할 경비의 예산을 해마다 놀랄 만큼 증액(增額)시키게 되었다. 평화 산업은 물론이요, 국방에 있어서 과학이 얼마나 중요한 몫을 담당하고 있는가는 다시 말할 것도 없다. 군인도 과학을 알아야 전쟁도 할 수 있게 마련이다. 더구나 지도층의 책임자일수록 과학적 지식 없는 용맹만 가지고는 그의 직책을 완수하기가 곤란하게 된 것이다.

　　이렇게 생각하면, 학문의 목적은 분명히 그의 실용성에 있는 것도 같다. 현대인이 마치 우주인인 것처럼 우쭐거리며 달세계로 가느니, 화성으로 가느니 말하며, 장차 전개될 어마어마한 전환(轉換)을 꿈꾸게 된 것이 모두 이 새로운 학문의 힘인 것을 생각한다면, 학문이 인간의 실제 생활에 미치는 힘이 무섭게 큰 것임을 짐작할 수 있다. 미국의 프래그머티즘을 기다리지 않더라도, 학문의 목적이 우리의 실생활을 향상, 발전시키는 데 있다고 함은 당연함직도 하다. 고래(古來)로 인류 문화에 공헌한 바 있었던 국가나 민족으로서 학문이 융성하지 않았던 예는 없었다.

　　개인으로서도 입신출세하여 부귀공명을 누리기 위해서 학문을 한다고 하여 잘못이라고 할 수 없을 것이다. 많은 학비를 내 가며 공부를 하는 것이 모두 지금보다 더 좋은 생활을 하리라는 희망을 가지고 있기에 가능한 것이라고도 하겠다. 훌륭한 정치가, 실업가가 인류 사회에 기여할 것을 꿈꾸면서 학문에 정진하는 것도 좋다. 시골 계신 부형의 기대가 또한 그런 것이 아닐까? 가까이는 우선 고등 고시를 위하여, 또는 손쉬운 취직을 위하여 학문을 한다고 하여 학문의 목적에 배치(背馳) 될 것도 없다. 법과나 상과 또는 이공 (理工) 계통학과의 입학 경쟁률이 날로 높아지고 있는 것도 무리가 아니다. 국가로서도 과학 기술의 진흥 (振興) 을 위한 정책을 꾀하고 있지 않은가?

　그러나 학문이 그러한 결과를 가져온다고 하여, 학문하는 사람 자신이 언제나 그러한 실용성만을 목적으로 하는 것인가는 잠깐 생각할 필요가 있다. 아리스토텔레스가 말한 것처럼, 그저 알고 싶어서, 아는 것 자체에 흥미를 느껴서 학문을 하는 경우도 있기 때문이다. 장차 어떤 결과가 예상되기 때문에라기보다 학문하는 것 자체가 재미있어서, 또는 즐거워서 하는 경우도 없지 않을 것이다. 어린이가 칭찬을 받기 위하여, 점수를 많이 얻기 위하여 열심히 공부한다면, 그것도 대견한 일이지만, 그저 공부하는 것이 그것대로 재미가 나서 하지 않고는 견딜 수 없다는 어린이가 있다면, 그것이야말로 기특한 일이 아닐 수 없다. 학문은 오히려 이런 경지에 이르렀을 때 순수해진다고 할까? 모든 편견으로부터 초탈(超脫)하여 자유로운 비평(批評) 정신으로 진리(眞理)를 추궁(追窮)하게 될는지도 모른다.

　그러나 이것은 이상적인 경우를 상정하여 본 것이요, 학문하는 사람이 그저 재미가 나서, 즐거워서만 한다는 것은 매우 드문 일일 것이다. 때로는 역경에서 악전고투(惡戰苦鬪), 참기 거북한 난관을 오로지 굳센 의지 하나로써 극복해 나가야 될 때가 오히려 많지나 않을까? 재미가 나고 즐거워서라기보다도, 어떤 사명감을 느끼며 괴로움도 참고 나아가야 하는 경우가 더 많음직도 하다. 이러한 거북한 처지를 극복하는 데 성공하였을 때, 비로소 재미도 즐거움도 따르는 것이나 아닐까? 그러면 학문의 궁극적 목적은 무엇인가?

　학문이 실생활에 유용한 것도, 그 자체의 추궁(追窮)이 즐거움을 가져오는 것도, 모두가 학문이 다름 아닌 진리를 탐구(探究)하는 것이기 때문이다. 실용적이니까, 또는 재미가 나는 것이니까 진리요 학문인 것이 아니라, 그것이 진리이기 때문에 인간 생활에 유용한 것이요, 재미도 나는 것이다. 유용하다든지 재미가 난다는 것은, 학문에 있어서 부차적으로 따라올 성질의 것이요, 그것이 곧 궁극적인 목적이라고까지 말하기는 어려울 것이다.

학문의 목적은 진리 탐구 그것에 있다. 이렇게 말하면 또 진리의 탐구는 해서 무엇 하나 할지 모르나, 학문의 목적은 그로써 족한 것이다. 진리의 탐구로서의 학문의 목적이 현실 생활과 너무 동떨어져 우원(迂遠)함을 탓함직도 하다. 그러나 오히려 학문은 현실 생활로부터 유리(遊離)된 것처럼 보일 때, 가끔 그의 가장 풍부한 축복을 현실 위에 내리는 수가 많다.

  세상에서는 흔히 학문밖에 모르는 상아탑(象牙塔) 속의 연구 생활을 현실을 도피한 짓이라고 비난하기 일쑤지만, 상아탑의 덕택이 큰 것임을 알아야 한다. 모든 점에서 편리해진 생활을 향락하고 있는 소위 현대인이 있기 전에, 그런 것이 가능하기 위해서도 오히려 그런 향락과는 담을 쌓고 진리 탐구에 몰두한 학자들의 상아탑 속에서의 노고가 앞서 있었던 것이다. 그렇다고 남의 향락을 위하여 스스로는 고난의 길을 일부러 걷는 것이 학자도 아니다. 학자는 그저 진리를 탐구하기 위하여 학문을 하는 것뿐이다. 상아탑이 나쁜 것이 아니라, 진리를 탐구해야 할 상아탑이 제 구실을 옳게 다하지 못하는 것이 탈이다. 학문에 진리 탐구 이외의 다른 목적이 섣불리 앞장을 설 때, 그 학문은 자유를 잃고 왜곡(歪曲)될 염려조차 있다. 학문을 악용하기 때문에 오히려 좋지 못한 일을 하는 경우가 얼마나 많은가? 진리 이외의 것을 목적으로 할 때, 그 학문은 한때의 신기루와도 같아, 우선은 찬연함을 자랑할 수 있을지 모르나, 과연 학문이라고 할 수 있을까부터가 문제다.

  진리의 탐구가 학문의 유일한 목적일 때, 그리고 그 길로 매진(邁進)할 때, 그 무엇에도 속박(束縛)됨이 없는 숭고한 학적인 정신이 만난(萬難)을 극복하는 기백(氣魄)을 길러 줄 것이요, 또 그것대로 우리의 인격 완성의 길로 통하게도 되는 것이다.

  학문의 본질은 합리성과 실증성에 있고, 학문의 목적은 진리 탐구에 있다. 위무(威武)로써 굽힐 수도 없고, 영달(榮達)로써 달랠 수도 없는 학문의 학문으로서의 권위도 이러한 본질, 이러한 목적 밖에서 찾을 수 있는 것이 아니다.

앎	[명]	아는 일.
소크라테스[Socrates]	[명]	<인명> 고대 그리스의 철학자(B.C.470~B.C.399). 문답을 통하여 상대의 무지(無知)를 깨닫게 하고, 시민의 도덕의식을 개혁하는 일에 힘썼다.
수양	[명]	몸과 마음을 갈고닦아 품성이나 지식, 도덕 따위를 높은 경지로 끌어올림
천명	[명]	① 타고난 수명. ② 타고난 운명. ③ 하늘의 명령.
조목	[명]	① 법률이나 규정 따위의 낱낱의 조나 항목. ② 일을 구성하고 있는 낱낱의 부분이나 갈래.
까다롭다	[형]	① 조건 따위가 복잡하거나 엄격하여 다루기에 순탄하지 않다. ② 성미나 취향 따위가 원만하지 않고 별스럽게 까탈이 많다.
따지다	[동]	① 문제가 되는 일을 상대에게 캐묻고 분명한 답을 요구하다. ② 옳고 그른 것을 밝혀 가리다. ③ 계산, 득실, 관계 따위를 낱낱이 헤아리다. ④ 계획을 세우거나 일을 하는 데에 어떤 것을 특히 중요하게 여겨 검토하다. ⑤ 어떤 것을 기준으로 순위, 수량 따위를 헤아리다.
배격	[명]	어떤 사상, 의견, 물건 따위를 물리침.
주창하다	[동]	주의나 사상을 앞장서서 주장하다.
윤리적	[관]	윤리에 관련되거나 윤리를 따르는, 또는 그런 것.
실천	[명]	① 생각한 바를 실제로 행함. ② <철학>인간의 윤리적 행위. 아리스토텔레

		스에게 있어서는, 제작(製作)이나 관조(觀照)와는 구별되는 도덕에 관계되는 행동을 뜻한다.
연관성	[명]	사물이나 현상이 일정한 관계를 맺는 특성이나 성질.
연상하다	[명]	<심리> 하나의 관념이 다른 관념을 불러일으키는 현상. '기차'로 '여행'을 떠올리는 따위의 현상이다.
덕택	[명]	=덕분. 베풀어 준 은혜나 도움.

연습

1. 다음 (   ) 안에 알맞은 것을 고르십시오.

   (1) 너무 바빠서 점심 먹을 시간(   ) 없었어요.
       ① 마저   ② 조차   ③ 나마   ④ 만이라도
   (2) 이럴 때일수록 안전사고가 (   ) 가족들이 안심하고 살 수 있어요.
       ① 없느니   ② 없다 해도 ③ 없어야   ④ 없도록
   (3) 옛날 사람들은 하늘은 둥글고 땅은 (   ) 생각을 가지고 있었다.
       ① 네모면서도 ② 네모하고도 ③ 네모일 것이라는 ④ 네모인 양
   (4) 상다리가 휘어지게 차린다더니 (   ) 밥에 김치가 전부냐?
       ① 마냥   ② 고작   ③ 진탕   ④ 실컷
   (5) 한국 사회는 과거에 비해 경제적 수준이 크게 향상되었으나, 부유층과 빈곤층 간의 (   )은 사회 통합의 걸림돌이 되고 있다.
       ① 상실감   ② 위화감   ③ 의구심   ④ 이타심

2. 밑줄 친 부분이 잘못 쓰인 것을 골라 맞게 고쳐 쓰십시오.
   (1) 건강이 악화되어 아들에게 경영을 맡기고자 하니 여러분들께서는 <u>거꺼이</u> 우리 아들을 도와주시기 바랍니다. 기업 경영이란 것이 쉬운 일이 아닌데, <u>오히려</u> 경험이 부족한 우리 아들에게는 오죽하겠습니까? 그러니 혹시 우리 아들이 실수를 하더라도 <u>아무쪼록</u> 너그러이 이해해

제2과 **학문의 목적**   19

주시고 잘 가르쳐 주셨으면 합니다.
(   )

(2) 해외 명품의 수입이 날로 늘고 있다. <u>의류를 비롯해서</u> 가방, 신발 등 시내 유명 백화점의 여성품 매장에 진열되어 있는 것도 대부분이 외제 브랜드이고, 국내 브랜드는 <u>눈 씻고 찾아 봐도</u> 발견하기 어렵다. 실제로 돈깨나 있다는 사람들이라면 누구나 외국산 브랜드를 한두 개씩은 가지고 있을 것이다. 이와 같은 해외 명품에 대한 <u>맹신 덕분에</u> 국내 업체들은 경영 위기에 <u>처해 있다</u>.
(   )

(3) 요즘 젊은 사람들은 저축이란 것을 모르는 것 같다. 저축 좀 하라고 <u>충고라도 할라치면</u> 나를 무슨 이상한 사람 취급을 한다. 월급도 적은데 저축할 돈이 <u>어디 있느냐는 것이다</u>. 그러나 저축이란 것을 그렇게 거창하게 생각할 필요는 없다. 백 원씩, 천 원씩 모으면 되는 것이다. <u>그까짓 백원을</u> 모아서 얼마나 되겠는가 하고 생각할지 모르겠지만 백 원, 이백 원이 모여 천 원이 되고 <u>만 원이 될 듯이</u> 적은 돈이라도 조금씩 모으다 보면 큰돈이 되는 것이다.
(   )

3. 다음 글을 읽고 물음에 답하십시오.

노동 운동 현장에도 빈익빈 부익부 현상이 일어나고 있다. 대기업과 공공 부문은 임금과 복리 후생, 고용 안전 측면에서 사측으로부터 이미 (㉠) 성과를 얻어냈다. 2002년 상반기 300인 이상 대기업 정규직 근로자의 월평균 임금은 246만 원에 달한다. 반면 비정규직 근로자의 월평균 임금은 100만 원이 채 안 된다. 영세 사업장의 근로자, 비정규직 종사자의 경우 고용이 ㉡ <u>불안하기 짝이 없다</u>. 이들에게는 정작 노조가 별다른 힘이 되지 못하고 있다.

(1) ㉠에 알맞은 말을 고르십시오.
① 경미한   ② 근사한   ③ 상당한   ④ 황당한
(2) ㉡과 바꾸어 쓰기에 가장 알맞은 말을 고르십시오.
① 다소 불안하다   ② 몹시 불안하다
③ 불안하지만은 않다   ④ 불안할 수도 있다

4. 다음 글을 읽고 물음에 답하십시오.

    요즘 고정 관념에서 ㉠벗어난 새로운 경영 방식을 도입하여 새로운 기업 문화의 변화를 주도해 나가고 있는 기업이 있다. 그러나 이 새로운 방식에 대해서 한국 실정에 맞지 않는 ㉡것일 뿐더러 실질적인 성과를 거두기도 힘들다는 일부의 지적도 있었으나, 이 기업의 경영자는 소신을 갖고 기존 틀을 탈피한 새로운 인력 관리 방식을 과감히 도입했다.

    (1) ㉠과 바꿔 쓸 수 있는 말을 윗글에서 찾아 쓰십시오.
        (   )
    (2) ㉡과 바꿔 쓸 수 있는 말을 고르십시오.
        ① 것일 뿐이며   ② 것이기는커녕
        ③ 것임에 틀림없고   ④ 것이기도 하려니와

5. 다음 (   ) 안에 공통적으로 들어갈 단어를 고르십시오.

    (1) 찌개를 불에 올려놓고 잠시 조는 사이에 찌개가 바짝 (   ).
        그의 험상궂은 인상과 투박한 경상도 사투리로 인한 위협에 나는 겁이 나서 매우 (   ).
        버스에서 잠깐 (   ) 내려야 할 정거장을 놓치고 말았다.
        ① 엎지르다   ② 졸다   ③ 지치다   ④ 끓다
    (2) 집에 (   ) 온 어린 자식을 생각하면 가슴이 미어진다.
        너 같은 놈을 집에 (   ) 얼마 못 가서 살림이 거덜 나겠다.
        국회는 여러 분야에 자문 위원회를 (   ) 있다.
        ① 두다   ② 버리다   ③ 나가다   ④ 열다

6. 다음 글을 읽고 (   )에 알맞은 것을 고르십시오.

    최근 선거를 맞아 장애인들의 참정권 요구가 드세다. 늦었지만 환영할 일이다. 사실 적잖은 장애인들이 국민의 기본권인 참정권을 박탈당해 왔다. 휠체어가 이동할 수 없는 2층에 투표소를 (㉠).
    비단 몸이 불편한 장애인에 그치지 않는다. 시·청각 장애인들은 투표 행위 자체가 어려운 것은 물론이고, 누구에게 투표할지 판단할 (㉡). 텔레

제2과 학문의 목적   21

비전 토론과 유세장, 더구나 투표소에서 청각 장애인들을 위한 자막 처리나 수화 통역도 드문 실정이다. 시각 장애인들이 후보자에 대해 알 수 있는 점자형 선거 안내물도 여전히 찾아보기 어렵다.

(1) ㉠에 알맞은 말을 고르십시오.
　① 설치한 것은 섭섭한 일이다
　② 설치한 결과 비난을 잠재웠다
　③ 설치한 것이 대표적 사례이다.
　④ 설치한 점은 불충분한 요소이다.
(2) ㉡에 알맞은 말을 고르십시오.
　① 근거조차 없어졌다　　　② 기회를 구하기도 어려웠다
　③ 자료를 제공받으려 애쓴다　④ 정보를 얻기조차 어려웠다.

7. (　)에 적절한 말을 고르십시오.

(1) 그래서 나는 남도 답사 일번지를 오게 되면 학생들에게 어제 본 월출산 무위사는 선비풍의 단출함이 느껴지는 반면에 만덕산 백련사는 (　). 실제로 백련사에는 얼마 전까지만 해도 무술을 하는 스님이 있었고, 절집의 내력도 무인과 인연이 남달리 깊었다.
　① 어떤 분위기인지 알아야 한다
　② 무인풍의 분위기가 있지 않은가
　③ 무인의 기상으로 표현될 수 있을 것이다
　④ 무인의 기상이 풍긴다는 식으로 해설하곤 한다

(2) 언어는 일차적으로 언어학자의 연구 대상이지만 (　　　) 심리학자, 사회학자, 철학자들도 언어를 중요한 연구 대상으로 삼을 수 있고 심지어는 물리학자, 공학자, 신경학자들도 언어를 주된 연구 과제로 삼기도 한다. 언어는 그만큼 관심 분야에 따라 여러 시각에서 관찰되고 해석될 수 있는 매우 복잡하고 다양한 얼굴을 가진 존재다.
　① 그렇다고 언어학자의 전유물은 아니다.
　② 언어학자들로 인해 연구되는 학문인 것이다
　③ 전혀 다른 방향이나마 관심을 가질 수도 있다
　④ 그렇다고 해서 언어학자들만의 학문은 아니다

(3) 처음에는 이 이야기를 산뜻하게 각색할 수 있다고 생각했다. 그러나 지난 몇 주 동안 날밤을 샌 뒤에는 달리 마음먹었다. 이제는 그저 실제로 일어났던 일을, 무엇 하나 덧붙이지 않고, (   ). 소설에서 쓰는 표현 기법들은 아예 시도도 하지 않을 작정이다. 그러니 독자들께서는 좀 횡설수설하고 조리가 없더라도 용서해 주시기 바란다.
① 있었던 일과는 다르게 써 보았다.
② 있는 그대로 장치를 이용하여 쓸 것이다.
③ 있는 그대로 쓰는 것이 최선이라는 것을 안다.
④ 그럴 듯하게 꾸며 쓰는 것이 최선일 것 같다는 생각이 든다

(4) 영화 '취화선'이 진정 필자의 마음에 와 닿은 이유는 지극히 한국적인 영화인 동시에 그것을 뛰어넘으려는 시도가 담겨 있다는 점이었다. 저작 '춘향뎐'이 판소리와 영화를 접목시키는 참신한 형식적 시도인데 비해 내용은 (   ). '그들'이 원하는 그림만 그려대다간 화가의 생명이 끝난다는 장승업의 말처럼 자신만의 스타일을 가지려는 감독의 눈물겨운 노력은 이미 한국적인 것을 뛰어넘었다.
① 한국적인 것을 그대로 그려내는 데에 그쳤다면, '취화선'은 다르다
② 한국적으로 완성하는 데 접근한 반면, '취화선'은 채 미치지 못했다
③ 한국적인 것과 다름없지만 취화선보다는 한국적이라고 보기 어렵다
④ 한국적인 것을 탈피하려는 노력을 그대로 답습했다는 점에서 다르다

8. 다음 글을 읽고 물음에 답하십시오.

(1) (   ) 에 알맞은 말을 한 단어로 쓰십시오.

흔히 성격은 타고나는 것이라고 이야기 한다. 즉 우리의 성격은 태어날 때부터 선천적으로 결정된 것이다. 그러나 반드시 그렇다고 믿는 사람은 거의 없을 것이다. 대부분의 학자들은 성격이 선천적으로 타고나는 것과 자라나는 과정에서 겪는 경험이 복합적으로 작용하여 형성되는 것이라고 생각한다. 다시 말해서 성격은 '(   )'과/와 '환경'의 영향으로 형성된다는 것이다.
(   )

(2) 밑줄 친 부분이 묘사하고 있는 자연물을 한 단어로 쓰십시오.

　　백성들이 모두 편안하고 때가 마침 삼월이니 화천의 시내 길을 따라서 금강산으로 들어가 본다. 여행 짐과 따르는 무리를 다 버려두고 돌길에 막대를 짚어 가며 '백천동'을 지나서 '만폭동'으로 들어가니 <u>은 같은 무지개, 옥 같은 용의 꼬리가 펼쳐져 있다. 섞여 돌며 뿜는 소리가 십리 밖까지 퍼져 있어 멀리서 들을 때는 천둥과 같더니 가까이 가 보니 하얀 눈이었다.</u>
　　(　　　　　　　　　　　　　)

(3) 이 광고에 나타난 상품의 장점으로 알맞지 않은 것을 고르십시오.

> 나!
> 컴퓨터는 잘 몰라!
> 하지만 접시 달고 뭐든지 한다!
> 리모콘만 있으면
> 오늘의 날씨도 보고
> 주식 정보도 보고
> 내일의 운세도 보고
> 게임도 맘껏 즐기지…
> 게다가 앞으로 이 리모콘 하나로
> 귀찮은 은행 업무도 보고
> 음식 주문에 쇼핑도 하고
> 이메일까지 할 수 있단다!
> 대단하지?
> 또 있어!
> 140여 개 다채널에
> 눈과 귀가 번쩍 뜨이는
> 디지털 고화질 고음질까지
> 한마디로 살 맛 나는 세상일세!

① 사용의 간편함
② 성능의 우수성
③ 상품의 인기도
④ 기능 향상 가능성

9. 다음 글을 읽고 물음에 답하십시오.

신용카드는 통장에 남아 있는 돈에 관계없이 사용자가 먼저 물건을 산 후 정해진 기간 안에 돈을 지불하는 카드인 반면, 직불카드는 통장에 남아 있는 금액의 범위 안에서만 물건을 살 수 있는 카드이다. 정부는 신용 불량자 증가를 우려해 직불카드의 사용을 권장하기로 하고 직불카드의 세금 면제 혜택을 늘리기로 했다.

신용카드는 연간 카드 사용액에서 총 급여액의 10%를 뺀 금액의 20%에 대해 세금을 면제받을 수 있다. 예를 들어 연봉 5000만 원을 받는 급여 생활자가 1년간 1,200만 원의 신용카드를 사용했다면, 140만원에 대해 세금을 내지 않아도 된다.

직불카드의 세금 면제율은 지난해까지 신용카드와 마찬가지였지만, 올해부터는 30%로 신용카드에 비해서 10% 더 높아졌다. 만약 연봉 5,000만 원인 급여 생활자가 신용카드 대신 직불카드를 1,200만 원 사용했다면 면제 대상 금액은 210만 원으로 늘어난다.

따라서 현금 여유가 있는 사람이라면 신용카드보다는 직불카드를 사용하는 것이 좋다. 특히 직불카드는 통장의 잔액 범위 내에서만 사용이 가능하므로 과소비를 예방할 수 있다. 다만, 직불카드는 이용 가능 시간이 은행 공동망 가동 시간으로 제한되기 때문에, 한밤중에는 사용이 불가능하다. 또 신용카드에 비해 가맹점 수가 적어 이용에 불편을 겪을 수 있다.

(1) 이 글의 내용과 일치한 것을 고르십시오.
   ① 신용카드가 직불카드보다 사용하기는 편리한 점이 있다.
   ② 신용카드를 사용하려면 통장에 잔액이 많이 남아 있어야 한다.
   ③ 직불카드를 사용한 사람은 작년에도 이 제도의 혜택을 받았다.
   ④ 직불카드는 연봉 5000만 원 이상인 사람이 사용하는 것이 바람직하다.

(2) 다음 중 직불카드보다는 신용카드를 더 사용해야 하는 사람은 누구입니까?
   ① 송 과장: 지방의 작은 도시에 출장을 가서 밤에 사람을 만날 때가 많다.

② 김 과장: 투자할 곳을 찾지 못해 통장에 여유 잔액을 남겨 두고 있다.

③ 이 대리: 월말 카드 결재일에는 언제나 많이 썼다고 후회한다.

④ 박 대리: 2년 안에 결혼 비용을 준비하려면 한 푼이라도 아껴야 한다.

(3) 신용카드에 비해 직불카드가 신용 불량자 수를 줄일 수 있는 이유는 무엇입니까? 25자 내외로 쓰십시오.
(　　　　　　　　　　　　　　　　　)

10. 다음은 무엇에 대하여 쓴 글입니까? 알맞은 것을 고르십시오.

(1) ・고객의 욕구를 정확히 파악하여 충족시킨다.
　　・타경쟁 업체에 비해 가격을 낮춘다
　　・직원들이나 손님들이 쾌적함을 느낄 수 있는 분위기를 만든다.
　　・직원들이 느끼는 불편함이나 불만도 꼼꼼히 점검하여 시정한다.
　① 영업 전략　　　　　② 창업 동기
　③ 제품 홍보 방법　　　④ 사업의 기대 효과

(2) 기업 경영은 경영을 제일 잘하는 사람이 맡아야 한다. 소유 경영자 중심의 그룹 경영은 경영에 대한 감독 기능을 발달하지 못하게 만든다. 이 때문에 경영자의 판단 능력 부족, 위험의 집중 등 많은 문제가 생겨날 수 있다. 기업의 가치를 극대화하기 위해서는 최대의 전문성을 갖추고 있고 경영을 통해 그 능력을 평가받는 전문 경영인의 도입이 필수적이다.
　① 전문 경영인의 자질　　　② 소유 경영자의 자질
　③ 전문 경영인의 필요성　　④ 기업 경영의 감독 기능

11. 다음 중국어 내용을 한국어로, 한국어 내용을 중국어로 번역하세요.

(1)　　梅花是中华民族的精神象征,具有强大而普遍的感染力和推动力。梅花象征坚韧不拔,不屈不挠,奋勇当先,自强不息的精神品质。别的花都是春天才开,它却不一样,愈是寒冷,愈是风欺雪压,花开得愈精神,愈秀气。它是我们中华民族最有骨气的象征! 几千年来,它那迎雪吐艳,凌寒飘香,铁骨冰心的崇高品质和坚贞气节鼓励了一代又一代中国人不畏艰险,奋勇开拓,创造了优秀的生活与文明。有人认为,梅的品格与气节几乎写意了我们"龙的传人"的精神面貌。全国上至显达,下至布衣,几千年来对梅花深爱有加。文学艺术史上,梅诗、梅画数量之多,足以令任何一种花卉都望尘莫及。

(2) 바라만 보아도 좋은 사람이 있다는 것은 즐거운 일입니다. 느낄 수만 있어도 행복한 이가 있다는 것은 아름다운 일입니다. 어떠한 고통이나 절망이 가슴을 어지럽혀도 언제나 따뜻이 불 밝혀주는 가슴 속의 사람 하나 간직해둔 마음이 있다는 것은 소중합니다. 한 번도 드러내지 못한다 해도 사랑은 말하지 않아 더 빛나는 느낌, 바라볼 수 있는 사람 있어 행복합니다. 생각하면 언제나 정다운 사람 있어 행복합니다.

제3과 인터넷

1. 작품 감상
　　인터넷이 실생활에서 어떻게 이용되고 있는지 예시를 통해서 알기 쉽게 설명하면서 인터넷의 발달과정과 인터넷 문화를 통해 인터넷의 장점과 단점을 보여주고 있다.

2. 생각해 볼 문제
　① 인터넷의 이점과 문제점에 대해서 생각해 보세요.
　② 인터넷 관련 신조어에 대해서 생각해 보세요.
　③ 현실공간과 사이버공간의 경계에 대해서 생각해 보세요.

　한밤중 어느 집에 도둑이 들었다. 밤늦게까지 컴퓨터로 일을 하던 주인은 미처 신고도 하지 못하고 집이 털리는 것을 꼼짝없이 지켜봐야만 했다. 안타깝게 바라보던 주인의 머릿속에 순간 번뜩이는 아이디어가 떠올랐다.

　주인은 용기를 내어 도둑에게 지금 회사 일을 하던 중이었는데 반드시 내일까지 끝내야 한다며 그냥 컴퓨터 앞에 앉아 일을 하게 해 달라고 부탁했다. 도둑은 아무 생각 없이 그렇게 하라고 했다. 얌전히 컴퓨터 앞에만 앉아 있겠다는데 무슨 일이야 있을까 생각한 것이다.

　그런데 도둑은 컴퓨터가 인터넷과 연결 중이라는 사실을 알지 못했다. 도둑이 물건을 훔치는 동안 주인은 일을 하는 척하면서 인터넷을 통해 신고를 했고, 결국 도둑은 출동한 경찰에게 붙잡히고 말았다.

　또 이런 일도 있었다. 인터넷으로 채팅을 하던 한 여성이 죽고 싶다는 말을 남기고 아무 답변을 하지 않자 같은 채팅방에 있던 사람들이 이상하게 여겨 경찰에 신고를 했다. 경찰은 IP(인터넷에 연결된 컴퓨터에 부여되는 고유 식별 주소)를 추적

해 그 여성의 집을 찾아냈다. 그리하여 피를 흘리며 신음하고 있던 여성은 재빨리 병원으로 옮겨져 생명을 구할 수 있었다.

인터넷에서는 많은 사람들이 사이버상으로 연결되어 있기 때문에 사는 곳은 달라도 같은 시간에 함께 있을 수 있다.

이라크전이 한창일 때도 사람들은 같은 시간에 같은 곳을 보고 있었다. 29세의 살람 팍스라는 청년이 인터넷에 블로그를 만들고 이라크 전쟁 상황을 냉정하고 생생하게 써 내려갔다. '살람 팍스'는 평화를 뜻하는 아랍어와 라틴어의 합성어로, 한 이라크 청년의 필명이다.

'이라크 판〈안네의 일기〉'라고 불린 살람 팍스의 블로그에는 CNN을 비롯한 세계 유명 매체들도 따라잡을 수 없는 생생한 소식이 담겨 있었다. 당연히 전 세계의 네티즌이 그의 블로그를 주목했고, 마비가 될 정도로 접속이 폭주했다. 정보를 검색하고 메일을 주고받던 인터넷에 '블로그'라는 또 다른 세계가 열린 것이다.

인터넷은 언제 시작되었나요?

냉전 시대 때 미국 국방성은 러시아(구소련)의 공격에 대비한 컴퓨터 네트워크가 필요했다. 그래서 미국 4개 지역을 중심으로 네트워크를 만들었다. 처음에는 군사적인 목적으로 이용되다가 나중에 교육과 연구를 목적으로 운영되었다.

그 뒤 1990년대에 상업적인 네트워크로 발전하면서 일반인에게 보급되었다. 월드 와이드 웹(www: world wide web) 인터넷 서비스가 시작된 것은 1992년이다.

우리나라에서는 한국 통신이 1994년 6월 20일 처음으로 코넷이라는 인터넷 서비스를 시작했다. 같은 해에 데이콤과 나우콤도 인터넷 사업에 뛰어들었다. 그 전에도 대학교나 연구 기관에서 정보 교류를 하기 위해 인터넷을 사용했지만 보통 사람은 사용할 수가 없었다.

처음 코넷의 전송 속도는 현재의 100분의 1에도 못 미치는 수준이었다. 기업용 인터넷 전용 회선의 1개월 사용료가 400만 원 정도였다고 하니 지금과는 비교가 되지 않을 정도로 매우 비쌌다.

1998년에 케이블 모뎀 방식의 초고속 인터넷 서비스와 이듬해 전화망을 이용한 서비스가 제공되면서 우리나라 인터넷은 꾸준히 성장해 왔다.

인터넷은 어떻게 발달했나요?

예전에 인터넷은 단순히 정보를 검색하거나 이메일을 확인하는 정도였다. 하지만 오늘날의 인터넷은 마치 우주와 같다. 게임은 물론 음악 등 여러 가지 일을 복합적으로 할 수 있는 멀티미디어로 발전해 가고 있다. 인터넷은 우리 생활을 편하게 해 주는 것은 물론 이제는 없어서는 안되는 반드시 필요한 공간이라고 할 수 있다.

그러나 인터넷 중독, 음란물, 스팸 메일, 해킹, 바이러스와 사이버 테러 등 인터넷으로 인한 문제점이 하나 둘 생기고 있다. 특히 사이버 세상에서는 실제 이름을 밝히지 않고도 활동할 수 있기 때문에 윤리 의식이 마비될 수 있다.

여러 문제점 가운데 가장 문제가 되는 것은 인터넷 중독 현상이다. 인터넷 중독은 하루 종일 컴퓨터 앞에 앉아 있거나, 하루라도 인터넷을 하지 않으면 불안하고 초조해지는 증상을 말한다. 물론 공부나 일 때문에 인터넷을 사용하는 것은 중독이 아니다. 인터넷 중독에 걸린 사람은 인터넷 안의 세상과 현실을 구분하지 못한다든지, 몇 날 며칠을 컴퓨터 앞에만 앉아 있다든지, 심지어 밥 먹는 시간과 화장실 가는 시간도 아까워한다고 한다.

인터넷 문화
1. 미니 홈피와 블로그

미니 홈피와 블로그는 사이버 세상 속 나만의 공간, 마치 집과 같다.

미니 홈피가 환영 받는 이유 가운데 하나는 번거로움이 없어졌다는 것이다. 예전에는 홈페이지를 만들려면 웹 에디터 같은 소프트웨어 사용법을 비롯해 여러 지식을 알아야만 했다. 하지만 미니 홈피와 블로그는, 간단히 말하면 아파트와 같은 것이다. 똑같은 집을 주지만 어떻게 꾸미고 무엇을 담을지는 집 주인의 마음대로다. 누구나 손쉽게 자신만의 개성 넘치는 공간을 만들 수 있다. 글을 올리는 것은 물론 사진이나 동영상 파일 같은 것도 별 어려움 없이 올릴 수가 있어서 인기가 높다. 그리고 미니 홈피나 블로그를 사용하는 친구의 홈페이지를 쉽게 찾아갈 수 있다. 따로 메일을 보내지 않더라도 방명록에 글을 남겨 서로 안부를 묻거나 정보를 교환할 수 있고, 인기 있는 미니 홈피나 블로그를 방문해 온라인에서 새로운 친구를 사귈 수도 있다.

요즘은 제품을 광고하거나 영화를 홍보하는 등 마케팅에도 미니 홈피와 블로그를 활용하는 경우가 많다.

2. 댓글

인터넷은 수많은 정보를 주고받을 수 있는 공간이다. 그래서 많은 사람들이 인터넷 게시판에 자신의 의견과 정보를 주고받는데, 이를 '댓글' 이라고 한다. 영어로는 '리플라이(reply)' 라고 하고, 줄여서 '리플' 이라고도 한다.

인터넷 게시판은 의견을 자유롭게 펼 수 있다는 장점이 있다. 게시판에 올려진 댓글 중에는 유익한 정보와 위로가 되는 댓글도 있지만 다른 사람에게 상처나 피해를 주는 댓글도 적지 않다. 이것을 '악성 리플' 이라고 하는데, 줄여서 '악플' 이라고 한다. 논리적으로 자신의 의견을 말하기보다는 익명이라는 점을 이용해 감정적으로 악플을 달아 놓거나 잘못된 정보를 제공하는 것이다.

이처럼 댓글은 동전의 양면과 같이 장점과 단점이 함께 존재하므로 자유롭고 유익한 토론의 장이 되도록 네티즌들이 함께 노력해야 한다.

3. 네티즌(누리꾼)

인터넷의 발달은 한 나라뿐만 아니라 전세계를 하나로 묶어 주고 있다. 아무리 먼 나라의 사람들이라도 자유롭게 만나고 이야기할 수 있기 때문이다.

그래서 네티즌이라는 말이 생겼는데, 네티즌(netizen)이란, 시민이라는 뜻의 시티즌(citizen)과 통신망을 뜻하는 네트워크(network)의 합성어다. 다시 말하면, 네트워크를 즐겨 사용하는 다른 세계의 시민들이라는 말이다.

우리말로는 세상 또는 세계를 뜻하는 누리라는 말에 사람을 뜻하는 꾼이라는 말을 붙여 '누리꾼' 이라고 한다.

4. 안티 사이트

특정인이나 특정 단체의 문제점과 비판할 만한 점을 알리는 것을 목적으로 하는 사이트다. 안티(anti)라는 말은 반대 또는 대립되는 의견을 뜻하는 독일어 '안티테제(antithese)' 의 준말이다.

대중 매체에서 다루지 못하는 정보에 대해 건전한 비판 문화를 발전시킨다는 장점이 있지만, 지나친 유언비어와 욕설이 문제가 되고 있다. 심지어는 사이버 공간을 넘어서 싸움이 나는 경우도 있다.

5. 폐인

폐인은 병이나 못된 습관 때문에 몸을 망친 사람이라는 뜻으로, 부정적인 의미를 가지고 있다.

그러나 요즘은 폐인을 마니아로 해석하는 경우가 더 많다. 인터넷이나 게임, 드라마 등 어떤 분야에 푹 빠져 열중하는 사람을 말한다.

인터넷 종량제가 뭐예요?

2004년 EBS인터넷 수능 강의 방송을 보려고 많은 사람들이 한꺼번에 접속하자 인터넷 회선이 장애를 일으켰다. 자연히 인터넷의 속도와 품질 개선에 대한 말이 나오고 인터넷 종량제를 도입하자는 움직임이 일었다.

인터넷 종량제는 사용한 시간이나 데이터 전송량에 따라 비용을 다르게 계산하는 제도다. 현재 한국 통신은 종량제 도입 준비를 시작하여 언제든지 인터넷 종량제를 실시할 준비를 하고 있다.

만약 종량제가 실시된다면 지금보다 많은 요금을 내야 할 것은 분명하다. 그렇다면 네티즌들이 접속을 자제할 것이고, 온라인 게임이나 메신저 그리고 사이버 대학 등 많은 서비스들은 문을 닫아야 할지도 모른다.

한편으로는 불법 복제 파일의 유통이 줄어들 것이라는 장점도 있지만, 자유로운 환경에서 인터넷을 즐기던 네티즌들에게 인터넷 종량제는 그다지 반가운 소식이 아니다.

털리다	[동]	'털다'의 피동사. ① 떨어지다. 턺을 당하다. ② 노름판에서 지녔던 돈을 모조리 잃다. ③ 도둑이나 소매치기 등에게 가지고 있던 것을 모조리 앗기다.
꼼짝없이	[부]	조금도 움직이는 기색이 없게
번뜩이다	[동]	① 물체 따위에 반사된 큰 빛이 잠깐씩 나타나다. 또는 그렇게 되게 하다. ② 생각 따위가 갑자기 머릿속에 떠오르다.
고유 식별 주소	[명]	인터넷을 통해 호스트 혹은 라우터에 접근할 수 있는 정적인 인터넷 주소.
추적하다	[동]	뒤를 밟아 쫓다.
신음하다	[동]	① 앓는 소리를 내다. ② 고통이나 괴로움으로 고생하며 허덕이다.

사이버(cyber)	[명]	컴퓨터 안이나 각 컴퓨터를 연결하는 네트워크망을 사이버로 포괄해 부른다.
블로그(blog←web+log)	[명]	네티즌이 자신의 관심사에 따라 자유롭게 칼럼, 일기, 취재 기사 따위를 올리는 웹 사이트.
합성어(合成語)	[명]	둘 이상의 실질 형태소가 결합하여 하나의 단어가 된 말.
필명	[명]	글을 써서 발표할 때에 사용하는, 본명이 아닌 이름.
따라잡다	[동]	앞선 것을 쫓아가서 나란히 되다.
네티즌	[명]	네트워크 network+ 시민 citizen. 인터넷의 자유민주주의 원칙에 의해 네티즌은 성립한다.
폭주하다	[동]	매우 빠른 속도로 난폭하게 달리다.
네트워크(network)	[명]	① 라디오나 텔레비전의 방송에서, 각 방송국을 연결하여 동시에 같은 프로그램을 방송하는 체제. ② 랜(LAN)이나 모뎀 따위의 통신 설비를 갖춘 컴퓨터를 이용하여 서로 연결시켜 주는 조직이나 체계.
전용회선	[명]	특정한 회사나 신문사 따위에서만 사용하는 전신·전화 회로.
케이블 모뎀(cable modem)	[명]	케이블망을 통해 인터넷에 고속으로 접속할 수 있게 해주는 장치.
복합적	[명]	두 가지 이상이 합쳐져 있는, 또는 그런 것.
음란물	[명]	음탕하고 난잡한 내용을 담은 책이나 그림, 사진, 영화, 비디오테이프 따위를 통틀어 이르는 말.
스팸 메일(spam mail)	[명]	PC통신이나 인터넷 ID를 가진 사람에게 일방적·대량으로 전달되는 전자우편으로 발신자와 수신자가 아무런 관계가 없으며 정크(junk) 메일이라고도 한다.

해킹 (hacking)	[명]	남의 컴퓨터 시스템에 침입하여 장난이나 범죄를 저지르는 일.
바이러스(virus)	[명]	① 동물, 식물, 세균 따위의 살아 있는 세포에 기생하고, 세포 안에서만 증식이 가능한 미생물. ② 컴퓨터를 비정상적으로 작용하게 만드는 프로그램.
사이버 테러(cyberterror)	[명]	주요 기관의 정보시스템을 파괴하여 국가 기능을 마비시키는 신종 테러.
윤리 의식	[명]	사람으로서 마땅히 행하거나 지켜야 할 도리에 대한 인식.
미니 홈피	[명]	'미니홈페이지(mini homepage)'를 줄여 이르는 말.
웹 에디터(web editor)	[명]	웹 사이트를 꾸며 주는 일을 전문으로 하는 사람. 또는 그런 프로그램.
동영상	[명]	컴퓨터 모니터의 화상이 텔레비전의 화상처럼 움직이는 것.
파일	[명]	하나의 단위로서 처리되는 서로 관련 있는 레코드의 집합. 컴퓨터 시스템에서 파일은 자기 테이프, 디스크, 천공 카드, 주기억 장치 따위에 존재한다. 기본 파일, 데이터 파일, 변동 파일, 보완 파일, 순차적 파일, 전자 파일 따위가 있다.
방명록	[명]	어떤 일에 참여하거나 찾아온 사람들을 특별히 기념하기 위하여 그 사람들의 이름을 적어 놓는 기록 또는 그 책.
온라인(on-line)	[명]	컴퓨터의 단말기가 중앙 처리 장치와 통신 회선으로 연결되어 정보를 전송하고, 중앙 처리 장치의 직접적인 제어를 받는 상태.
마케팅(marketing)	[명]	제품을 생산자로부터 소비자에게 원활하게 이전하기 위한 기획 활동. 시장 조사, 상품화 계획, 선전, 판매 촉진 따위가 있다.

댓글	[명]	한 게시물 바로 밑에 즉시 남길 수 있는 짧은 글. 리플(←reply)이라고도 한다.
게시판	[명]	여러 사람에게 알릴 내용을 내붙이거나 내걸어 두루 보게 붙이는 판.
리플	[명]	답장. Reply(리플라이 : 대답하다, 응수하다, 메아리)의 준말 형태로 쓰는 통신 언어로, 게시판에서는 Re 로 쓰기도 한다.
악플	[명]	다른 사람이 올린 글에 대하여 비방하거나 험담하는 내용을 담아서 올린 댓글.
익명	[명]	이름을 숨김.
누리	[명]	'세상(世上)'을 예스럽게 이르는 말.
안티 사이트(anti-site)	[명]	특정인이나 특정 단체의 가치관과 활동, 행적 등에 대해서 문제점과 비판점을 타인에게 알리는 것을 목적으로 하는 사이트.
유언비어	[명]	아무 근거 없이 널리 퍼진 소문.
욕설	[명]	남의 인격을 무시하는 모욕적인 말. 또는 남을 저주하는 말.
폐인	[명]	어떤 것에 아주 중독돼 일상생활에 심각한 지장을 받는 사람을 비유적으로 이르는 말.
마니아(mania)	[명]	어떤 한 가지 일에 몹시 열중하는 사람. 또는 그런 일.
도입하다	[동]	기술, 방법, 물자 따위를 끌어 들이다.
데이터(data)	[명]	컴퓨터가 처리할 수 있는 문자, 숫자, 소리, 그림 따위의 형태로 된 정보.
자제하다	[동]	자기의 감정이나 욕망을 스스로 억제하다.
메신저(messenger)	[명]	인터넷에서 실시간으로 메시지와 데이터를 주고받을 수 있는 소프트웨어.

| 사이버 대학 | [명] | 컴퓨터나 정보통신 기술을 활용하여 사이버 공간에서 교수, 학습활동 및 제반 학사관리 업무를 수행하는 고등교육 체제. |

연습

1. 다음 (   ) 안에 알맞은 것을 고르십시오.

   (1) 남자들은 남자들(   ) 여자들은 여자들(   ) 열심히 응원하고 있다.
       ① 만큼   ② 만냥   ③ 까지   ④ 끼리
   (2) 민속학에 대한 논문은 처음에는 어려워 보이지만 계속해서 (   ) 무슨 뜻인지 알게 돼요.
       ① 읽다 보니   ② 읽다 보면   ③ 읽어 보니   ④ 읽고 보니
   (3) 사실 그의 이목구비 가운데 가장 높이 (   ) 데가 바로 그 눈이었다.
       ① 사 줄 수밖에 ② 사 줄 만한   ③ 사 줄 뿐인   ④ 사 줄 법한
   (4) 도서관의 (   ) 많은 학생들이 편리하게 공부할 수 있게 되었다.
       ① 수정으로   ② 확장으로   ③ 폐관으로   ④ 개선으로
   (5) 은행잎의 성분이 기억력을 향상시키는지에 대한 연구가 활발하게 이루어지고 있다. 그러나 연구자들 간의 실험 결과가 일치하지 않기 때문에, 그 효능을 (   ) 판단하기 어렵다.
       ① 섣불리   ② 어련히   ③ 어설피   ④ 차라리

2. 다음 밑줄 친 부분이 틀린 것을 고르십시오.

   (1) (   )
       ① 아이들에게 <u>덮어놓고</u> 야단만 치면 어떡해요.
       ② 10년의 세월이 흐른 뒤 그는 <u>한결같이</u> 달라져 있었다.
       ③ 경찰은 택시 기사의 <u>적극적인</u> 협조로 한 시간 만에 범인을 잡을 수 있었다.

④ 아프고 쓰라렸던 지난 일이 새록새록 떠올랐다.
(2) (   )
① 이 산은 그다지 절경은 아니지만 아쉬운 대로 등산할 만한 산이다.
② 어머니는 비가 오나 눈이 그치나 자식 걱정뿐이다.
③ 모처럼 친구들을 만나 얘기하다가 그만 자리가 길어져서 늦었어.
④ 전쟁의 와중에서 숱한 청년이 전장의 이슬이 되었다.

3. 다음 글을 읽고 물음에 답하십시오.

어린이들은 읽기 자체에 관심이 많아서 주변에 읽을 거리가 있으면 무조건 읽으려고 한다. 이 기회를 놓치지 않으려고 어른들은 어린이들에게 책을 많이 사다 (㉠) 매일 읽어야 할 양을 정해 (㉡) 하여 책 읽기를 강요하는 일이 많다. 이것은 자칫하면 아이에게 부담을 주어서 오히려 책 읽기를 싫어하게 ㉢ 만들기 십상이다. 책을 읽는 것이 즐거운 일이라는 것을 깨닫도록 도와주는 정도에서 그쳐야겠다. 책 읽기가 즐겁다는 것을 스스로 인식하게 하면 어린이는 자연스럽게 책과 친해질 수 있게 된다.

(1) ㉠와 ㉡에 공통으로 들어갈 말을 고르십시오.
① 주도록   ② 준다고   ③ 주다시피   ④ 준다거나
(2) ㉢와 바꾸어 쓰기에 알맞은 것을 고르십시오.
① 만들기 그지없다   ② 만들기 일쑤이다
③ 만들기 한이 없다   ④ 만들 리 만무하다

4. 다음 글을 읽고 물음에 답하십시오.

얼마 전 나는 (㉠) 두 가지의 우편물을 동시에 받았다. 하나는 충치 예방 사업에 대한 홍보물이 담긴 것이었고, 다른 하나는 이 사업을 결사 반대하는 사람들이 펴낸 인쇄물이었다. 과연 누구의 논리가 (㉡)? 새로운 사업은 수돗물을 불소화하여 충치 발생률을 낮추겠다는 것이었다. 실로 멋진 (㉢)의 전환임에 틀림없다. 하지만 그 반대편에서는 여러 가지 부작용의 가능성을 들어 이 사업을 결사반대하고 있다.

(1) ㉠에 알맞은 말을 고르십시오.
   ① 상반되는   ② 호응되는   ③ 대응되는   ④ 배제되는
(2) ㉡에 알맞은 말을 고르십시오.
   ① 그럴싸한가   ② 그럴 법한가
   ③ 그럴 만한가   ④ 그럴 듯한가
(3) ㉢에 알맞은 말을 고르십시오.
   ① 발견   ② 발상   ③ 발명   ④ 발단

5. 다음 글을 읽고 물음에 답하십시오.

   우리 속담에 '(㉠).'라는 말이 있다. 이것은 물론 매일같이 급속하게 변하는 인생살이를 뜻하는 말이다. 걷잡을 수 없는 인생의 변화에서 우리는 무상함을 깨닫기도 하고 경이로움을 느끼기도 한다. 어떤 사람은 체념에 (㉡) 어떤 사람은 더욱 분발하기도 한다.

(1) ㉠에 알맞은 말을 고르십시오.
   ① 하루가 새롭다   ② 하루가 여삼추다
   ③ 하루 세 끼 밥 먹듯   ④ 하루가 십 년 같다
(2) ㉡에 알맞은 말을 고르십시오.
   ① 빠지는가 하면   ② 빠지면서도
   ③ 빠지려고 든다면   ④ 빠질 바에야

6. 다음 글을 읽고 (   )에 알맞은 것을 고르십시오.

   교육은 여러 가지 순기능적 측면을 가지고 있으나 동시에 역기능적 측면도 지니고 있다. 교육은 개개인의 잠재적 능력을 키워 사회적으로 성공하게 만들어 주기도 하고 사회가 요청하는 인재를 배출하여 사회가 균형적으로 발전하는 데 기여하는 긍정적 측면도 있다. 그러나 교육 기회의 불평등을 통해 인간의 능력차를 더욱 심화시켜 (㉠). 이러한 교육과 사회적 불평등의 관계에 대해서는 상반된 두 가지 입장이 있다. 하나는 보수주의적 입장이며 다른 하나는 자유주의적 입장이다. 보수주의자들은 이러한 관계가 비록 불평등하다고 해도 개개인의 능력차에서 연유된 것이므로 사실

상 (㉡). 반면에 자유주의자들은 최소한 아버지의 사회 경제적 지위가 그 자식에게까지 연결되는 것은 사회적으로 선한 것이 아니기 때문에 이 관계의 단절을 요구한다.

(1) ㉠에 알맞은 말을 고르십시오.
　① 무한한 인간 발전의 기회를 박탈하기도 한다
　② 기존의 불평등한 사회적 구조를 강화시키기도 한다
　③ 새로운 합리적인 사회적 제도를 만들어내기도 한다
　④ 전통적으로 세습되어 온 사회적 모순을 고칠 수 있게 한다
(2) ㉡에 알맞은 말을 고르십시오.
　① 이 관계를 사회적 문제로 단정한다
　② 이 관계를 정당한 것으로 간주하고 묵인한다
　③ 이 관계를 신장시켜 줄 기회를 주어야 한다고 주장하다
　④ 이 관계를 없애 줄 수 있는 새로운 방안을 찾으려 한다

7. 밑줄 친 부분에 알맞은 것을 고르십시오.

(1) 가: 요즘 저는 밤에는 잠이 안 오고 낮에는 잠이 계속 와서 정상적인 생활이 힘들어요.
　　나: 그거 큰일이네요. _____.
　　　① 며칠 푹 쉬다보면 다 괜찮아 질 거예요. 너무 걱정 말아요
　　　② 원인을 빨리 찾아서 치료를 해야겠어요, 별일이야 있겠어요
　　　③ 그럴수록 조심하시고 음식과 물을 많이 조절하세요
　　　④ 얼른 의사를 한 번 찾아가 보세요. 빠를수록 좋겠어요
(2) 가: 이번 달부터 공공요금이 대폭 인상된다는데 어쩌면 좋아요?
　　나: 하는 수 없죠, _____.
　　　① 거기에 대비해서 큰 집으로 이사하고 큰 차를 타면 상관없어요
　　　② 공공요금은 국가정책이니만큼 우리가 앞장서서 계몽해야 해요
　　　③ 누구나 그러하듯 예전처럼 편안하게 생활할 수 있다고 생각해요
　　　④ 앞으로 허리띠 꽉 졸라매고 지출을 최대한 줄이는 수밖에요
(3) 가: 감독님은 유독 오늘 경기를 한 팀과는 좋은 경기를 펼치는 것 같습니다. 특별한 전술이 있나요?

나: 아닙니다. _____. 하지만 이 팀과 경기를 하면 선수들이 편안해 하는 것 같습니다.
① 선수들이 저의 전술을 제대로 이해하고 게임을 하는 것 같습니다
② 우리의 전술이 너무 뛰어나기 때문입니다
③ 상대방을 철저히 분석한 자료가 있습니다
④ 그냥 평소의 전술대로 게임에 임합니다

(4) 가: 김 선생님께서는 수많은 직업과 직위를 거치셨는데요. 그 세월 동안 가장 후회가 남는 일이 있다면?
나: 내가 진정 행복한 이유가 뭔지 아세요? _____. 뭐 굳이 하나 꼽으라고 한다면 다른 사람의 아이디어에 투자했다가 손해 본 정도입니다.
① 곧바로 후회를 잘 한다는 거예요
② 바로 후회 없는 삶을 살았다는 거예요
③ 곧바로 후회하다가도 잊어버린다는 거예요
④ 바로 후회를 하기에는 너무 이르다는 거예요

8. 다음 글에서 <보기>의 문장이 들어가기에 가장 적절한 곳을 고르십시오.

(1) 아이가 한자 학습만화를 사달라기에 서점에 잠깐 들렀다. (㉠) 책을 고르는 데 바로 옆에 대학생으로 보이는 젊은 여성이 다가왔다. (㉡) 책꽂이에서 꺼낸 책에다 펜으로 줄을 그어 가며 읽는 게 아닌가. (㉢) 그녀가 30분쯤 머물다 지나간 자리를 봤더니 방금까지 이용했던 책이 바닥에 그대로 펼쳐져 있었다. (㉣)시원한 냉방시설과 살아 있는 지식의 보고인 책을 무료로 이용하게 해 주는 서점에 고맙다는 표시는 못할망정 이처럼 몰지각하게 행동하는 여성을 보니 어린아이가 무엇을 배울까 정말 부끄러웠다.

<보기>
얼마후 디지털 카메라로 책을 한 장 한 장 촬영하더니 노트북을 꺼내 자료를 입력하기 시작했다.

① ㉠　　② ㉡　　③ ㉢　　④ ㉣

(2) 　　지난달 프리드리히 나우만 학술재단 초청으로 연수를 다녀왔다. (㉠) 돌아오는 길에 하루에 1개국을 탐방하는 강행군으로 유럽과 중동을 둘러봤다. (㉡) 환경과 재생에너지로 블루오션을 창출하고 있는 독일의 본, 세계금융의 메카로 성장하고 있는 런던이 인상 깊었다. (㉢) 패션 일번지로 재도약하고 있는 파리, 명품의 고향답게 신기술과 혁신으로 패션산업의 신 영역을 개척하고 있는 밀라노, 뛰어난 지도자의 역량으로 무에서 유를 창출한 두바이 등을 보았다. (㉣) 관광객을 불안케 하는 마드리드 치안과 무질서를 보고서도 생각해 볼 점이 많았다.

<보기>
이처럼 세계 명품도시를 만들어 내기 위한 지도자와 도시의 치열한 경쟁이 너무나 인상적이었다.

① ㉠　　② ㉡　　③ ㉢　　④ ㉣

(3) 　　요즘 정부의 법정단위 변경정책에 대해 불만의 목소리가 크다. (㉠) 정부가 귀 기울여야 할 지적도 있다. (㉡) 측정단위의 잘못된 사용에서 단골로 등장하는 미국은 아직도 국제단위계(미터법)와 영국단위계를 함께 사용하고 있다. (㉢) 미국도 단위 혼선에 따른 폐해를 방지하기 위하여 국제단위를 법정단위로 정했다. (㉣) 하지만 기존 영국단위계를 없애는 비용 (교통안내판, 측정설비, 공장설비 등)이 너무 엄청나 단위의 통일에 대해 감히 엄두를 내지 못하고 있다.

> <보기>
> 그렇지만 전반적으로 변화에 따르는 진통의 측면이 크다.

① ㉠   ② ㉡   ③ ㉢   ④ ㉣

9. 다음 글을 읽고 물음에 답하십시오.

　　잠시 안 보이던 건우가 어디서 다섯 홉짜리 정종을 한 병 들고 왔다. 이마에 땀이 맺힌 걸 보면 필시 뛰어온 게 틀림없다. 아마 ㉠어머니가 시킨 일이려니 싶었다.
　　나는 미안스런 생각으로 건우 어머니가 따라 주는 술잔을 받았다. 손이 작아 보였다. 유달리 자그마한 손이 궂은 일에 거칠어 있는 것이 ㉡보기에 더욱 안타까울 정도였다.
　　기어이 저녁까지 대접하겠다고 부엌으로 가 버린 뒤, 나는 건우를 앞에 두고 잔을 들면서, 그녀의 인사 범절에 새삼 생각되는 바가 있었다. 나는 학생 생활 기록부에서 가졌던 선입견을 버렸다. 모든 것을 다시 보았다. 농삿집치고는 유난히도 말끔한 마루, 먼지를 뒤집어쓰고 있지 않은 장독대, 울타리 너머로 보이는 키 큰 꽃들…. 그 어느 것 하나에도 ㉢그녀의 손이 안 간 곳이 없으리라 싶었다. 이러한 집 안팎 광경을 통해서 나는 건우 어머니가 꽤 부지런하고 친절한 여성이라는 것을 금방 짐작할 수가 있었다. 젊음이 한창인 열아홉부터 억세게 혼자서 살아 왔다는 것과, 어려운 가운데서도 외아들 건우를 나룻배를 태워가면서까지 먼 우리 학교에 보내고 있다는 사실, 그리고 농촌 아이라고는 믿어지지 않을 만큼 ㉣건우의 옷차림이 항상 깨끗했다는 사실 등이 당연하게 느껴지기도 했다. 얼핏 보아서는 어리숙한 여인 같기도 하지만 유난히 두드러진 듯한 이마라든가 건우처럼 짙은 눈썹 같은 데서 그녀의 심상치 않은 의지랄까 정열 같은 것을 읽을 수가 있었다.

(1) 이 글에서 나는 건우와 어떤 관계에 있는지 쓰십시오.
　　(　　　　　　　　　　　　　　　)
(2) '건우 어머니'에 대한 설명으로 알맞은 것을 고르십시오.
　　① 형식과 겉치레를 중요하게 생각하는 여인

② 남편에게 순종하면서 어려움 없이 산 여인
③ 가정 형편은 어렵지만 깔끔하고 근면한 여인
④ 세상 물정을 잘 모르는 순박하고 연약한 여인
(3) ㉠ ~ ㉣ 중 가장 객관적인 진술을 고르십시오.
① ㉠　　　② ㉡　　　③ ㉢　　　④ ㉣

10. 다음 글을 읽고 물음에 답하십시오.

외국의 어떤 인류학자가 한국인은 세계에서 제일 오래 사는 민족이라고 했다는데, 이것은 (　㉠　). 그러니까 한국인은 수백 년을 너끈히 사는데, 실제로 수명이 그렇게 길다는 게 아니고 제사를 통해서 자손들의 뇌나 기억 속에 사는 기간이 그렇게 길다는 뜻이다. 이렇게 제사는 한국인의 생활 속에 깊이 자리잡고 있어서 이미 분리해 낼 수 없는 그 어떤 것인지도 모른다. 그렇다면 한국인에게 있어 제사가 갖는 의미는 어떤 것일까.

일반적으로 제사라고 하면 유교에서 효를 실천하는 수단에 불과한 것이고, 따라서 조상을 기리고 기억하는 미풍양속이라고만 이해하는 경우가 많다. 그러나 전통 사회에서 제사는 그것보다 훨씬 중요한 의미를 가졌다. 즉 종교적인 의미를 넘어서서 (　㉡　). 제사는 가장 중요한 통치 수단의 하나이자 통치 이데올로기였다. 그러니 제사를 지내는 것에 의문을 갖거나 도전하는 것은 조선 시대에서 절대 신념 체계이자 통치 이데올로기에 대한 중대한 도전으로 간주되었다.

(1) ㉠에 알맞은 것을 쓰십시오.
(　　　　　　　　　　　　　)
(2) ㉡에 알맞은 것을 쓰십시오.
(　　　　　　　　　　　　　)

11. 다음 중국어 내용을 한국어로, 한국어 내용을 중국어로 번역하세요.

(1)　　农民工是有农村户口,有承包土地,但离开户籍所在地,主要从事非农产业的人员。"农民工"是一个带有歧视性的自相矛盾的称谓,但深刻反映了他们的"边缘人"状态。他们在农村有地,但离开了;他们在城市工作,但没有城市户口,不享受社会保障;他们为城市贡献巨大,向往城市,但不被城市接纳,游离于主流社会之外。

(2) 　　정부와 한나라당은 7일 국내 관광산업의 활성화를 위해 중국 관광객에 대한 비자발급을 간소화하는 방안을 추진키로 했다. 당정은 이날 국회에서 회의를 열고 이같이 결정하는 한편 일본 관광객을 위한 전용입국심사대 설치, 의료관광 메디컬센터 지원 등도 적극 검토키로 했다. 당정은 또 외국인의 불법체류 문제가 비자 간소화에 영향을 주지 않도록 하는 방안을 모색키로 한 것으로 알려졌다. 이날 당정회의에는 한나라당 제6정조위 소속인 나경원 위원장과 안형환 부위원장, 박영준 국무총리실 차장, 김대기 문화체육관광부 차관, 외교통상부, 법무부, 보건복지가족부 관계자 등이 참석했다.

제4과 올림픽을 향하여

1. 작품 감상
바르셀로나 올림픽에서 겪은 올림픽 개최의 의미와 자국에서의 올림픽 개최에 대한 열망, 그리고 스포츠 담당 기자로서 올림픽 개최지가 확정되는 순간의 떨림과 기쁨을 잘 표현했다.

2. 생각해 볼 문제
① 올림픽 개최지 확정 뉴스를 들었던 당시의 상황을 떠올려 보세요.
② 스포츠 경기와 다른 예술적 시합의 차이점과 비슷한 점을 생각해 보세요.
③ 올림픽을 개최하는 것의 의미에 대해 생각해 보세요.
④ 사람들이 올림픽에 열광하는 이유를 생각해 보세요.

    7월 13일은 중국과 베이징에 정말 특별한 날이다. 얼마 전 어떤 기자가 내게 물었다. "만약 7월 13일 모스크바의 투표에서 우리가 승리하여 마침내 2008년 올림픽 개최권을 획득한다면 당신의 심정은 어떻겠습니까?" 나는 당연히 너무 기쁘고 너무 감격스러울 것이라고 말했다. 오늘날 꿈은 정말 이뤄졌다. 나는 너무도 기쁘고 감격스러웠다. 그 이유는 나와 모두가 똑같이 느끼는 그 감정을 제외하고도 한 가지가 더 있는데, 그것은 내가 장장 10년 동안 스포츠기자로 있었고 1992년 바르셀로나 올림픽을 취재한 적이 있어 스포츠와 올림픽에 남다른 감정을 가지고 있기 때문이다. 나는 한 국가, 한 도시에서 올림픽을 개최할 수 있다는 것이 참으로 얼마나 대단한 일인가를 직접 체험했다.

    나는 바르셀로나 올림픽대회를 마치던 날 밤을 잊을 수 없다. 몬주익 경기장을 나와 구불구불한 산길을 따라 산을 내려와 몬주익산 기슭에 자리 잡은 거대한 분수에 이르렀다. 사방으로 흩날리는 물보라와 하늘로 높이 솟아오르는 물기둥이 불빛 속에서 여러 가지 화려한 색채로 가득히 빛나는 것을 보았다. 나는 물기둥을 따라 갑자기 울려 퍼지기 시작한 올림픽대회 주제가의 우렁찬 선율을 들었는데, 너무나 감동적이었다. 그 한순간 갑자기 선율이 맑고 성스러운 물처럼 가슴으로 흘러드는 것을 느꼈다. 나는 그것이 스포츠만이 나에게 줄 수 있는 감정이라는 것을 알았다. 거의 모든 사람들이 모두 나와 마찬가지로 솟아오르는 분수와 선율 앞에서 발걸음을 멈추고 자신도 모르게 고개를 들어 그 투명한 물기둥과 별빛 찬연한 밤하늘을 바라보는 것을 발견했다. 나의 가슴속은 지금껏 경험하지 못했던 느낌으로 넘쳐났다. 한 국가, 한 도시에서 올림픽을 개최한다는 것은 이 국가와 이 도시와 이곳의 국민들을 얼마나 아름답게 만드는가! 당신은 그 시각에 스포츠는 비단 스포츠만이 아니라 그것은 자체의 특수한 매력으로 모든 것에 영향을 줄 뿐 아니라 이 모든 것을 초월한다는 것을 깨닫게 될 것이다.

사람들은 스포츠는 일종의 예술이라고 종종 말한다. 스포츠는 확실히 예술적 성분을 포함하고 있다. 예를 들면 스포츠의 힘과 미, 스피드와 조형이 그렇다. 스포츠와 예술의 가장 큰 구분 중 하나는 스포츠는 비단 연기일 뿐만 아니라 시종일관 시합한다는 것에 있다. 시합이 없으면 곧 스포츠도 없다. 물론 예술에도 시합이 있는데, 예컨대 노래경연대회, 피아노경연대회 등이다. 하지만 예술적 시합을 스포츠시합과 동일시할 수 없다. 오직 스포츠시합에만 있는 극히 근소한 비교, 0.0몇 초와 0.0몇cm 속에서 결정된 승부만이 얻기 힘든 상대적 공정성, 공개성과 객관성을 갖추게 된다. 스포츠는 세계에 존재하는 여러 권력, 그리고 종족과 금전으로 가려진 불공평에 대한 일종의 항쟁이며 이상이다.

올림픽에 몸담고, 올림픽을 직접 취재할 수 있다는 것은 정말 잊을 수 없는 아름다운 경험이다. TV에서 사마란치가 2008년 올림픽 개최도시가 베이징이라고 선포하는 것을 보았을 때 마음 속에 갑자기 벅찬 감동이 용솟음쳤다. 우리 자신의 나라에서 개최하는 올림픽을 취재할 수 있는 기회가 내게 생기기를 간절히 바랬다. 그것은 더더욱 잊을 수 없는 아름다운 경험이 될 것이다.

바르셀로나에서 돌아와 나는 <바르셀로나의 여름>이란 얇은 책을 한 권 썼다. 익숙한 베이징에서 우리 자신이 개최하는 올림픽을 취재하는 것은 나에게 또 다른 격정과 영감을 가져와 새로운 것을 써 낼 수 있으리라 생각한다. 갑자기 이렇게 강렬한 욕구가 솟구치는 것은 내게는 아주 드문 일이다.

나는 갑자기 예전에 취재했던 얀 오베 발드너와 리우궈량, 덩야펑과 현정화, 리

닝과 리샤오쐉, 가오민과 푸밍샤, 롼쥐졔와 샤오아이화, 그리고 우리 나라 남자 펜싱 플레뢰의 세 검객인 예충, 동자오즈, 황하이빈이 떠올랐다. 물론 또한 우리 여자축구와 여자 소프트볼 선수아가씨들도 있고, 또 세르게이 부브카, 게일 테버스, 미첼 루이스, 재닛 에번스, 소트마이어, 멀린 오티, 윌슨 킵케터, 누레딘 모르첼리 등도 있다. 나는 그들 중 얼마나 많은 사람들을 취재하였던가! 그들을 취재했던 날들이 그립다. 그들로 인해 청춘과 힘, 우정, 그리고 평화를 느꼈다. 2008년 베이징 올림픽이 도래할 때는 그들도 나와 마찬가지로 늙을 것을 알고 있다. 하지만 나는 새로운 세대의 젊은 운동선수들을 취재함과 동시에 그들과의 만남을 아직도 간절히 바라고 있다.

우리는 함께 청춘의 순환이 올림픽의 오륜과 연결되는 것을 보게 될 것이며, 갈수록 늙어 가고 있는 지구가 생기발랄한 활기를 분출하는 것을 보게 될 것이다. 그 시각 스포츠가 분출하는 올림픽정신은 실로 서로 다른 국가, 민족, 피부색을 초월하여 세계의 평화, 우의, 진보와 발전을 연결시킨다.

아주 분명히 기억한다. 바르셀로나 올림픽이 끝난 다음 날 오전에 나는 마음먹고 다시 한 번 몬주익산에 올랐고 일부러 경기장에 서서 올림픽 개막식과 폐막식, 많은 시합을 개최했던 경기장을 돌아보았다. 관람대 위에 올림픽대회를 위해 세웠던 일부분 틀을 한창 제거하고 있는 노동자들을 제외하고, 텅 빈 곳에 단 한 명의 관광객인 나와 뜨거운 햇빛과 넓고 푸른 잔디만 있을 뿐이었다. 그때는 우리가 한창 2000년 올림픽 개최를 신청하고 있을 때였다. 경기장에 서서 나는 생각했다. '멀지 않았다. 우리 나라도 이처럼 아름다운 올림픽대회를 개최할 때가 조만간 올 것이다.'

이 날이 드디어 도래한 것이다.

단어

개최권	[명]	어떤 모임이나 행사 따위를 주최하여 여는 권한.
감격스럽다	[형]	마음에 깊이 느끼어 크게 감동이 되는 듯하다.
취재하다	[동]	① 재주를 시험하여 사람을 뽑다.

		② 작품이나 기사에 필요한 재료나 제재(題材)를 조사하여 얻다.
체험하다	[동]	자기가 몸소 겪음. 또는 그런 경험.
구불구불하다	[형]	이리저리 구부러져 있다.
기슭	[명]	① 산이나 처마 따위에서 비탈진 곳의 아랫부분.
		② 바다나 강 따위의 물과 닿아 있는 땅.
흩날리다	[동]	흩어져 날리다. 또는 그렇게 하다.
물보라	[명]	물결이 바위 따위에 부딪쳐 사방으로 흩어지는 잔물방울.
물기둥	[명]	솟구쳐 뻗치거나 내리쏟아지는 굵은 물줄기.
화려하다	[형]	① 환하게 빛나며 곱고 아름답다.
		② 어떤 일이나 생활 따위가 보통 사람들이 누리기 어려울 만큼 대단하거나 사치스럽다.
우렁차다	[형]	① 소리의 울림이 매우 크고 힘차다.
		② 매우 씩씩하고 힘차다.
선율	[명]	소리의 높고 낮음, 길고 짧음, 세고 여림 따위가 서로 번갈아 듣기 좋게 길게 이어진 것
성스럽다	[형]	거룩하고 고결하다.
흘러들다	[동]	① 액체 따위가 흘러서 들어가거나 들어오다.
		② 정처 없이 떠다니다가 저도 모르게 들어오다.
투명하다	[형]	① 물 따위가 속까지 환히 비치도록 맑다.
		② 사람의 말이나 태도, 펼쳐진 상황 따위가 분명하다.
		③ 앞으로의 움직임이나 미래의 전망 따위가 예측할 수 있게 분명하다.
찬연하다	[형]	① 빛 따위가 눈부시게 밝다.

		② 어떤 일이나 사물이 영광스럽고 훌륭하다.
매력	[명]	사람의 마음을 사로잡아 끄는 힘.
초월하다	[동]	어떠한 한계나 표준을 뛰어넘다.
조형	[명]	형틀이나 주형 따위를 만듦.
시종일관	[명]	일 따위를 처음부터 끝까지 한결같이 함.
근소하다	[형용]	얼마 되지 않을 만큼 아주 적다.
종족	[명]	① 같은 종류의 생물 전체를 이르는 말.
		② 조상이 같고, 같은 계통의 언어·문화 따위를 가지고 있는 사회 집단.
항쟁	[명]	맞서 싸움.
선포하다	[동]	세상에 널리 알리다.
용솟음치다	[동]	① 물 따위가 매우 세찬 기세로 위로 나오다.
		② 힘이나 기세 따위가 매우 세차게 북받쳐 오르거나 급히 솟아오르다.
간절히	[부]	① 진정으로 바라는 마음으로.
		② 모든 정성을 다하여. 매우 정성스럽게.
영감	[명]	창조적인 일의 계기가 되는 기발한 착상이나 자극.
솟구치다	[동]	① 아래에서 위로, 또는 안에서 밖으로 세차게 솟아오르다.
		② 감정이나 힘 따위가 급격히 솟아오르다.
		③ 빠르고 세게 솟구다.
오륜	[명]	왼쪽으로부터 청색, 황색, 흑색, 녹색, 적색의 순으로 오대주를 상징하여 'W'자 모양으로 겹쳐 연결한 다섯 개의 고리.
생기발랄하다	[형]	싱싱한 기운이 있고 기세가 활발하다.
분출하다	[동]	① 액체나 기체가 세차게 뿜어 나오다.

제4과 올림픽을 향하여

		② 마음이 불편할 만큼 참고 있던 욕구나 감정이 터져 나오다.
폐막식	[명]	일정 기간 동안 행사를 치르고 난 뒤 그것을 끝맺기 위하여 맨 마지막으로 하는 행사.
제거하다	[동]	바람직하지 않은 것을 없애 버리다.

연습

1. 다음 ( ) 안에 알맞은 것을 고르십시오.

   (1) 연구에 필요하니까 컴퓨터( ) 꼭 사야겠다.
      ① 정도   ② 에는   ③ 치고   ④ 만큼은
   (2) 가: 민주 씨는 왜 등산을 안 가세요?
      나: 내일 시험이 있( ).
      ① 는데요   ② 거든요   ③ 으면요   ④ 고요
   (3) 나는 변변히 대접조차 못하는 내 처지가 민망스럽기 ( ).
      ① 말이 없다   ② 수가 없다   ③ 적이 없다   ④ 짝이 없다
   (4) 그녀는 몸을 잔뜩 ( ) 앉아서 불안한 표정으로 주변을 둘러보았다.
      ① 도사리고   ② 맞물리고   ③ 매달리고   ④ 따돌리고
   (5) 흔히 한국사 개론은 근·현대사의 기술에 더 많은 지면을 ( ). 그러나 전통 문화의 주요 특징들이 형성되었던 고대사를 좀 더 강조할 필요가 있다.
      ① 부담한다   ② 상술한다   ③ 처리한다   ④ 할애한다

2. 다음 밑줄 친 부분이 틀린 것을 고르십시오.

   (1) ① 선약이 있어서 그 모임에 참석이 <u>어렵게</u> 되었다.
      ② 우리가 왜 새마을 사업을 해야 하는지를 <u>누누이</u> 역설하였다.
      ③ 세관원이 십억 원 <u>상당의</u> 밀수품을 적발하였다.

④ 김 선생은 노래 솜씨가 아주 <u>수려해서</u> 인기가 많다.
(2) ① 용의자는 <u>소식 소문도 없이</u> 사라졌다가 일이 잠잠해지자 다시 나타났다.
② <u>가슴이 뜨끔했지만</u> 그는 아무렇지 않은 척 행동했다.
③ 적들이 몰려오자 기다렸다는 듯이 아군 진지에서는 일제히 불을 뿜기 시작했다.
④ 그는 가문의 <u>굴레를 벗고</u> 자유롭게 살고 싶어 했다.

3. 다음 글을 읽고 물음에 답하십시오.

갈릴레이는 최초로 천체 망원경을 이용해 천문 관측을 한 사람이다. 그는 독실한 신자여서 교회의 비위를 (㉠) 않고 조용히 있었지만, 70세가 다 된 나이에 지동설을 지지하는 저서를 출간해 마침내 종교 재판을 받게 되었다. 거기서 그는 고문을 가하겠다는 협박을 받았다고 한다. 갈릴레이는 결국 자신의 뜻을 굽히고 말았지만 재판정에서 고개를 숙인 채 "그래도 지구는 돈다." 라고 말했다는 유명한 일화가 있다.

그런데 오늘날 역사가들에 따르면 이 이야기는 과장된 것일 가능성이 높다고 한다. 법정 모독죄로 그 즉시 가혹한 형벌을 받을 것이 분명한 상황에서, 오랜 재판에 (㉡) 70대의 쇠약한 노인이 그런 용기를 냈을 리 없다는 해석이다.

(1) ㉠에 알맞은 말을 4음절로 쓰십시오.
    (   )
(2) ㉡을 문맥에 맞게 가장 잘 나타낸 것을 고르십시오.
    ① 지치건마는   ② 지칠락말락한
    ③ 지칠 대로 지친   ④ 지쳤다손 치더라도

4. 다음 글을 읽고 물음에 답하십시오.

풍요로운 삶을 추구하는 인간의 욕구는 ㉠(급증하다) 반해 지구의 식량 자원은 고갈되어 가고 있다. 그러므로 21세기는 인간의 생존과 관련된 생명 과학의 시대라고 해도 ㉡ <u>과언이 아니다</u>. 세계는 이미 자원 전쟁의 시대를 맞고 있으며, 다양한 생물자원의 확보와 연구는 식량 대란 및 환경 위기에 (㉢) 쾌적한 삶을 지속시키기 위한 필수 과제이다. 따라서 국내 식물 자원의 탐구, 유지, 생산, 이용 등에 관한 연구는 한 국가의 범위를 넘어선 범국가적인 과제라 할 수 있다.

(1) ㉠을 문맥에 맞게 쓰십시오.
(   )
(2) ㉡을 같은 뜻을 가진 다른 말로 쓰십시오.
(   )
(3) ㉢에 알맞은 말을 고르십시오.
   ① 궁리하고   ② 마련하고   ③ 할애하고   ④ 대처하고

5. 다음 글을 읽고 물음에 답하십시오.

수업 시간에 잡담을 일삼던 공립 중학교 영어 교사가 3개월간 직위해제 됐다. 문제의 교사는 전에 근무했던 중학교에서도 수업 태만으로 문제를 (㉠) 있다고 한다. 문제의 교사가 여러 차례 문제점을 지적 받았는데도 고치지 않고 버틸 수 있었던 것은 느슨한 징계 규정과 온정주의 때문이다. 이번 예에서 보듯이 동료 교사들이 문제의 교사를 다시 채용해 달라는 의도로 본인들의 수업시간을 (㉡) 건의한 것도 역시 온정주의다. 문제 많은 동료를 봐주려고 희생을 했다는 얘기인데, 그것은 희생이 아니라 수업 시간수 규정 위반이다. 동료 교사가 학생들에게 심각한 피해를 주는데도 바로잡을 생각은 하지 않고 수업을 대신 떠맡은 것은 (㉢)이라서/라서 그런지는 몰라도 교육자로서 바람직하지 못한 일이다.

(1) ㉠에 알맞은 말을 고르십시오.
   ① 일으킨 바가   ② 일으키는 바람에
   ③ 일으킨 처지가   ④ 일으키는 참에
(2) ㉡에 들어갈 알맞은 말을 고르십시오.
   ① 깎아 주십사   ② 깎아 줍네
   ③ 깎아 주고말고   ④ 깎아 주든 말든

(3) ㉢에 알맞은 속담을 고르십시오.
 ① 임도 보고 뽕도 따고 ② 가재는 게 편
 ③ 하늘이 무너져도 솟아날 구멍이 있다 ④ 물 밖에 난 고기

6. 다음 글을 읽고 (   )에 알맞은 것을 고르십시오.

 다음 세기에 인간 사회가 직면할 문제는 새로운 기술의 발전이 가난한 사람들의 기본적인 필요를 충족시켜 주는 방향으로 나아가지 못한다는 것이다. 기술과 필요 사이의 간격은 넓으며, 점점 넓어질 것이다. 만일 기술이 가난한 자의 필요를 무시하고 부자에게만 이익을 준다면 가난한 자들은 기술의 억압에 대항하여 (㉠).

 기술과 필요 사이에 존재하는 넓은 간격을 좁히는 것이 윤리의 몫이다. 지난 30년간 우리는 윤리의 힘이 산업적인 부와 기술적인 오만을 누르고 승리를 거두는 사례를 많이 보았다. 환경론자들은 미국과 다른 여러 나라에서 (㉡). 그러나 불행히도 환경 운동은 지금까지 기술이 하지 못한 선이 아니라 기술이 행한 악에 주의를 기울였다.

(1) ㉠에 알맞은 말을 고르십시오.
 ① 기술을 더욱 배우려고 노력할 것이다
 ② 힘을 모아 자신들의 이익을 얻고자 할 것이다
 ③ 기술의 중요성을 지나칠 정도로 강조할 것이다
 ④ 결국 기술의 억압을 받아들일 수밖에 없을 것이다
(2) ㉡에 알맞은 말을 고르십시오.
 ① 분열된 모습을 극복하려고 하였으나 실패하였다
 ② 환경을 국가의 주요 관심사로 설정해 놓기도 하였다
 ③ 힘을 발휘하지 못하고 세력이 위축되어 제 역할을 못해 왔다
 ④ 기술의 힘을 발전시켜 산업적인 부를 키우는 데 노력해 왔다

7. 밑줄 친 부분을 같은 의미로 바꾸어 쓴 것을 고르십시오.

(1) 통계란 과거에 대한 평가, 현 상황의 진단 그리고 <u>미래에 대한 예측</u>을 가능하게 하는 척도로서 정부 정책 수립의 근간이 된다. 올바른 통

계를 사용해야 정책의 효과와 사업의 효율성이 제대로 나타나고 예산 낭비도 줄일 수 있다.
① 미래를 내다볼 수 있는 것은 통계뿐이므로 정책 수립 시 참고해야 한다.
② 정부의 미래는 올바른 통계에 의해서 결정적으로 이루어진다.
③ 국가의 미래 정책을 판단하고 결정짓는 중요한 가늠자가 된다.
④ 통계는 국가의 미래를 결정짓는 중요한 줄기 역할을 한다.

(2) 죽음에 대해 이야기하는 것 자체를 금기시하는 문화가 가장 큰 걸림돌이다. 숫자 4가 '죽을 사(死)'와 발음이 같다는 이유로 엘리베이터 숫자판에서 '4'자를 아예 빼는 곳이 있을 정도로 죽음은 금기 중 금기에 속한다.
① 죽음을 이야기 하지 못하는 문화가 제일 큰 장애 요소다.
② 죽음을 죽음이라고 부르는 문화가 가장 큰 장애 요소이다.
③ 죽음이라는 말조차 못하게 하는 문화가 제일 큰 장애 요소다.
④ 죽음자체를 금기시하는 문화가 가장 장애가 되는 요소이다.

8. 다음 글을 읽고 내용이 같은 것을 고르십시오.

(1) 종로와 을지로에서 사업체를 경영하면서 매년 1천억 원 정도의 매출을 올리고 있는 사장님에게 그 비결을 물었다. 사장님의 답변은 간단했다. 그는 가방 끈이 짧았기에 열심히 남의 이야기를 들었다고 한다. 많이 못 배운 자신보다 조금이라도 더 배운 남의 이야기를 열심히 경청한 후, 들은 이야기들을 토대로 하여 연구하고 자신의 삶에서 실천한 것이 자신의 비결이라고 했다. 성공한 사람들의 비결을 들어보면 세상에서 처음 듣는 대단한 비결은 없다. 누구나 알고 있는 진정한 '겸손함'에서 나오는 '경청' 그리고 '실천'이 그 사장님이 30여 년 살아오면서 지킨 원칙이었다.
① 배운 자는 못 배운 자들에게 많은 가르침을 줘야 한다.
② 부자가 되려는 사람은 부자의 이야기를 들어야 한다.
③ 못 배운 자가 부자가 되기 위해 말을 많이 해야 한다.
④ 부자가 되는 비결은 다 알고 있는 평범한 것들이다.

(2) 증시전문가들은 "꼭짓점에 도달하려면 아직 멀었다"는 반응을 보였다. 이종우 한화증권 연구소장은 "꼭짓점 얘기가 나오는 것은 상반기에 너무 급상승했기 때문"이라며 "하지만 올해의 꼭짓점은 아직 멀었다"고 말했다. 그는 "상반기에 힘을 너무 썼기 때문에 3분기엔 약간 주춤하겠지만, 증시 투자자금이 계속 상승세를 타고 있기 때문에 약 두 달 후인 8월 중·하순이 되면 다시 한 번 탄력을 받게 될 것"이라고 덧붙였다.

① 주식으로 돈 번 사람이 많다.
② 주식투자는 신중해야 한다.
③ 부동산투자 보단 주식 투자가 낫다.
④ 지금은 주식을 살 때다.

9. 다음은 보고서를 쓰기 위한 개요를 작성한 것입니다. 밑줄 친 부분에 적절한 내용을 고르십시오.

(1)   제목: 강물의 오염을 막기 위한 효율적인 방안

> 1. 생활하수와 폐수로 인한 강물의 오염 실태가 심각한 수준에 이르렀다.
> 2. _____
>   (1) 수질 오염의 심각성을 알리는 홍보 활동을 강화한다.
>   (2) 하천 부근 건축과 관련되는 법률을 개정해야 한다.
>   (3) 하수 처리 시설을 설치하는 데 소요되는 예산을 확보해야 한다.
> 3. 강물의 오염을 더 이상 방치해서는 안 된다.

① 강물 오염의 원인을 정확하게 파악해야 한다
② 공장 건설 시에 하수 정화 장치의 설치를 의무화한다
③ 더 이상의 오염을 막기 위한 적극적인 대책이 필요하다
④ 수질 오염을 일으키는 범법 행위에 대한 처벌을 강화해야 한다

(2)   제목: 농업을 살리는 길

> 1. 농산물의 수입 개방으로 국내 농업이 매우 어려운 상황에 놓여 있다.
> 2. 정부와 민간 차원의 농업을 살리는 방안이 절실하다.
>   (1) 국내 농산물을 애용하여 농산물 수입을 막아야 한다.
>   (2) 정부는 농업 부분에 대한 각종 지원을 강화해야 한다.
>   (3) _____
> 3. 삶의 기반이 되는 농업을 중시해야 한다.

① 국가 차원에서 농민들의 전업을 권장한다
② 농업 이외의 산업을 육성하는 대책을 세워야 한다
③ 농업의 과학화, 기계화를 추진하여 생산성을 높여야 한다.
④ 국내 농산물과 경쟁이 되지 않는 농산물을 적극적으로 수입해야 한다.

● 10. 다음 글에서 밑줄 친 말이 가리키는 것을 찾아 쓰십시오.

(1)   한자 이름이 대부분 두 글자인 데 비하여 고유어 이름은 법에서 정한 최대 네 글자까지로 지을 수 있어 이름의 길이가 비교적 다양하다. 또 부를 때 친근하고 고운 느낌을 주기 때문에 신세대 부모들이 <u>이</u>를 선호하는 경향이 있다. 그러나 고유어로 이름을 짓는 것이 그리 쉬운 일은 아니다. 이미 많은 이름들이 사용되고 있으므로, 흔하지 않은 이름을 지으려면 많은 자료를 보며 고심해야 한다.
(   )

(2)   많은 민주주의 이론가들은 의미 있는 선택의 기회를 유권자에게 제공해야만 진정으로 자유선거의 요건을 갖추는 것이라고 주장한다. 단일 후보만 출마하는 선거는 물론이고, 복수의 후보가 나섰더라도 후보 간에 변별성이 없는 선거라면 자유 선거로 보기 어렵다는 뜻이다. '<u>도토리 키 재기</u>' 식의 선거는 유권자의 무관심을 초래하여 자칫하면 민주주의의 위기를 불러오게 된다.
(   )

11. 다음 중국어 내용을 한국어로, 한국어 내용을 중국어로 번역하세요.

(1) "五岳之首"泰山,是中华民族的象征,是灿烂东方文化的缩影,是"天人合一"思想的寄托之地。1987年被列入世界自然文化遗产名录。泰山自古便被视为是社稷稳定、政权巩固、国家昌盛、民族团结的象征,历朝历代,无论谁当上皇帝,第一件大事就是朝拜泰山,泰山也因此成为中国历史上唯一受过皇帝封禅的名山。无论是帝王将相,还是名人宗师,都对泰山仰慕备至。孔子"登泰山而小天下",杜甫"会当凌绝顶,一览众山小。"

(2) 지난 5일 청와대 어린이날 행사에서 이명박 대통령은 "청와대에도 자장면이 몰래 들어오는 경우가 있다"고 말했다. 이 대통령의 말처럼 '몰래' 들어올 정도는 아니지만 절차는 조금 까다롭다. 중국집 배달원이 청와대 내부를 자유롭게 돌아다니며 자장면을 배달하고, 빈 그릇을 회수하도록 허용할 수는 없기 때문이다. 그래서 ▶직원들이 중국집에 주문 전화를 걸고 ▶중국집 배달원이 청와대의 관문인 면회소까지 자장면을 들고 오면 ▶청와대 직원이 면회소에서 자장면을 건네받아 직접 들고 사무실까지 이동하는 절차를 밟아야 한다. 빈 그릇 반환이 번거롭기 때문에 자장면은 보통 일회용 용기에 담겨 배달된다. 청와대 내부로 반입되기 직전 자장면은 폭발물 등을 걸러내기 위한 X선 검색대를 통과해야 한다. 피자나 김밥, 떡볶이 등 다른 간식들도 마찬가지 과정을 거친다.

제5과 신록 예찬

1. 작가 소개
　이양하 (1904—1963), 평남 강서 출생. 주지주의(主知主義) 문학이론을 소개한 수필가 겸 영문학자. 수필집《나무》를 간행했고 권중휘(權重輝)와 공저로《포켓 영한사전》을 펴냈다. 주요 저서로《이양하수필집》등이 있다.

2. 작품 감상
　이 작품은 인간과 자연의 관계를 내용으로 한 글이다. 지은이는 이 글에서 자연 친화적인 자세로 대상에 접근하고 있다. 표면적으로는 자연의 혜택과 아름다움을 예찬하고 있으면서도 그 속에는 세속적인 삶의 태도를 반성하도록 촉구하는 내용을 포함하고 있다. 소재의 특성과 지은이의 태도가 잘 조화되어 독자에게 교훈을 주기에 충분한 글이다.

3. 생각해 볼 문제
① 글에서 사용된 표현상의 특징에 대해 생각해 보세요.
② 수필의 특징에 대해 생각해 보세요.
③ 이 글과 비슷한 느낌의 중국 작품을 비교하면서 한국과 중국 작가의 자연을 바라보는 태도에 대해 생각해 보세요.

　봄, 여름, 가을, 겨울 두루 사시(四時)를 두고 자연이 우리에게 내리는 혜택에는 제한이 없다. 그러나 그 중에도 그 혜택을 풍성히 아낌없이 내리는 시절은 봄과 여름이요, 그 중에도 그 혜택을 가장 아름답게 나타내는 것은 봄, 봄 가운데도 만산(萬山)에 녹엽(綠葉)이 싹트는 이 때일 것이다. 눈을 들어 하늘을 우러러보고 먼

산을 바라보라. 어린애의 웃음같이 깨끗하고 명랑한 5월의 하늘, 나날이 푸르러 가는 이 산 저 산, 나날이 새로운 경이를 가져오는 이 언덕 저 언덕, 그리고 하늘을 달리고 녹음을 스쳐 오는 맑고 향기로운 바람——우리가 비록 빈한하여 가진 것이 없다 할지라도, 우리는 이러한 때 모든 것을 가진 듯하고, 우리의 마음이 비록 가난하여 바라는 바, 기대하는 바가 없다 할지라도, 하늘을 달리어 녹음을 스쳐 오는 바람은 다음 순간에라도 곧 모든 것을 가져올 듯하지 아니한가?

오늘도 하늘은 더할 나위 없이 맑고, 우리 연전(延專) 일대를 덮은 신록은 어제보다도 한층 더 깨끗하고 신선하고 생기 있는 듯하다. 나는 오늘도 나의 문법 시간이 끝나자, 큰 무거운 짐이나 벗어 놓은 듯이 옷을 훨훨 떨며, 본관 서쪽 숲 사이에 있는 나의 자리를 찾아 올라간다. 나의 자리래야 솔밭 사이에 있는, 겨우 걸터앉을 만한 조그마한 소나무 그루터기에 지나지 못하지마는, 오고 가는 여러 동료가 나의 자리라고 명명(命名)하여 주고, 또 나 자신도 하루 동안에 가장 기쁜 시간을 이 자리에서 가질 수 있으므로, 시간의 여유가 있을 때마다 나는 한 특권이나 차지하는 듯이, 이 자리를 찾아 올라와 앉아 있기를 좋아한다. 물론, 나에게 멀리 군속(群俗)을 떠나 고고(孤高)한 가운데 처하기를 원하는 선골(仙骨)이 있다거나, 또는 나의 성미가 남달리 괴팍하여 사람을 싫어한다거나 하는 것은 아니다. 나는 역시 사람 사이에 처하기를 즐거워하고, 사람을 그리워하는 갑남을녀(甲男乙女)의 하나요, 또 사람이란 모든 결점이 있음에도 불구하고, 역시 가장 아름다운 존재의 하나라고 생각한다. 그리고 또, 사람으로서도 아름다운 사람이 되려면 반드시 사람 사이에 살고, 사람 사이에서 울고 웃고 부대껴야 한다고 생각한다. 그러나 이러한 때——푸른 하늘과 찬란한 태양이 있고, 황홀(恍惚)한 신록이 모든 산, 모든 언덕을 덮는 이 때, 기쁨의 속삭임이 하늘과 땅, 나무와 나무, 풀잎과 풀잎 사이에 은밀히 수수(授受)되고, 그들의 기쁨의 노래가 금시라도 우렁차게 터져 나와, 산과 들을 흔들 듯한 이러한 때를 당하면, 나는 곁에 비록 친한 동무가 있고, 그의 재미있는 이야기가 있다 할지라도, 이러한 자연에 곁눈을 팔지 않을 수 없으며, 그의 기쁨의 노래에 귀를 기울이지 아니할 수 없게 된다. 그리고 또, 어떻게 생각하면, 우리 사람이란——세속에 얽매여, 머리 위에 푸른 하늘이 있는 것을 알지 못하고, 주머니의 돈을 세고, 지위를 생각하고, 명예를 생각하는 데 여념이 없거나, 또는 오욕 칠정(汚辱七情)에 사로잡혀, 서로 미워하고 시기하고 질투하고 싸우는 데 마음에 영일(寧日)을 가지지 못하는 우리 사람이란, 어떻게 비소(卑小)하고 어떻게 저속한 것인지, 결국은 이 대자연의 거룩하고 아름답고 영광스러운 조화를 깨뜨리는 한 오점(汚點) 또는 한 잡음(雜音)밖에 되어 보이지 아니하여, 될 수 있으면 이러한 때를 타서, 잠깐 동안이나마 사람을 떠나, 사람의 일을 잊고, 풀과 나무와 하늘과 바람과 한가지로 숨쉬고 느끼고 노래하고 싶은 마음을 억제할 수가 없다.

  그리고 또, 사실 이즈음의 신록에는, 우리의 마음에 참다운 기쁨과 위안을 주는 이상한 힘이 있는 듯하다. 신록을 대하고 있으면, 신록은 먼저 나의 눈을 씻고, 나의 머리를 씻고, 나의 가슴을 씻고, 다음에 나의 마음의 구석구석을 하나하나 씻어 낸다. 그리고 나의 마음의 모든 티끌——나의 모든 욕망(欲望)과 굴욕(屈辱)과 고통(苦痛)과 곤란(困難)이 하나하나 사라지는 다음 순간, 별과 바람과 하늘과 풀이 그의 기쁨과 노래를 가지고 나의 빈 머리에, 가슴에, 마음에 고이고이 들어앉는다. 말하자면, 나의 흉중(胸中)에도 신록이요, 나의 안전(眼前)에도 신록이다. 주객일체(主客一體), 물심일여(物心一如)라 할까, 현요(眩耀)하다 할까. 무념무상(無念無想), 무장무애(無障無礙), 이러한 때 나는 모든 것을 잊고, 모든 것을 가진 듯이 행복스럽고, 또 이러한 때 나에게는 아무런 감각의 혼란(混亂)도 없고, 심정의 고갈(枯渴)도 없고, 다만 무한한 풍부의 유열(愉悅)과 평화가 있을 따름이다. 그리고 또, 이러한 때에 비로소 나는 모든 오욕(汚辱)과 모든 우울(憂鬱)에서 완전히 자유로울 수 있고, 나의 마음의 상극(相剋)과 갈등(葛藤)을 극복하고 고양(高揚)하여, 조화 있고 질서 있는 세계에까지 높인 듯한 느낌을 가질 수 있다.

  그러기에, 초록(草綠)에 한하여 나에게는 청탁(淸濁)이 없다. 가장 연한 것에서 가장 짙은 것에 이르기까지 나는 모든 초록을 사랑한다. 그러나 초록에도 짧으나마 일생이 있다. 봄바람을 타고 새 움과 어린잎이 돋아나올 때를 신록의 유년이라 한다면, 삼복염천(三伏炎天) 아래 울창한 잎으로 그늘을 짓는 때를 그의 장년 내지 노년이라 하겠다. 유년에는 유년의 아름다움이 있고, 장년에는 장년의 아름다움이 있어, 취사(取捨)하고 선택할 여지가 없지마는, 신록에 있어서도 가장 아름다운 것은 역시 이즈음과 같은 그의 청춘 시대——움 가운데 숨어 있던 잎의 하나 하나가 모두 형태를 갖추어 완전한 잎이 되는 동시에, 처음 태양의 세례를 받아 청신하고 발랄한 담록(淡綠)을 띠는 시절이라 하겠다. 이 시대는 신록에 있어서 불행히 짧다. 어떤 나무에 있어서는 혹 2, 3주일을 셀 수 있으나, 어떤 나무에 있어서는 불과 3, 4일이 되지 못하여, 그의 가장 아름다운 시절은 지나가 버린다. 그러나 이 짧은 동안의 신록의 아름다움이야말로 참으로 비할 데가 없다. 초록이 비록 소박(素朴)하고 겸허(謙虛)한 빛이라 할지라도, 이러한 때의 초록은 그의 아름다움에 있어, 어떤 색채에도 뒤서지 아니할 것이다. 예컨대, 이러한 고귀한 순간의 단풍(丹楓) 또는 낙엽송(落葉松)을 보라. 그것이 드물다 하면, 이즈음의 도토리, 버들, 또는 임간(林間)에 있는 이름 없는 이 풀 저 풀을 보라 그의 청신한 자색(姿色), 그의 보드라운 감촉, 그리고 그의 그윽하고 아담(雅淡)한 향훈(香薰), 참으로 놀랄 만한 자연의 극치(極致)의 하나가 아니며, 또 우리가 충심으로 찬미하고 감사를 드릴 만한 자연의 아름다운 혜택의 하나가 아닌가?

단 어

두루	[부]	빠짐없이 골고루.
명랑	[명]	① 흐린 데 없이 밝고 환함. ② 유쾌하고 활발함.
나날이	[부]	① 매일매일. ② 매일매일 조금씩.
경이	[명]	놀랍고 신기하게 여김. 또는 놀랍고 신기한 일.
녹음	[명]	푸른 잎이 우거진 나무나 수풀. 또는 그 나무의 그늘.
빈한하다	[형]	살림이 가난하여 집안이 쓸쓸하다.
본관	[명]	주가 되는 기관이나 건물을 별관(別館)이나 분관(分館)에 상대하여 이르는 말.
그루터기	[명]	① 풀이나 나무, 또는 곡식 따위를 베고 남은 밑동. 늑뿌리그루. ② 초 따위의 쓰거나 타다 남은 밑동. ③ 밑바탕이나 기초가 될 수 있는 사물을 비유적으로 이르는 말.
군속	[명]	세상의 많은 사람.
고고하다	[형]	세상일에 초연하여 홀로 고상하다.
선골	[명]	신선의 골격이라는 뜻으로, 비범한 골상(骨相)을 이르는 말.
성미	[명]	성질, 마음씨, 비위, 버릇 따위를 통틀어 이르는 말.

괴팍하다	[형]	붙임성이 없이 까다롭고 별나다.
부대끼다	[동]	① 사람이나 일에 시달려 크게 괴로움을 겪다.
		② 여러 사람과 만나거나 본의 아니게 여러 사람을 접촉하다.
		③ 다른 것에 맞닿거나 자꾸 부딪치며 충돌하다.
수수	[명]	물품을 주고받음.
여념	[명]	어떤 일에 대하여 생각하고 있는 것 이외의 다른 생각.
시기하다	[동]	남이 잘되는 것을 샘하여 미워하다.
영일	[명]	일이 없이 평화스러운 날.
비소하다	[형]	보잘것없이 작다.
저속	[명]	품위가 낮고 속됨.
조화	[명]	서로 잘 어울림.
이즈음	[명]	얼마 전부터 이제까지의 무렵.
고이고이	[부]	① 매우 곱게.
		② 매우 소중하게.
		③ 아주 편안하고 고요하게.
주객 일체	[명]	주체와 객체가 하나가 됨.
물심일여	[명]	<불교> 사물과 마음이 구분 없이 하나의 근본으로 통합됨.
현요하다	[형]	눈부시고 찬란하다.
무념무상	[명]	<불교> 무아의 경지에 이르러 일체의 상념을 떠남.
무장무애	[명]	아무런 거리낌이 없음.
고갈	[명]	① 물이 말라서 없어짐.
		② 돈이나 물건 따위가 거의 없어져 매우 귀해짐.
		③ 정서나 감정이 메마르게 됨.
무한	[명]	수(數), 양(量), 공간, 시간 따위에 제한이나 한계가 없음.

유열	[명]	유쾌하고 기쁨.
상극	[명]	① 둘 사이에 마음이 서로 맞지 아니하여 항상 충돌함. ② 두 사물이 서로 맞서거나 해를 끼쳐 어울리지 아니함. 또는 그런 사물.
고양	[명]	① 높이 쳐들어 올림. ② 정신이나 기분 따위를 북돋워서 높임.
청탁	[명]	① 청하여 남에게 부탁함. '부탁'으로 순화. ② 맑음과 흐림을 아울러 이르는 말. ③ 옳고 그름 또는 착함과 악함을 비유적으로 이르는 말.
삼복염천	[명]	=삼복더위. 삼복 기간의 몹시 심한 더위.
장년	[명]	사람의 일생 중에서, 한창 기운이 왕성하고 활동이 활발한 서른에서 마흔 안팎의 나이. 또는 그 나이의 사람.
취사	[명]	쓸 것은 쓰고 버릴 것은 버림.
담록	[명]	=담녹색.
자색	[명]	여자의 고운 얼굴이나 모습.
감촉	[명]	외부의 자극을 피부 감각으로 느끼는 일. 또는 그런 느낌.

연습

1. 다음 (   ) 안에 알맞은 것을 고르십시오.

　(1) 사람마다 모두들 자기 (   )의 꿈이 있어요.
　　① 마자　　② 만한　　③ 나름　　④ 에게
　(2) 교통수단이 발달(   ) 세계가 하루생활권으로 좁아졌다.
　　① 할수록　　② 하고 보니　　③ 하면　　④ 하면서

제5과 신록 예찬　63

(3) 온 민족이 한결같은 마음으로 그것을 바라고 (　　), 머지않아 한반도 에도 통일의 날이 올 것이라고 확신한다.
　　① 기다리건마는　　　　　　　② 기다릴지언정
　　③ 기다리느니만큼　　　　　　④ 기다려 온 김에

(4) 흡연은 조선시대에도 사회적 (　　)였다. 담뱃불로 인한 화재가 민가는 물론 관청에서도 자주 발생했다.
　　① 청산유수　　② 골칫거리　　③ 논란거리　　④ 천우신조

(5) 밤새 전화를 기다렸지만, 아무런 연락이 없다. 시간이 흐를수록 (　　)이 났지만 전화기만 쳐다보고 있을 수밖에 어쩔 도리가 없다.
　　① 인내심　　② 자비심　　③ 조바심　　④ 호기심

2. 다음 밑줄 친 부분 중 틀린 것을 찾아 바르게 고쳐 쓰십시오.

(1) 한국 문화원에서 서예를 배우기 시작한 지 벌써 한 달이 되어 간다. 처음에는 아무리 애를 써도 글씨가 <u>비뚤어지기 일쑤였는데</u>, 지금은 그럭저럭 <u>봐 줄 만하다</u>. 그런데 오늘은 선생님이 나오지 않으셨다. 몸살이 나서 당분간 나올 수 없다고 하신다. 대사관에 근무하시랴 <u>서예 지도하시고</u> 너무 힘드셨던 모양이다. 하루도 쉬지 않고 그렇게 하셨으니 몸살도 <u>나실 법하다</u>. 선생님이 빨리 나오셨으면 좋겠다.
(　　　　　　　　　　　　　　　　　　　)

(2) 인터넷을 통한 상업성 메일 때문에 청소년들의 정신 건강이 위협받고 있다. 각종 상품 광고물은 물론이고, 저질 음란물까지 마구 <u>유포되고 있어</u> 청소년의 건전한 정서 형성에 심각한 장애가 되고 있다. 이를 <u>참다 만</u> 학부모들이 불법 상업성 메일 발송자에 대한 처벌을 강화할 것을 당국에 <u>요구하고 나섰다</u>.
(　　　　　　　　　　　　　　　　　　　)

(3) 객관성을 유지해야만 하는 사회 과학이 연구자의 주관적인 가치로부터 완전히 <u>자유로울 수 없다는 것은</u> 사회 과학 연구의 한계일 것이다. 비록 객관성을 유지하기가 <u>어려운 일이긴 하지만</u>, 그렇다고 전적으로 <u>불가능한 것만일 것이다</u>. 가치문제와 관련하여 고전 사회학자 막스 베버(Max Weber)는 가치 개입과 가치 중립을 <u>구분함으로써</u>, 사회·문화

현상의 탐구에서 과학적 연구가 가능함을 보여 주고자 하였다.
( )

3. 다음 ( )안에 공통적으로 들어갈 단어를 고르십시오.

(1) 동문회에서 학교 이전 문제를 (   ) 의견이 분분했다.
　　경찰은 들판에 개를 풀어 (   ) 범인을 추적했다.
　　그는 정신을 (   ) 한동안 창밖을 바라보았다.
　　① 업다　　② 놓다　　③ 두다　　④ 차리다
(2) 몰래 마시고 있던 술을 신문지로 (   ) 다 가려지지 않았다.
　　비가 오자 어머니는 장독에 뚜껑을 (   ) 위해 옥상에 올라가셨다.
　　우울한 분위기가 방 안을 (   ) 있다.
　　① 보호하다　② 올리다　　③ 덮다　　④ 씌우다

4. 다음 글을 읽고 물음에 답하십시오.

　텔레비전은 강력한 교육적 기능을 가지고 있다. 현대 사회에서 텔레비전은 가장 (㉠) 사회 교육 교사의 역할을 한다. 또, 텔레비전은 대화 상대가 필요한 현대인에게 좋은 친구가 될 수 있다. 전통적인 의미에서의 참다운 친구를 잃은 현대인의 공허함을 메워 주는 역할을 할 수 있다는 말이다. 그리고 텔레비전은 세상을 살아가는 데 필요한 정보를 얻는 (㉡) 하다. 신속하고 정확하게 정치, 경제, 사회, 문화 등 다양한 정보를 전달해 주는 중요한 기능을 수행한다.
(1) ㉠에 알맞은 말을 고르십시오.
　　① 영향력이 있으면서도　　② 영향력이 있어야 하는
　　③ 영향력 있는 반면에　　　④ 영향력 밖에서
(2) ㉡에 알맞은 말을 고르십시오.
　　① 창구이기라도　　② 창구이라면서도
　　③ 창구이기도　　　④ 창구이라고도

제5과 신록 예찬　65

5. 다음 글을 읽고 물음에 답하십시오.

　　엄마의 장점이자 단점은 이렇게 수선을 피워서 우울할 틈이 없게 한다는 것이다. 덕분에 아빠를 만나러 가는 아침은 내게는 생각보다 힘이 들지 않았다. 한잠을 자고 났더니 아빠가 그렇게 미운 것 같지도 않았다. 이런 걸 보고 나보고 (㉠)면 그건 좀 너무한 일일 것이다. 이런 감정을 간단히 요약한 유명한 단어도 있지 않은가. '애증'이라고. 나는 제일 맘에 드는 옷을 찾아 입고 약간 화장도 했다. 그래도 B시에 와서 아빠를 처음 만나는 건데, 예쁘게 보이고 싶었다. 물론 다른 이유도 있다. 내가 할머니와 살 때도 있었던 일인데 아빠를 만나 밥을 (㉡) 내 복장에 따라 메뉴가 결정되곤 한다는 것을 내가 눈치 챈 것이다. 내가 늦잠을 자다가 눈곱만 겨우 떼고 나가면 아빠는 심드렁하게 "뭐, 순대국이나 먹자"이랬고, 내가 남자친구와의 다음 약속을 위해 한껏 치장을 하고 나가면 "오늘은 위녕 좋아하는 패밀리 레스토랑에 갈까?" 이렇게 말했다. 남자들이란 이상하다. (㉢)딸이라도 제 곁에 있을 때 예쁜 게 좋은가 보다.

(1) ㉠에 알맞은 속담을 고르십시오.
　　① 죽 쑤어 개 좋은 일 한다
　　② 변덕이 죽 끓듯 한다
　　③ 개가 웃을 일이다
　　④ 서당 개 삼 년이면 풍월을 읊는다
(2) ㉡에 알맞은 말을 고르십시오.
　　① 먹으려고 하면　　　② 먹는 바람에
　　③ 먹는 이상　　　　　④ 먹으라고 하시면
(3) ㉢에 들어갈 알맞은 말을 고르십시오.
　　① 누구나　　② 천만에　　③ 비교적　　④ 아무리

6. 다음 글을 읽고 물음에 답하십시오.

　　우리가 살아온 지난 시절은 이른바 (㉠) 시대로서 무엇이든지 매사가 더하거나 빼는 단순 연산으로 이루어지는 형식이 주류를 이루었다. 즉 어느 한 부분이 모자라도 전체적으로는 큰 영향이 없었던 행복한 시절이었다고나 할까. 또 어느 한 부분을 조금만 잘하면 만회가 가능한 시절이기도 했다. '더하기와 빼기'라는 1차원적인 (㉡) 개념만으로도 살아가는 데 아무런 지장이 없었던 셈이다. 그런데 지금은 비슷한 것이 너무 많아 웬만큼 노력해서는 우위를 확보할 수가 없게 됐다. 상대적으로 많은 투자를 했는데도 불구하고 시장에서 참패를 거듭하는가 하면, 경쟁력이라는 관점에서 나타나는 (㉢)가 미미함에 실망할 때도 많아졌다.

(1) 위의 ㉠,㉡,㉢에 순서대로 들어갈 가장 적합한 것을 고르십시오.
① 아날로그(analog), 산술, 효과
② 아날로그, 기하, 효과
③ 디지털, 산술, 미래
④ 디지털, 기하, 미래

(2) 위 글의 내용으로 보아 우리가 살아온 지난 시절에 포함되지 않은 것을 고르십시오.
① 휴대전화   ② 진공관 라디오
③ 흑백텔레비전   ④ 주판

7. 다음 표현을 이용하여 만든 문장 중 가장 자연스러운 것을 고르십시오.

(1) 세파에 시달리다 / 그런 마음이 들다 / 무리가 아니다
① 세파에 시달리다시피 그런 마음이 들고 무리가 아니다.
② 세파에 시달리듯이 그런 마음이 든다 해도 무리가 아니다.
③ 세파에 시달려 와서 그런 마음이 드는 탓에 무리가 아니다.
④ 세파에 시달리다 보면 그런 마음이 드는 것도 무리가 아니다.

(2) 그런 실수를 하다 / 한 마디 사과도 없다 / 있을 수 없는 일이다
① 그런 실수를 하고도 한 마디 사과도 없다니 있을 수 없는 일이다.
② 그런 실수를 해서도 한 마디 사과도 없기로 있을 수 없는 일이다.
③ 그런 실수를 했더라도 한 마디 사과도 없다면 있을 수 없는 일이다.
④ 그런 실수를 했음에도 한 마디 사과도 없기로서니 있을 수 없는 일이다.

(3) 진실을 파헤치다 / 축소하려고 하다 / 수사 의지가 있다 / 의심스럽다
  ① 진실을 파헤칠수록 축소하려고 하면 수사 의지가 있을지 의심스럽다.
  ② 진실을 파헤친다고 해서 축소하려고 하니 수사 의지가 있어도 의심스럽다.
  ③ 진실을 파헤치는 대로 축소하려고 할 참이니 수사 의지가 있어서 의심스럽다.
  ④ 진실을 파헤치기는 고사하고 축소하려고만 하니 수사 의지가 있는지 의심스럽다.

8. (   )에 알맞은 말을 고르십시오.

(1)　오늘날 대부분의 유럽 국가들에서는 안전벨트 착용이 의무적이지만 그렇다고 해서 운전자들이 모두 안전벨트를 착용하는 것은 아니다. 안전벨트가 어떤 점에서는 (   ).
　　얼마 전에 가계에서 실제 모양과 같이 안전벨트가 그려진 티셔츠를 팔았다. 그걸 입으면 경찰의 의심을 받지 않고 얼마간 달릴 수 있다. 그러나 만약 정면충돌의 사고가 난다면 그 티셔츠에 그려진 안전벨트가 어떤 역할을 할지는 쉽게 상상할 수 있다.
  ① 필수적이라며 많은 운전자들이 이를 설치하고 있다
  ② 위험하다는 핑계로 많은 운전자들이 이를 거부하고 있다
  ③ 유해하다는 이유로 많은 운전자들이 이를 폐지하고 있다
  ④ 소용이 없다고 주장하며 많은 운전자들이 이를 비난하고 있다

(2)　점심 식사가 끝나자 직원 한 명이 음식 찌꺼기를 모아 나무 상자 안에 넣고 꽃삽으로 잘 섞은 뒤 종이로 다시 덮는다. 그 속에는 미생물이 있는 흙이 담겨 있다. 음식 쓰레기가 들어 있으니 (   ).
　　직원 민경선 씨는 "음식물을 넣어도 부피가 늘지 않고 냄새도 없이 깨끗이 처리되어 정말 신기했다."며 집에서도 시도해 볼 계획이라고 말했다.
  ① 냄새도 날 법도 한데 괜찮다
  ② 냄새가 나도록 하면 안 된다

③ 냄새가 난다고 해도 없어진다
④ 냄새가 나는 동안 코를 막는다

(3) 아파트는 이사갈 때 수리를 하면 모를까, 살면서 수리를 한다는 것은 생각만 해도 끔찍해 십 년을 살면서도 한 번도 수리를 해 본 적이 없다. 그러니 자연히 (   ). 다른 집에 가 보면 수리하기에 따라서는 분위기가 영 딴판이 되는 걸 보고 신기하긴 했어도 살면서 수리를 한다는 것은 내 능력 밖의 일 같았다.
① 십 년 전 그 때와는 확연히 다른 모습이다
② 십 년 전에 입주할 때의 원형을 유지하고 있다
③ 수리에 대해서는 자신이 붙을 수밖에 없는 형편이다
④ 다른 사람들이 하는 대로 따라할 수밖에 없는 운명이다

9. 다음 글의 제목으로 가장 알맞은 것을 고르십시오.

(1) 인간은 노동을 통해 인간성의 의미를 획득한다. 또 그것이 없다면 인간은 더 이상 생존할 수 없다. 노동과 더불어 인간의 언어활동, 사고 활동이 생겨나고, 또 그것으로 인간과 동물이 구별되기도 한다. 그러므로 노동은 인간성을 형성하고 인간성을 표현하는 고차원적 활동이다.
① 노동의 방법
② 노동의 의미
③ 노동의 역사
④ 인간과 동물의 차이

(2) 도덕은 개인을 지배하는 습관이나 풍속 가운데에서 비판 정신에 비추어 그른 것은 버리고 옳은 것은 따르려고 할 때 생겨나는 것이다. 법은 질서 유지에 필수 불가결한 최소한의 도덕이라고 볼 수 있다. 도덕은 개인의 주관적 양심에 따라 지켜지지만 법은 외부로부터의 객관적인 힘에 의해서 지켜지도록 강요된다. 이렇듯 개인의 행동을 조절하여 사회 질서를 유지하기 위해서 도덕과 법이 함께 필요한 것이다.
① 도덕과 법의 의미   ② 도덕과 법의 필요성
③ 도덕과 법의 공통점   ④ 도덕과 법의 차이점

10. 다음 글을 읽고 중심 내용을 고르십시오.

(1) 21세기에 지구가 직면할 가장 심각한 과제 중의 하나는 고령화 사회이다. 전통적인 가치관이 붕괴되고 젊은 층들이 노인층에 대한 경제적 지원을 떠맡으려 하지 않음으로써 세대 간 갈등이 심화될 것으로 우려된다. 또 공장을 짓는 등 생산적인 곳보다 노인의 건강을 유지하는 분야에 돈이 투자됨으로써 투자 효율성이 떨어질 수 있다는 분석도 나오고 있다.
① 노인 인구가 증가하므로 의료비가 증가할 것이다.
② 미래에는 노인과 젊은 세대의 갈등이 심화될 것이다.
③ 의료비의 증가로 인해 투자 효율성이 떨어질 것이다.
④ 고령화 사회는 미래에 가장 심각한 문제가 될 것이다.

(2) 인명을 살상하기 위해 만들어진 각종 무기에 인도주의적 규제를 가하자는 움직임이 일고 있다. 전쟁에서 흔히 사용되는 일반 재래식 무기의 효과를 과학적으로 분석해 잔인하게 인체에 고통을 주는 것을 규제하자는 취지이다. 생물학전이나 화학전에 동원되는 무기뿐 아니라 총탄 등의 재래식 무기에 대해서도 국제적으로 규제를 가하여 전쟁으로 인한 인류의 고통을 최대한 줄여야 한다.
① 생물학전과 화학전의 무기는 인체에 고통을 준다.
② 전쟁이 사라져야 인류가 평화로운 삶을 살 수 있다.
③ 인체에 불필요한 고통을 주는 무기에 규제를 가해야 한다.
④ 전쟁의 피해를 줄이기 위해 새로운 무기의 개발이 필요하다.

(3) 바다 속의 땅도 육지처럼 '동해산', '서해산' 등의 이름을 갖게 된다. 지금까지 해저 지명의 경우 연구 기관마다 각기 이름을 붙여 사용하고 있어 명칭 통일이 시급하다는 지적이 있었다. 해양수산부는 해저 지형의 공식 명칭을 만들고, 해저 지형을 지도화하는 작업을 하기로 했다. 바다 속 지형에 대한 경계선 구획이 확정되면 앞으로 발생할 수 있는 해저 지역에 대한 각종 분쟁도 예방할 수 있을 것이다.
① 해저 지역에 대해서 국가 간에 각종 분쟁이 발생하고 있다.
② 해저 지형과 육지의 지명을 통일하여 지도로 만들어야 한다.
③ 국가가 바다 속의 땅에 대해 공식적으로 소유권을 갖게 된다.
④ 해저 지형의 경계선이 구획되고 공식 명칭이 만들어 질 것이다.

11. 다음 중국어 내용을 한국어로, 한국어 내용을 중국어로 번역하세요.

(1) 海尔文化的核心是创新。它是在海尔二十年发展历程中产生和逐渐形成特色的文化体系。海尔文化以观念创新为先导、以战略创新为方向、以组织创新为保障、以技术创新为手段、以市场创新为目标,伴随着海尔从无到有、从小到大、从大到强、从中国走向世界,海尔文化本身也在不断创新、发展。员工的普遍认同、主动参与是海尔文化的最大特色。当前,海尔的目标是创中国的世界名牌,为民族争光。这个目标把海尔的发展与海尔员工个人的价值追求完美地结合在一起,每一位海尔员工将在实现海尔世界名牌大目标的过程中,充分实现个人的价值与追求。

(2) 토끼와 달팽이

　　거북이와 경주하여 진 토끼가 잠 못 이루는 밤을 보내다가 피나는 노력과 연습을 한 후에 거북이에게 재도전을 신청했다.

　　하지만 경기 결과는 또 다시 거북이의 승리!

　　낙심한 토끼가 고개를 푹 숙이고 힘없이 길을 걷고 있는데 달팽이가 나타나 말을 걸었다.

　　'토끼아, 너 또 졌다며.'

　　이에 열 받은 토끼…

　　온 힘을 다해서 뒷발로 달팽이를 찼고 그 힘에 의하여 달팽이는 건너편 산기슭까지 날아가 버렸다.

　　그리고 1년 후…

　　토끼가 집에서 낮잠을 자고 있는데 문을 두드리는 소리가 들린다.

　　토끼가 문을 열어 보니 1년 전 자신이 발로 찬 달팽이가 땀을 뻘뻘 흘리며 상기된 모습으로 자신을 째려보고 있는 것이 아닌가?

　　얼굴이 벌겋게 달아오른 달팽이 왈…

　　'네가 지금 나챴냐?'

제6과 마지막 수업
—어느 알자스 소년의 이야기—

1. 작가 소개

알퐁스 도데(1840—1897), 남프랑스 님므 출생. 중학교 조교사로 일하다가 처녀시집『연인들』로 문단에 데뷔. [동생 프로몽과 형 리슬레르]로 아카데미 프랑세즈 상 수상. [나의 풍차간에서 보내는 편지], 보불 전쟁을 통해 느낀 전쟁의 참상을 그린 [월요 이야기] 등의 작품이 있다. [프티 쇼즈](1868), [쾌활한 타르타랭](1872), [젊은 프로몽과 형 리슬레르](1874), [나바브](1877), [뉘마 루메스탕](1881), [전도사](1883), [사포](1884), [알프스의 타르타랭](1885) 등이 있고, 수상집에는 [파리 30년](1888), [어느 문인의 회상](1889) 등이 있다. 희곡으로는 [아를르의 여인](1872)이 있는데, 비제가 작곡함으로써 유명해졌다.

2. 작품 감상

이 소설은 도이칠란트에 패한 프랑스의 국민들과 그 지방의 학생들이 어떤 처지에 살아야 했는지를 알게 해준다. 이 소설은 독립국가의 소중함, 언어의 소중함을 일깨워 주는 작품이다.

3. 생각해 볼 문제

① 이 소설을 통해서 작가가 하고자 하는 주제가 무엇인지 생각해 보세요.
② 이 소설의 마지막 장면이 주는 의미에 대해서 생각해 보세요.
③ 외세의 지배를 받았던 당시 상황을 상상하면서 소설 속 주인공의 입장이 되어 보세요.

하필이면 나는 아멜 선생님이 분사(分詞)에 대해 질문하겠다고 한 날 아침 지각을 하고 말았다. 분사에 대해 전혀 모르는 나는 꾸중을 듣게 될까 봐 매우 걱정이 되었다. 차라리 학교에 가지 말고 산으로 놀러 갈까 하는 생각도 들었지만 그럴 수는 없었다.

날씨는 맑고 화창했다. 숲 속에서는 티티새가 지저귀고, 제재소 뒤의 리페르 벌판에서는 프러시아 군인들의 구령 소리가 들려왔다. 이 모든 소리들은 분사의 규칙보다 훨씬 감미롭게 유혹했지만 나는 그 유혹을 물리치고 학교를 향해 힘껏 달렸다.

면사무소 앞을 지나치는데 게시판 앞에 사람들이 모여 있는 것이 보였다. 벌써 7년 전부터 모든 좋지 않은 소식들, 즉 패전이나 징발, 프러시아 군사령부의 명령 등이 바로 이곳에 게재되고 있었다. 나는 달리면서 생각했다.

"또 무슨 일이 일이난 걸까?"

내가 막 광장을 지나가려는데 견습공과 함께 그곳에서 게시판을 읽고 있던 대장간의 바시텔 할아버지가 내게 소리쳤다.

"애야, 그렇게 서둘러 갈 필요 없다. 어차피 지각은 하지 않을 테니까!"

나는 할아버지가 놀리려는 것이라 생각하고 숨을 헐떡거리며 아멜 선생님의 조그마한 교정으로 뛰어 들어갔다.

보통 때 같으면 수업이 시작될 때는 길에서도 왁자지껄하는 소리가 들려오게 마련이었다. 책상을 여닫는 소리, 제각기 잘 외우려고 귀를 틀어막고 책을 읽어대는 소리, 거기다기 '좀 조용히 해!' 하며 교탁을 두드리는 성생님의 큰 자막대기 소리가 큰길까지 들릴 만큼 떠들썩했다. 나는 이런 북새통을 틈타 선생님 몰래 살그머니 내 자리로 가서 앉으려고 했다.

그런데 그 날은 이상하게도 일요일 아침처럼 너무나 조용했다. 열린 창문 너머로 벌써 제자리에 앉아 있는 친구들과 그 무서운 쇠막대기를 겨드랑이에 끼고 왔다 갔다 하는 아멜 선생님의 모습이 보였다.

나는 하는 수 없이 문을 열고 이 어마어마한 고요 속으로 들어가야만 했다. 순간 나는 얼마나 창피하고 겁이 났는지 모른다.

그런데 뜻밖이었다. 아멜 선생님은 화를 내시기는커녕 나를 바라보시며 부드럽게 말씀하셨다.

"프란츠, 어서 네 자리로 가서 앉거라. 너를 빼놓고 수업을 시작할 뻔했구나."

나는 얼른 내 자리로 가서 앉았다. 두려움이 좀 가신 다음에야 나는 선생님이 정장을 하고 있는 걸 알아보았다. 장학관이 오는 날이나 상장을 수여하는 날이 아니면 입지 않는 멋진 초록빛 프록코트에 잔주름이 잡힌 레이스 장식을 가슴에 달고, 멋진 수가 놓인 테 없는 검은 벨벳 모자를 쓰고 계셨다. 게다가 교실 전체에 뭔가 고요하고 엄숙한 기운이 감도는 듯했다.

언제나 비어 있던 교실 뒤쪽 걸상에 마을 사람들이 무리들처럼 조용히 앉아 있는 것이 무엇보다도 나를 놀라게 했다. 삼각 모자를 쓴 오제 영감님, 은퇴하신 면장님과 집배원 아저씨, 그밖에 또 다른 많은 사람들이 앉아 있었다. 그들은 한결같이 슬픈 표정이었다. 특히 오제 영감님은 가장자리가 닳은 프랑스 문법책을 무릎 위에 펴놓고 커다란 안경을 그 위에 올려놓고 있었다.

내가 이런 모든 것에 놀라고 있는 동안, 아멜 선생님은 교단 위로 올라가서 나를 맞이할 때처럼 부드럽고 엄숙한 목소리로 말씀하셨다.

"여러분, 오늘이 내가 여러분을 가르치는 마지막 수업입니다. 이제부터 알자스와 로렌 주위 학교에서는 독일어만 가르치라는 명령이 베를린에서 왔습니다. 내일 새 선생님이 오실 것입니다. 오늘은 마지막 프랑스 말 수업이니 아무쪼록 열심히 들어 주세요."

이 몇 마디 말에 나는 정신이 아찔했다. 맙소사! 면사무소에 게시한 게 바로 이것이었구나. 마지막 수업이라니! 나는 이제 겨우 글자를 쓸 수 있을 정도인데. 그럼, 이제 영원히 프랑스어를 배울 수 없단 말인가!

여기에서 끝나야 하다니… 새 둥지를 찾아다닌 일, 사르강에서 얼음을 지치느라 수업을 빼먹은 일 등 순간 그동안 헛되이 보낸 시간들을 얼마나 후회했는지 모르다. 조금 전까지만 해도 그토록 무겁고 따분하게 느껴지던 문법책과 성서 등이 이제는 좀처럼 헤어지기 싫은 오래 사귄 친구처럼 친근하게 느껴졌다. 아멜 선생님 또한 마찬가지었다. 이제 떠나시면 다시는 아멜 성생님을 만날 수 없을 것 같은 생각이 들자 벌 받은 일, 쇠자로 얻어맞던 기억들이 새삼스럽게 떠올랐다.

가엾은 선생님!

아멜 선생님은 이 마지막 수업을 위해 예복을 차려입은 것이다.

나는 마을 노인들이 왜 교실 뒤쪽에 와서 앉아 있는지를 비로소 알게 되었다. 그들은 모두 학교에 좀 더 자주 찾아오지 못한 것을 뉘우치고 있는 듯했다. 또한 40년 동안 봉사하신 우리 선생님에 대한 감사의 표시이며, 사라져 가는 조국에 대한 자신들의 의무를 다하기 위해 와서 앉아 있는 것 같았다.

내가 이런 생각에 잠겨 있을 때, 내 이름을 부르는 소리 들려 왔다. 내가 외울 차례였다. 그 문제의 분사 규칙을 큰 소리로, 분명하게, 하나도 틀리지 않고 줄줄 외울 수 있기를 얼마나 바랐던가! 하지만 나는 첫마디부터 막혀서 고개를 들지 못하고 몸만 비틀며 서 있었다. 아멜 선생이 내게 말씀하셨다.

"나는 너를 나무라지는 않겠다. 프란츠, 너는 이미 충분한 벌을 받은 거야. 결국 이렇게 되고 말았구나. 우리는 언제나 이렇게 생각하지. '시간은 얼마든지 있어. 내일 배우면 되지 뭐.' 그런데 그 결과는 지금 네가 보는 그대로란다. 아! 언제나 교육을 내일로 미룬 것이 우리 알자스의 가장 큰 불행이었지. 이제 저 프로이센 사람들은 우리에게 이렇게 말할 거다. '뭐야, 프랑스 말을 읽을 줄도 쓸 줄도 모르면서 프랑스 사람이라고?' 하지만 프란츠야, 그것은 네 잘못만은 아니란다. 우리들 모두가 스스로 반성해야 해. 너희 부모님들은 너희들이 열심히 공부하도록 애쓰지 않았어. 몇 푼 더 벌겠다고 너희들을 밭이나 실 뽑는 공장으로 일하러 내보냈지. 그렇다면 나 자신은 반성할 일이 없을까? 가끔 공부 대신에 정원에 물을 주는 일을 시켰었지? 송어 낚시를 가고 싶으면 망설이지 않고 너희들을 쉬게 했었지…"

그러고 나서 아멜 선생님은 프랑스 말에 대해서 여러 가지 말씀을 해 주셨다. 그 것은 프랑스 말이 세계에서 가장 아름답고, 가장 분명하고, 가장 훌륭한 말이라는 것, 따라서 우리는 그 말을 잘 간직하고 결코 잊어서는 안 된다는 것, 한 민족이 노예가 되더라도 자기 나라의 말만 지키고 있으면, 그것은 감옥의 열쇠를 쥐고 있는 것이나 다름없다는 것 등등….

그리고 선생님은 문법책을 들고 우리가 배울 부분을 읽어 주셨다. 나는 내가 이처럼 쉽게 이해할 수 있다는 데 놀랐다. 선생님이 말씀하신 그 모든 것이 금방 이해되었다. 하긴 나는 그토록 정신을 집중하고 귀를 기울여 수업을 들은 적이 거의 없었다. 가엾은 선생님은 마치 떠나시기 전에 알고 있는 모든 것을 우리에게 모두 가르쳐 주시려는 듯했고, 한꺼번에 우리의 머릿속에 넣어 주시려는 것같이 느껴졌다.

문법 시간이 끝나고 쓰기를 시작했다. 그 날 아멜 선생님은 새로운 글씨본을 준비해 오셨는데, 거기에는 예쁜 글씨체로 '프랑스, 알자스, 프랑스, 알자스'라고 씌어 있었다. 그것은 교실 가득히 휘날리는 책상에 매달린 조그만 깃발 같았다.

그때 모두들 얼마나 열심히 쓰고, 얼마나 조용했던지. 오로지 종이 위에서 펜이 움직이는 소리만이 들렸다. 잠시 풍뎅이 몇 마리가 날아 들어와 윙윙거렸지만 누구 한 사람 신경 쓰지 않았다. 꼬마들까지도 온 정성을 쏟아 용기와 신념으로 프랑스 글자의 한 획 한 획의 사선을 긋는데 열중했다….

학교 지붕 위에서는 비둘기들이 작은 소리로 울고 있었다. 구구구구. 나는 그 소리를 들으며 생각했다.
'그들은 저 비둘기들에게조차 독일말로 지저귀라고 강요하지 않을까?'
가끔씩 책에서 눈을 들어 보면 아멜 선생님은 교단에서 꼼짝하지 않고 계셨다. 마치 이 조그만 학교의 모든 것을 눈 속에 넣기라도 하려는 듯이 주위의 물건들을 응시하고 있었다…
아멜 선생님은 지난40년 동안을 늘 운동장이 바라다 보이는 자리에서 지내셨다. 달라진 것이라곤 오래 사용해서 이제는 낡을 대로 낡은 책상과 걸상, 키가 훌쩍 자란 호두나무. 이제는 창과 지붕을 가릴 정도로 뻗어 있는 선생님이 손수 심은 호프나무뿐이었다.
이 모든 것들을 떠나야 하고, 위층 방에서 짐을 싸느라 왔다 갔다 하는 누이동생의 발소리를 듣는 것이 이 가엾은 선생님에게는 얼마나 슬픈 일일까? 선생님과 누이동생은 내일이면 영원히 이 곳을 떠나야만 한다.
그런데도 선생님은 우리에게 마지막 수업을 계속하였다. 쓰기 다음에는 역사를 공부했다. 그런 다음 꼬마들은 다 함께 '바·베·비·보·부'를 노래했다.
교실 뒤쪽에서는 오제 영감님이 안경을 끼고 《아베세 독본》을 두 손으로 들고 아이들과 함께 한 자 한 자 천천히 읽었다. 그 역시 열심이었으며 부푼 감동으로 목소리가 떨렸다. 그의 목소리는 몹시 우스꽝스러워서 우리는 웃어야 할지 울어야 할지 몰랐다.
아! 나는 이 마지막 수업을 평생 잊지 못할 것이다.
때마침 교회의 패종시계가 정오를 알렸다.
그리고 알젤뤼스(아침, 점심, 저녁 기도식)를 알리는 종소리. 그와 동시에 훈련을 끝내고 돌아오는 프러시아 병사들의 나팔 소리가 창 바로 밑에서 울려 퍼졌다.
아멜 선생님은 창백한 얼굴로 교단에서 일어섰다. 그때처럼 선생님이 커 보인 적이 없었다.
"여러분."
선생님은 입을 열었다.
"여러분. 나는… 나는…"
선생님은 목이 메어 끝내 말을 맺지 못했다. 그리고 칠판 쪽으로 돌아서더니 분필 한 개를 집어 들고는 있는 힘을 다해서 커다랗게 글씨를 썼다.
"VIVE LA FRANCE (프랑스 만세)!"

그리고는 한참을 벽에 머리를 기댄 채 서 있다가 말없이 우리에게 손짓을 했다.
"이제 다 끝났어…모두 돌아가거라…"

단 어

감미롭다	[형]	① 맛이 달거나 달콤하다. ② 달콤한 느낌이 있다.
강요하다	[동]	억지로 또는 강제로 요구하다.
게재되다	[동]	글, 그림, 사진 같은 것이 신문이나 잡지 등에 실리다.
견습공	[명]	남이 하는 일을 보면서 일을 처음으로 배우는 사람
괘종	[명]	시간마다 종이 울리는 시계. 보통 벽에 걸어 둔다.
교정	[명]	학교의 마당이나 운동장.
구령	[명]	여러 사람이 일정한 동작을 일제히 취하도록 하기 위하여 지휘자가 말로 내리는 간단한 명령. 주로 단체행동에서 사용한다.
군사령부	[명]	군사령관이 지휘·통솔하여 야전군의 지휘가 이루어지는 군의 중심 본부.
글씨체	[명]	① 쓴 사람의 독특한 버릇이 나타나는 글씨의 꼴 ② 일정한 양식의 글씨의 꼴
글씨본	[명]	글씨를 보고 쓰며 익힐 수 있도록 만든 책. 또는 거기에 쓰인 글씨.
기대다	[동]	① 몸이나 물건을 무엇에 의지하면서 비스듬히 대다. ② 남의 힘에 의지하다.
대장간	[명]	쇠를 달구어 온갖 연장을 만드는 곳.
두려움	[명]	두려운 느낌.
레이스	[명]	서양식 수예 편물의 하나. 무명실이나 명주

제6과 **마지막 수업**

		실 따위를 코바늘로 떠서 여러 가지 구멍 뚫린 무늬를 만든다.
로렌(Lorraine)	[명]	<지명> 프랑스 북동부, 독일과의 국경에 있는 지방.
리페르	[명]	지방의 이름.
맙소사	[감탄]	어처구니없는 일을 보거나 당할 때 탄식조로 내는 소리.
면사무소	[명]	면의 행정 사무를 맡아보는 기관.
벌판	[명]	사방으로 펼쳐진 넓고 평평한 땅.
베를린(Berlin)	[명]	<지명> 독일의 북동부, 엘베 강 지류와 슈프레 강(Spree江)의 합류점에 있는 도시.
벨벳 [velvet]	[명]	거죽에 곱고 짧은 털이 촘촘히 돋게 짠 비단.
부풀다	[동]	① 종이나 헝겊 따위의 거죽에 부풀이 일어나다. ② 희망이나 기대 따위가 마음에 가득하게 되다.
북새통	[명]	많은 사람이 야단스럽게 부산을 떨며 법석이는 상황.
분사	[명]	형용의 기능을 가지는 동의 부정형. 시제(時制)와 태(態)를 나타내며, 인도·유럽 어족의 여러 언어에 있다.
비틀다	[동]	① 힘 있게 바싹 꼬면서 틀다. ② 일을 어그러지게 하다.
사르강	[명]	강의 이름.
사선	[명]	비스듬하게 비껴 그은 줄.
살그머니	[부]	남이 알아차리지 못하게 살며시.
새삼스럽다	[형]	① 이미 알고 있는 사실에 대하여 느껴지는 감정이 갑자기 새로운 데가 있다. ② 하지 않던 일을 이제 와서 하는 것이 보기에 두드러진 데가 있다.
성장	[명]	얼굴과 몸의 꾸밈을 화려하게 함.
송어	[명]	연어과의 바닷물고기. 몸의 길이는 60cm 정도이며, 등은 짙은 푸른색, 배는 은백색이다.

쇠막대기	[명]	쇠로 만든 막대기.
아무쪼록	[부]	바라는 바가 될 수 있는 대로
알자스(Alsace)	[명]	<지명> 프랑스 북동부, 독일 라인 강 서쪽 기슭에 있는 마을.
여닫다	[동]	문 따위를 열고 닫고 하다.
왁자지껄하다	[형]	매우 떠들썩하고 어수선하다.
우스꽝스럽다	[형]	① 말이나 행동, 모습 따위가 특이하여 우습다. ② 매우 가소롭다.
윙윙거리다	[동]	① 조금 큰 벌레나 돌 따위가 매우 빠르고 세차게 날아가는 소리가 잇따라 나다. ② 거센 바람이 전선이나 철사 따위에 빠르고 세차게 부딪치는 소리가 잇따라 나다.
은퇴하다	[동]	직임에서 물러나거나 사회 활동에서 손을 떼고 한가히 지내다.
응시하다	[동]	눈길을 한 곳에 두고 눈여겨보다.
자막대기	[명]	자로 쓰는 대막대기나 나무 막대기 따위를 이르는 말.
잔주름	[명]	잘게 잡힌 주름.
장학관	[명]	교육 공무원의 하나. 문교 시책 및 지방 학무(學務)의 시책과 기획, 교육 법규의 심의, 교육 공무원의 신분·연수·학습 지도 따위의 영역에 관한 지도와 조언, 각급 학교 및 시·군 교육 기관의 장학 업무에 대한 지도·감독·평가 따위의 일을 맡아 한다.
제자리	[명]	① 본래 있던 자리. ② 마땅히 있어야 할 자리.
제재소	[명]	베어 낸 나무로 재목을 만드는 곳.
줄줄	[부]	① 굵은 물줄기 따위가 잇따라 부드럽게 흐르는 소리. 또는 그 모양. ② 동물이나 사람이 자꾸 뒤를 따라다니는 모양.

		③ 굵은 줄이나 천 따위가 바닥에 자꾸 끌리는 모양.
집배원	[명]	우편물을 배달하는 사람
징발	[명]	① 남에게 물품을 강제적으로 모아 거둠. ② 국가에서 특별한 일에 필요한 사람이나 물자를 강제로 모으거나 거둠.
티티새	[명]	<동물> =지빠귀. 지빠귓과의 새를 통틀어 이르는 말.
패전	[명]	싸움에 짐.
풍뎅이	[명]	<동물>풍뎅잇과의 구리풍뎅이, 오리나무풍뎅이 따위를 통틀어 이르는 말.
프러시아(Prussia)	[명]	<역사>독일 북동부, 발트 해 기슭에 있던 지방.
프록코트[frock coat]	[명]	남자용의 서양식 예복의 하나. 보통 검은색이며 저고리 길이가 무릎까지 내려온다.
헐떡거리다	[동]	① 숨을 자꾸 가쁘고 거칠게 쉬는 소리를 자꾸 내다. ② 신 따위가 헐거워서 자꾸 벗겨지다.
화창하다	[형]	날씨나 바람이 온화하고 맑다.
획	[명]	① 글씨나 그림에서, 붓 따위로 한 번 그은 줄이나 점. ② 글씨나 그림에서, 붓 따위를 한 번 그은 줄이나 점을 세는 단위.
훌쩍	[부]	① 액체 따위를 단숨에 남김없이 들이마시는 소리. 또는 그 모양. ② 콧물을 들이마시는 소리. 또는 그 모양. ③ 단숨에 가볍게 뛰거나 날아오르는 모양

연습

1. 다음 (　) 안에 알맞은 것을 고르십시오.

    (1) 우리 학교는 방학 때도 (　) 바빠요. 외국에서 손님 많이 오시니까요.
       ① 평일보다　② 평일만큼　③ 평일일 텐데　④ 평일에 비해서
    (2) 가: 송이야, 너 선생님께서 (　)
       나: 언제 그러셨는데?
       ① 오더라　　　　　　　② 오시래
       ③ 오라고 하셨어　　　 ④ 오시라고 했어
    (3) 아무리 화가 (　) 어린아이를 그렇게 몰아세우면 되겠습니까? 잘잘못을 가려서 차근차근 말씀하시면 아이도 제 잘못을 깨달을 것입니다.
       ① 난다면야　② 날 바에야　③ 나기로서니　④ 난다면 몰라도
    (4) 죄인을 잡는다고 함부로 설치다간 (　) 민폐가 되기 십상이오.
       ① 아차　　② 얼핏　　③ 불과　　④ 자칫
    (5) 감독님은 (　) 체구에 조금은 앳되고 귀여운 얼굴을 하고 계시지만 누구보다 강한 지도력을 가진 분이시다.
       ① 고상한　② 아담한　③ 희한한　④ 장엄한

2. 다음 밑줄 친 부분과 의미가 가장 비슷한 것을 고르십시오.

    (1) (　)
       이번 청문회에서 의원들은 불을 뿜는 것처럼 열기가 확확 쏟아지는 말을 <u>일사천리로</u> 쏟아 놓았다.
       ① 거세게　② 거침없이　③ 소신대로　④ 차분하게
    (2) (　)
       갑자기 따귀를 얻어맞은 그는 <u>어안이 벙벙한</u> 얼굴로 아내를 쳐다보았다.
       ① 어설픈　② 어수룩한　③ 어쭙잖은　④ 어리둥절한

3. 다음 밑줄 친 부분과 의미가 비슷한 것을 고르십시오.

   (1) 어느 곳을 둘러보아도 풍년으로 인한 농민의 흥겨움은 <u>절정에 도달해</u> 있었다.
   ① 절정을 매만지다　　② 절정까지 번지고
   ③ 절정에 내하여　　　④ 절정을 이루고

   (2) 마지막으로 한마디 <u>하겠는데</u> 모두들 몸조심해라.
   ① 하자면　　　　　　② 하고 보면
   ③ 하였는데도　　　　④ 하려고 들면

   (3) 그는 고향에 <u>가면</u> 항상 큰집에 들른다.
   ① 갈수록　　　　　　② 가는 셈 치고
   ③ 갈 때마다　　　　　④ 가는 길에

4. 다음 글을 읽고 물음에 답하십시오.

   은퇴도 하였으니 시골 가서 새소리나 (㉠) 생각하여 본다. 그러나 그게 쉬운 일이 아니다. 꾀꼬리 (㉡) 오월이 아니라도 아침부터 비가 오는 날이면 나는 우산을 받고 비원에 가겠다. 눈이 오는 아침에도 가겠다. 비원은 정말 나의 비원이 될 것이다.

   (1) ㉠에 알맞은 말을 고르십시오.
   ① 들으며 살까도　　　② 들으면서 살지도
   ③ 듣고 살았을까도　　④ 들으면서 살면서

   (2) ㉡에 알맞은 말을 고르십시오.
   ① 우는　　② 피는　　③ 저무는　　④ 내리는

5. 다음 밑줄 친 부분에 가장 알맞은 표현을 고르십시오.

   (1) 가: 후배가 이번에 제 상사로 우리 회사에 들어온다는데 신경이 많이 쓰여요.
   　　나: 세상일이 그런 거죠. _____.
   　　① 회사에 들어가기가 하늘의 별따기라죠?
   　　② 너무 의식하지 말고 자연스럽게 지내면 괜찮을 거예요.

③ 있을 수 없는 일이에요. 후배에게 털어놓고 해결하세요.
④ 이번 달부터 회사에서 사원들을 위한 교양강좌를 개설한대요.

(2) 가: 동양에서 시작된 대체의학이 최근 들어 서양에서도 많은 관심을 모으고 있답니다.

나: 그렇긴 해도 _____.
① 동양의학과 서양의학은 관점이 비슷한 부분이 많잖아요.
② 많은 병원들이 뒤질세라 서로 경쟁적으로 도입한다고 합니다.
③ 경우에 따라서는 서양인도 동양의학으로 치료받는 것이 효과적이죠.
④ 서양의학이 현대인의 질병을 치료하는 데 중심 역할을 하지 않을까요?

(3) 가: 오늘 신문에서 바다를 메우는 대공사가 곧 착수된다는 기사를 봤어요.

나: 그럼 공사 후엔 지역 주민들의 삶이 훨씬 개선되겠죠.

가: 저도 처음엔 그렇게 생각했었어요. 하지만 _____.
① 매사를 지나치게 어렵게 생각하면 될 일도 안 된답니다.
② 결과가 어긋날망정 미리 짐작해 보는 것도 나쁘지 않겠죠.
③ 정부에서도 손을 놓고 팔짱만 끼고 앉아 있을 손 없잖아요?
④ 주민들로서는 삶의 터전이 바뀌는 거니까 나아진다고 볼 수 없죠.

(4) 가: 사립대학에서 기부금을 받고 입학을 허가해 주는 것은 문제가 있는 것 같아요.

나: 하지만 대학들은 재정적인 어려움에서 벗어나기 위해서는 불가피하다고 주장하더군요.

가: 제 말은요, 이를테면 _____.
① 대학 사정이 다 어려운 건 아니니까 괜찮겠죠.
② 당장은 어렵지만 결국에는 다 해결된다는 거죠.
③ 부유층이나 특권층 자녀들만 기회를 갖게 된다는 거죠.
④ 밑져야 본전이니 일단 이 제도를 한번 시행해 보는 거죠.

6. 다음 글을 읽고 물음에 답하십시오.

길을 걷다 몇 번씩 마주치는 사람이 있다면 그것은 우연일까, 필연일까. 얼핏 본 얼굴이지만 끌리는 감정이 있다면 필연일 테고, 대수롭지 않게 여긴다면 우연이라고 생각할 것이다. 따지고 보면 모든 만남은 우연에서 시작한다. 중요한 것은 바람 같은 우연을 바위 같은 인연으로 만들기 위한 노력일 터. '우연히 만난 사람들의 모임'(goodmeet.cyworld.com)이 눈에 띄는 까닭은 이 때문이다. "우연이란 단어는 사람의 마음을 설레게 해요. 계획하지 않은 이들과 만나니까 (㉠). 우연히 이야기를 나눴는데 죽이 잘 맞는 친구를 만난 느낌이죠." 특별히 공유하는 취미도 없고, 지역 연고를 기반으로 한 것도 아니다. 이름 그대로 우연히 만난 사람들이 모였다. 사람 좋아하는, 좋은 사람들이 모였다는 게 이들의 설명이다. 현재 회원 수는 286명. 여느 동호회처럼 내세울 만한 공통점은 없지만 누구나 함께 즐길 거리가 무궁무진하다. 최대 회원수를 정해놓고 주기적으로 회원 관리를 하기 때문에 '유령'도 찾아볼 수 없다.

(1) ㉠에 들어갈 내용으로 알맞은 것은 무엇입니까?
　① 조심해야겠다는 생각과 경계심이 가요
　② 부담도 없고 자신도 모르게 정이 가요
　③ 별 관심도 없고 별 생각도 없어요
　④ 반드시 이 사람과 친구를 해야겠단 생각이 들어요

(2) 이 글의 내용과 일치한 것은 무엇입니까?
　① 이 동호회의 회원 수는 기하급수적으로 불어날 것이다.
　② 우연은 시간이 지나면 저절로 인연으로 변한다.
　③ 우연히 만난 사람들은 다 좋은 사람들이라 친구하면 더 좋다.
　④ 이 동호회는 이름만 걸고 활동하지 않는 회원이 없다.

7. 밑줄 친 부분에 알맞은 말을 고르십시오.

(1) 가: 명절에 고속도로를 타고 가자면 무척 막힐 텐데 무슨 좋은 방법이 없을까요?
　　나: 글쎄요. 아무래도 _____.

① 고속도로가 막히는 데에 무슨 대책이 있겠어요?
② 친구들 몇 명이 한 차로 재미있게 이야기하면서 가요.
③ 이번 명절에는 고속도로를 포기하고 국도로 가야 할까 봐요.
④ 교통 방송에 귀를 기울이고 소통이 원활한 곳을 찾는 방법도 있어요.

(2) 가: 우리 회사 주 거래처인 삼일 그룹이 갑자기 태도를 바꿔 관계를 끊겠다고 해요.

　　나: 그럴 리가요. _____.
① 듣던 중 반가운 소식이네요
② 그 회사도 이젠 태도를 바꿀 때가 되었죠
③ 삼일 그룹이 요즘 곤경에 처한 것 같다던데요.
④ 엊그제까지 협의할 사항이 있다고 전화를 해 왔는데요

(3) 가: 이번에 새로 나온 소형 자동차 '보보스'가 판매 1위를 달리고 있대요.

　　나: 그도 그럴 것이 _____.
① 큰 차에 대한 세금 혜택이 늘어났다면서요
② 기름 값이 많이 떨어져 유지비 부담이 줄었어요
③ 젊은이들이 너도나도 큰 차를 장만하겠다는 거예요
④ 요즘 경기가 나쁜데 누가 큰 차를 사려고 하겠어요

(4) 가: 그렇게 놀기만 하고도 좋은 점수를 받았다니 놀랍지 않아요?

　　나: 도저히 믿어지지 않네요. _____.
① 그 사람 기어이 일을 낼 줄 알았어요
② 겉 다르고 속 다른 사람하고는 상대하지 마세요
③ 얌전한 고양이가 부뚜막에 먼저 올라간다고 하잖아요
④ 그 사람 겉보기에는 공부와 담을 쌓은 것처럼 보이던데요

(5) 가: 큰일을 치르시느라고 힘도 많이 드셨지만 한편으로 홀가분하시죠?

　　나: 그럴 줄 알았는데, _____.
① 아니나 다를까 힘 많이 들더라고요
② 의외로 섭섭한 느낌이 더 많이 들더라고요
③ 이번 일을 어떻게 처리해야 할지 모르겠습니다
④ 아무리 힘들었더라도 이런 일은 틀림없이 치렀을 겁니다

제6과 **마지막 수업**　85

8. 다음을 읽고 물음에 답하십시오.

(1) 다음은 신문 기사의 표제를 읽고 쓴 글입니다. 바르지 <u>못한</u> 부분을 고르십시오.

> 경제력 갖춘 신세대 겨냥
> **고급 소형 가전제품 쏟아진다.**
> 창문형 에어컨·평면 TV 등
> 혁신적인 디자인, 기능도 탄탄
> 각 가전사 시장 공략 앞다퉈

① 작지만 품질이 우수한 TV, 에어컨 등 소형 가전제품이 잇따라 출시되고 있다.
② 이 제품들의 특징은 기존의 소형 제품에 비해 디자인은 평범하나 기능이 뛰어나다는 것이다.
③ 각 가전제품 회사들은 새로운 시장으로 떠오른 이 분야의 수요를 찾아 적극적으로 경쟁에 나서고 있다.
④ 이 제품들의 주요 판매 대상은 경제력을 갖춘 신세대들이라고 한다.

(2) 다음은 메모를 보고 쓴 글입니다. 바르지 <u>못한</u> 부분을 고르십시오.

> **황토는 팔방미인**
> 건축 자재 – 방습, 방충, 공기 정화, 탈취, 보온 효과
> 치료용 – 당뇨, 고혈압, 중풍, 위장병, 비만 등에 효과
> 피부 미용 – 살균, 보습 효과

① 최근 건축 자재에서부터 의료 기구, 화장품 등에 이르기까지 황토를 이용한 제품들이 많이 쏟아져 나오고 있다.
② 황토는 습기와 해충을 막아 주고 공기를 깨끗이 해 주며 보온 등의 효과도 있기 때문에 농약 개발에 많이 사용되고 있다.
③ 뿐만 아니라 황토는 각종 질병에 탁월한 효능을 가진 것으로 밝혀지면

서 황토를 이용한 의약품이 앞 다투어 개발되고 있다.
④ 황토의 쓰임은 여기에 그치지 않고 피부 미용을 위한 화장품의 재료로도 각광 받고 있다.

9. 다음 글의 중심 내용으로 가장 알맞은 것을 고르십시오.

(1) 한 문화권 내에서 사회적으로 필요하다고 여기는 행동에 대한 구성원의 공감을 집단적 의식이라고 한다. 광고는 바로 이러한 집단적 의식을 형성하는 데 도움을 준다. 광고는 남편과 아내가 행복하게 지내는 방법을, 자식이 부모에게 효도하는 방법을, 연인들이 사랑을 표현하는 행동을, 구성원들에게 일일이 가르쳐 준다. 개개의 구성원은 사회적 기준에서 이상적이라고 보는 생활양식을 늘 광고로부터 배우고 있다. 물론 그것은 광고하는 상품으로 연출된다.
① 광고는 사람들이 서로 사랑하는 방법을 가르쳐 준다.
② 광고는 상품 판매를 위해서 사회 집단 의식을 이용한다.
③ 광고는 사회 구성원의 집단적 의식을 형성하는 데 기여한다.
④ 일상생활을 소재로 한 광고는 소비자들에게 설득력이 있다.

(2) 영화는 오락성과 교훈성이 조화될 때 감동을 줄 수 있다. 오락성은 영화의 형식 속에서 만들어지며, 교훈성은 내용 속에서 만들어진다. 하지만 아무리 형식이 탁월하다고 하더라도 내용이 없으면 오락성을 기대하기 어렵고, 반대로 아무리 내용이 충실하다고 하더라도 형식이 따라 주지 못하면 교훈성도 없어진다. 쉬운 예를 들자면, 아무리 뛰어난 문학 작품을 영화로 만들어도 영화적 형식이 뛰어나지 않으면 똑같은 내용이라도 전혀 감동적이지 않고 교훈성도 없어진다.
① 영화는 오락성과 교훈성을 모두 추구하여야 성공할 수 있다.
② 영화는 형식과 내용이 적절히 조화되어야 감동을 줄 수 있다.
③ 오락성을 최대화하기 위해서는 영화의 형식이 완전해야 한다.
④ 문학 작품을 영화화하면 대체로 감동적이지 않고 교훈성도 없어진다.

10. 다음 글에 가장 알맞은 제목을 고르십시오.

사람들은 법이 진실을 밝혀 주기를 바라지만 법은 법 나름대로 논리를 가지고 있기 때문에 진실에 부합하는 판결을 내리지 못할 때가 많다. 살인 강도를 저지른 악독한 범인이 잡히지 않고 대낮에 거리를 활개 치며 걸어 다니는가 하면 죄 없는 사람이 죄인으로 구속되어 몇 십 년 동안 교도소에서 젊은 날을 보내는 경우도 있다.

① 죄와 벌　　② 선과 악　　③ 법과 진실　　④ 유죄와 무죄

11. 다음 기사의 중심 내용을 가장 잘 표현한 제목을 고르십시오.

내년부터 정부에 물품을 납품하는 업체들은 인터넷을 통해 대금을 받을 수 있게 된다. 또한 각종 세금이나 범칙금, 수수료 등도 인터넷으로 납부할 수 있게 된다. 재정경제부는 오는 8월부터 경기도에서 인터넷으로 지방세와 각종 수수료를 징수하고 납부 고지서를 전자 우편으로 발급하는 서비스를 시범 실시할 계획이다.

① 인터넷 활용 확대　　② 인터넷 서비스 시범 지역
③ 전자 우편으로 대금 문의　　④ 공공요금 납부 고지서 발급

12. 다음 중국어 내용을 한국어로, 한국어 내용을 중국어로 번역하세요.

(1) 　在中国,龙是图腾的形象,在图腾进一步神圣化之后,形成了龙、凤等具有多种动物特征的综合性图腾形象。在我国古代传说中,龙是一种能兴云降雨神异的动物。因而,在我国龙凤指才能优异的人,龙虎比喻豪杰志士。"龙"在成语中也被广泛的利用,如"龙飞凤舞、藏龙卧虎"等。汉民族素以"龙的传人"自称,以"龙的子孙"自豪。我国的传说中,凤凰是一种神异的动物,与龙、龟、麒麟合称四灵。凤在中国还指优良女子,还有太平昌盛之意。旧时,凤也为圣德。"凤毛麟角"指珍贵而不可多得,用来比喻有圣德的人。

(2) 　유덕화 우첸렌(오천련) 주연 홍콩영화 '천장지구'의 한국 리메이크판 재탄생에 아시아가 주목하고 있다. 1990년 홍콩에서 제작돼 아시아 전역에서 선풍적인 인기를 얻었던 '천장지구'가 20년 후인 2010년 '천장지구2010'이란 제목으로 다시 만들어진다. '천장지구'는 '지존무

상' '영웅본색'와 함께 홍콩 느와르 3대 걸작으로 손꼽히는 영화로 유덕화를 일약 스타덤에 올려놓은 작품이다. 한국 제작사 드림차일드코리아의 주도로, 홍콩의 미디어아시아, 임팩트리미티드, 중국의 엔들리스아이디어가 공동 제작하는 '천장지구2010'은 2009년 촬영해 2010년 아시아 전역에 동시 개봉할 예정이다. 이 영화는 5명의 작가가 교체되고 14번의 시나리오를 수정하는 어려움을 이겨내며 작품의 완성도를 높이고자 한국, 중국, 홍콩의 관계자들이 여러 차례 직접 만나 회의하는 등 노력을 기울여왔다. 드림차일드코리아의 아시아 총괄프로듀서 필립 챈은 "한국, 중국, 홍콩과 최초의 3개국 공동투자, 3개국 공동 마케팅을 펼칠 것"이라면서 "한국 주연배우의 결정 시기와 비슷한 때인 6월 초 북경에서 김종진 감독과 한국 제작진의 미팅을 통해 중국 및 홍콩의 배우를 최종 캐스팅할 계획"이라고 전했다.

제7과 우동 한 그릇

1. 작가 소개
　　구리 료헤이(栗良平, 1952년 ~) 일본의 단편 소설가. 안데르센의 동화를 변역한 것을 취미삼아 구연동화의 창작활동을 시작하였다. 대표작으로는 《우동 한 그릇》,《삶에 희망을 주는 19가지 이야기》,《희망을 안겨주는 삶 이야기》,《베짜는 공주》,《기적이 울리다》등이 있다.

2. 작품 감상
　　가난해도 용기를 잃지 않고 살아가는 세 모자와 우동집 주인의 작은 배려를 통해서 정서가 메마른 시대를 살아가는 현대인들에게 잔잔한 감동을 선사한다.

3.생각해 볼 문제
① 가난을 받아들이는 자세에 대해서 생각해 보세요.
② 배려의 의미에 대해서 생각해 보세요.
③ 이 소설의 교훈이 무엇인지 생각해 보세요.
④ 다른 사람의 배려로 행복감을 느꼈던 일, 혹은 나의 배려로 행복을 준 일이 있는지 생각해 보세요.

　　해마다 섣달 그믐날이 되면 우동집으로서는 일년 중 가장 바쁠 때이다. 북해정(北海亭)도 이날만은 아침부터 눈코 뜰 새 없이 바빴다. 보통 때는 밤 12시쯤이 되어도 거리가 번잡한데 그날만큼은 밤이 깊어질수록 집으로 돌아가는 사람들의 발걸음도 빨라지고 10시가 넘자 북해정의 손님도 뜸해졌다.

사람은 좋지만 무뚝뚝한 주인보다 오히려 단골손님으로부터 주인 아줌마라고 불리우고 있는 그의 아내는 분주했던 하루의 답례로 임시종업원에게 특별상여금 주머니와 선물로 국수를 들려서 막 돌려보낸 참이었다.

마지막 손님이 가게를 막 나갔을 때, 슬슬 문 앞의 옥호막을 거둘까 하고 있던 참에, 출입문이 드르륵하고 힘없이 열리더니 두 명의 아이를 데리고 한 여자가 들어왔다. 6세와 10세 정도의 사내애들은 새로 준비한 듯한 트레이닝차림이고, 여자는 계절이 지난 체크무늬반코트를 입고 있었다.

"어서 오세요!"

라고 맞이하는 여주인에게, 그 여자는 머뭇머뭇 말했다.

"저… 우동… 일인분만 주문해도 괜찮을까요…"

뒤에서는 두 아이가 걱정스러운 얼굴로 쳐다보고 있었다.

"네…네. 자, 이쪽으로,"

난로 곁의 2번 테이블로 안내하면서 여주인은 주방 안을 향해,

"우동, 1인분!"

하고 소리친다.

주문을 받은 주인은 잠깐 일행 세 사람에게 눈길을 보내면서,

"예!"

하고 대답하고, 삶지 않은 1인분의 우동 한 덩어리와 거기에 반 덩어리를 더 넣어 삶는다.

둥근 우동 한 덩어리가 일인분의 양이다. 손님과 아내에게 눈치 채이지 않은 주인의 서비스로 수북한 분량의 우동이 삶아진다.

테이블에 나온 가득 담긴 우동을 가운데 두고, 이마를 맞대고 먹고 있는 세 사람의 이야기 소리가 카운터 있는 곳까지 희미하게 들린다.

"맛있네요."

라는 형의 목소리.

"엄마도 잡수세요."

하며 한 오리의 국수를 집어 어머니의 입으로 가져가는 동생.

이윽고 다 먹자 150엔의 값을 지불하며, "맛있게 먹었습니다."라고 머리를 숙이고 나가는 세 모자에게

"고맙습니다, 새해엔 복 많이 받으세요!"

라고 주인 내외는 목청을 돋워 인사했다.

신년을 맞이했던 북해정은 변함 없이 바쁜 나날 속에서 한해를 보내고, 다시 12월 31일을 맞이했다.

전 해 이상으로 몹시 바쁜 하루를 끝내고, 10시를 막 넘긴 참이어서 가게를 닫으려고 할 때 드르륵, 하고 문이 열리더니 두 사람의 남자아이를 데리고 한 여자가 들어왔다.

여주인은 그 여자가 입고 있는 체크무늬의 반코트를 보고, 일년 전 섣달 그믐날의 마지막 그 손님들임을 알아보았다.

"저…우동… 일인분입니다만… 괜찮을까요?"

"물론입니다. 어서 이쪽으로 오세요."

여주인은 작년과 같은 2번 테이블로 안내하면서.

"우동 일인분!"

하고 커다랗게 소리친다.

"네엣! 우동 일인분,"

라고 주인은 대답하면서 막 꺼버린 화덕에 불을 붙인다.

"저 여보, 서비스로 3인분 내줍시다."

조용히 귀엣말을 하는 여주인에게.

"안돼요. 그런 일을 하면 도리어 거북하게 여길 거요."

라고 말하면서 남편은 둥근 우동 하나 반을 삶는다.

"여보, 무뚝뚝한 얼굴을 하고 있어도 좋은 구석이 있구료."

미소를 머금은 아내에 대해, 변함 없이 입을 다물고 삶아진 우동을 그릇에 담는 주인이다.

테이블 위의 한 그릇의 우동을 둘러싼 세 모자의 얘기 소리가 카운터 안과 바깥의 두 사람에게 들려온다.

"으… 맛있어요…"

"올해도 북해정의 우동을 먹게 되네요?"

"내년에도 먹을 수 있으면 좋으련만…"

다 먹고, 150엔을 지불하고 나가는 세 사람의 뒷모습에 주인 내외는,

"고맙습니다! 새해 복 많이 받으세요!"

그 날 수십 번 되풀이했던 인사말로 전송한다.

그 다음해의 섣달 그믐날 밤은 여느 해보다 더욱 장사가 번성하는 중에 맞게 되

었다. 북해정의 주인과 여주인은 누가 먼저 입을 열지는 않았지만 9시 반이 지날 무렵부터 안절부절 어쩔 줄을 모른다.

　10시를 넘긴 참이어서 종업원을 귀가시킨 주인은, 벽에 붙어 있는 메뉴 표를 차례차례 뒤집었다. 금년 여름에 값을 올려 '우동200엔' 이라고 씌어져 있던 메뉴표가 150엔으로 둔갑하고 있었다.

　2번 테이블 위에는 이미 30분 전부터 <예약석>이란 팻말이 놓여져 있다.

　10시 반이 되어, 가게 안 손님의 발길이 끊어지는 것을 기다리고 있었기나 한 것처럼, 모자 세 사람이 들어왔다.

　형은 중학생 교복, 동생은 작년 형이 입고 있던 잠바를 헐렁하게 입고 있었다. 두 사람 다 몰라볼 정도로 성장해 있었는데, 그 아이들의 엄마는 색이 바랜 체크무늬 반코트 차림 그대로였다.

　"어서 오세요!"

　라고 웃는 얼굴로 맞이하는 여주인에게, 엄마는 조심조심 말한다.

　"저… 우동… 이인분인데도… 괜찮겠죠."

　"넷… 어서 어서. 자 이쪽으로."

　라며 2번 테이블로 안내하면서, 여주인은 거기 있던 <예약석>이란 팻말을 슬그머니 감추고 카운터를 향해서 소리친다.

　"우동 이인분!"

　그걸 받아,

　"우동 이인분!"

　이라고 답한 주인은 동근 우동 세 덩어리를 뜨거운 국물 속에 던져 넣었다.

　두 그릇의 우동을 함께 먹는 세 모자의 밝은 목소리가 들리고, 이야기도 활기가 있음이 느껴졌다.

　카운터 안에서, 무심코 눈과 눈을 마주치며 미소짓는 여주인과, 예의 무뚝뚝한 표정으로 응응, 하며 고개를 끄덕이는 주인이다.

　"형아야, 그리고 쥰(淳)아… 오늘은 너희 둘에게 엄마가 고맙다고 인사하고 싶구나."

　"…고맙다니요 …무슨 말씀이세요?"

　"실은, 돌아가신 아빠가 일으켰던 사고로, 여덟 명이나 되는 사람이 부상을 입었잖니. 보험으로도 지불할 수 없었던 만큼을, 매월 5만 엔씩 계속 지불하고 있었단다."

"음- 알고 있어요."
라고 형이 대답한다.
여주인과 주인은 몸도 꼼짝 않고 가만히 듣고 있다.
"지불은 내년 3월까지로 되어 있었지만, 실은 오늘 전부 지불을 끝낼 수 있었단다."
"넷! 정말이에요? 엄마?"
"그래, 정말이지. 형아는 신문배달을 열심히 해주었고, 쥰이 장보기와 저녁 준비를 매일 해준 덕분에, 엄마는 안심하고 일할 수 있었던 거란다. 그래서 정말 열심히 일을 해서 회사로부터 특별수당을 받았단다. 그것으로 지불을 모두 끝마칠 수 있었던 거야."
"엄마! 형! 잘됐어요! 하지만, 앞으로도 저녁 식사 준비는 내가 할 거예요."
"나도 신문배달, 계속할래요. 쥰아! 힘을 내자!"
"고맙다. 정말 고마워."
형이 눈을 반짝이며 말한다.
"지금 비로소 얘긴데요, 쥰이하고 나, 엄마한테 숨기고 있는 것이 있어요. 그것은요 …11월 첫째 일요일, 학교에서 쥰이의 수업 참관을 하라고 편지가 왔었어요. 그때, 쥰은 이미 선생님으로부터 편지를 받아놓고 있었지만요.
쥰이 쓴 작문이 북해도의 대표로 뽑혀, 전국 콩쿠르에 출품되게 되어서 수업참관일에 이 작문을 쥰이 읽게 됐대요.
선생님이 주신 편지를 엄마에게 보여드리면 무리해서 회사를 쉬실 걸 알기 때문에 쥰이 그걸 감췄어요. 그걸 쥰의 친구들한테 듣고… 내가 참관일에 갔었어요."
"그래… 그랬었구나… 그래서."
"선생님께서, 너는 장래 어떤 사람이 되고 싶은가, 라는 제목으로, 학생들에게 작문을 쓰게 하셨는데, 쥰은 <우동 한 그릇>이라는 제목으로 써서 냈대요.
<우동 한 그릇>이라는 제목만 듣고, 북해정에서의 일이라는 걸 알았기 때문에… 쥰 녀석 무슨 그런 부끄러운 얘기를 썼지! 하고 마음 속으로 생각했죠.
작문은… 아빠가 교통사고로 돌아가셔서 많은 빚을 남겼다는 것, 엄마가 아침 일찍부터 밤늦게까지 일을 하고 계신다는 것, 내가 조간석간 신문을 배달하고 있다는 것 등… 전부 씌어 있었어요.
그래서 12월 31일 밤 셋이서 먹는 한 그릇의 우동이 그렇게 맛있었다는 것… 셋이서 다만 한 그릇밖에 시키지 않았는데도 우동집 아저씨와 아줌마는, 고맙습니

다! 새해엔 복 많이 받으세요! 라고 큰 소리로 말해주신 일.
 그 목소리는… 지지 말아라! 힘내! 살아갈 수 있어! 라고 말하는 것 같은 기분이 들었다고요.
 그래서 쥰은, 어른이 되면, 손님에게 힘내라! 행복해라! 라는 속마음을 감추고, 고맙습니다! 라고 말할 수 있는 일본 제일의 우동집 주인이 되는 것이라고, 커다란 목소리로 읽었어요."
 카운터 안쪽에서, 귀를 기울이고 있을 주인과 여주인의 모습이 보이지 않는다.
 카운터 깊숙이에 웅크린 두 사람은, 한 장의 수건 끝을 서로 잡아당길 듯이 붙잡고, 참을 수 없이 흘러나오는 눈물을 닦고 있었다.
 "작문 읽기를 끝마쳤을 때 선생님이, 쥰의 형이 어머니를 대신해서 와주었으니까, 여기에서 인사를 해달라고 해서…"
 "그래서 형아는 어떻게 했지?"
 "갑자기 요청 받았기 때문에, 처음에는 말이 안 나왔지만… 여러분, 항상 쥰과 사이좋게 지내줘서 고맙습니다… 동생은 매일 저녁 식사 준비를 하고 있습니다. 그래서 클럽활동 도중에 돌아가니까, 폐를 끼치고 있다고 생각합니다.
 방금 동생이 <우동 한 그릇>이라고 읽기 시작했을 때… 나는 처음엔 부끄럽게 생각했습니다… 그러나, 가슴을 펴고 커다란 목소리로 읽고 있는 동생을 보고 있는 사이에, 한 그릇의 우동을 부끄럽다고 생각하는 그 마음이 더 부끄러운 것이라고 생각했습니다.
 그때… 한 그릇의 우동을 시켜주신 어머니의 용기를 잊어서는 안 된다고 생각합니다… 형제가 힘을 합쳐, 어머니를 보살펴 드리겠습니다… 앞으로도 쥰과 사이좋게 지내 주세요 라고 말했어요."
 차분하게 서로 손을 잡기도 하고, 웃다가 넘어질 듯이 어깨를 두드리기도 하고, 작년까지와는 아주 달라진 즐거운 그믐날밤의 광경이었다.
 우동을 다 먹고 300엔을 내며 '잘 먹었습니다.' 라고 깊이깊이 머리를 숙이며 나가는 세 사람을, 주인과 여주인은 일년을 마무리하는 커다란 목소리로, '고맙습니다! 새해엔 복 많이 받으세요!' 라고 전송했다.

 다시 일년이 지나 ——
 북해정에서는, 밤 9시가 지나서부터 <예약석>이란 팻말을 2번 테이블 위에 올려놓고 기다리고 기다렸지만 그 세 모자는 나타나지 않았다.

다음 해에도, 또 다음 해에도, 2번 테이블을 비우고 기다렸지만, 세 사람은 끝내 나타나지 않았다.

북해정은 장사가 번성하여, 가게 내부수리를 하게 되자, 테이블이랑 의자도 새로이 바꾸었지만 그 2번 테이블만은 그대로 남겨두었다.

새 테이블이 나란히 있는 가운데에서, 단 하나 낡은 테이블이 중앙에 놓여 있는 것이다.

"어째서, 이것이 여기에?" 하고 의아스러워 하는 손님에게, 주인과 여주인은 <우동 한 그릇>의 일을 이야기하고, 이 테이블을 보고서 자신들의 자극제로 하고 있다, 어느 날인가 그 세 사람의 손님이 와줄지도 모른다, 그때 이 테이블로 맞이하고 싶다, 라고 설명하곤 했다.

그 이야기는, '행복의 테이블'로써, 이 손님에게서 저 손님에게로 전해졌다. 일부러 멀리에서 찾아와 우동을 먹고 가는 여학생이 있는가 하면, 그 테이블이 비길 기다려 주문을 하는 젊은 커플도 있어 상당히 인기를 불러 일으켰다.

그리고 나서 또, 수년의 세월이 흐른 어느 해 섣달 그믐의 일이다.

북해정에는, 같은 거리의 가족처럼 사귀고 있는 이웃들이 각자의 가게를 닫고 모여들고 있다.

북해정에서 섣달 그믐의 풍습인 해넘기기 우동을 먹은 후, 제야의 종소리를 들으면서 동료들과 그 가족이 모여 가까운 신사(神社)에 그 해의 첫 참배를 가는 것이 5,6년 전부터의 관례가 되어 있었다.

그 날 밤도 9시 반이 지나 생선가게 부부가 생선회를 가득 담은 큰 접시를 양손에 들고 들어온 것이 신호라도 되는 것처럼, 평상시의 동료 30여명이 술이랑 안주를 손에 들고 차례차례 모여들어 가게 안의 분위기는 들떠 있었다.

2번 테이블의 유래를 그들도 알고 있다. 입으로 말은 안 해도 아마, 금년에도 빈 채로 신년을 맞이할 것이라고 생각했지만 '섣달 그믐날 10시 예약석'은 비워둔 채 비좁은 자리에 전원이 조금씩 몸을 좁혀 앉아 늦게 오는 동료를 맞이했다.

우동을 먹는 사람, 술을 마시는 사람, 서로 가져온 요리에 손을 뻗치는 사람, 카운터 안에 들어가 돕고 있는 사람, 멋대로 냉장고를 열고 뭔가 꺼내고 있는 사람 등등으로 떠들썩하다.

바겐세일 이야기, 해수욕장에서의 에피소드, 손자가 태어난 이야기 등, 번잡함이 절정에 달한 10시 반이 지났을 때, 입구의 문이 드르륵 하고 열렸다.

몇 사람인가의 시선이 입구로 향하며 동시에 그들은 이야기를 멈추었다.

오바를 손에 든 정장 슈트차림의 두 사람의 청년이 들어왔다. 다시 얘기가 이어지고 시끄러워졌다. 여주인이 죄송하다는 듯한 얼굴로 "공교롭게 만원이어서"라고 거절하려고 했을 때 화복(일본옷)차림의 부인이 깊이 머리를 숙이며 들어와서, 두 청년 사이에 섰다.

가게 안에 있는 모두가 침을 삼키며 귀를 기울인다.

화복을 입은 부인이 조용히 말했다.

"저… 우동… 3인분입니다만… 괜찮겠죠."

그 말을 들은 여주인의 얼굴색이 변했다. 십 수년의 세월을 순식간에 밀어 젖히고, 그 날의 젊은 엄마와 어린 두 아들의 모습이 눈앞의 세 사람과 겹쳐진다.

카운터 안에서 눈을 크게 뜨고 바라보고 있는 여주인과 방금 들어온 세 사람을 번갈아 가리키면서,

"저… 저… 여보!"

하고 당황해 하고 있는 주인에게 청년 중 하나가 말했다.

"우리는, 14년 전 섣달 그믐날 밤, 모자 셋이서 일인분의 우동을 주문했던 사람들입니다. 그때의 한 그릇의 우동에 용기를 얻어 세 사람이 손을 맞잡고 열심히 살아갈 수가 있었습니다.

그 후, 우리는 외가가 있는 시가현으로 이사했습니다. 저는 금년, 의사국가시험에 합격하여 교오또(京都)의 대학병원에 소아과의 병아리 의사로 근무하고 있습니다만 내년 4월부터 삿뽀로의 종합병원에서 근무하게 되었습니다.

그 병원에 인사도 하고 아버님 묘에도 들를 겸 해서 왔습니다. 그리고 우동집 주인은 되지 않았습니다만 교오또의 은행에 다니는 동생과 상의해서, 지금까지 인생 가운데에서 최고의 사치스러운 것을 계획했습니다… 그것은, 섣달 그믐날 어머님과 셋이서 삿뽀로의 북해정을 찾아와 3인분의 우동을 시키는 것이었습니다."

고개를 끄덕이면서 듣고 있던 여주인과 주인의 눈에서 왈칵 눈물이 넘쳐 흘렀다.

입구에 가까운 테이블에 진을 치고 있던 야채가게 주인이, 우동을 입에 머금은 채 있다가 그대로 꿀꺽 하고 삼키며 일어나,

"여봐요, 여주인 아줌마! 뭐하고 있어요! 십년간 이날을 위해 준비해 놓고 기다리고 기다린, 섣달 그믐날 10시 예약석이잖아요, 안내해요. 안내를!"

야채가게 주인의 말에 번뜩 정신을 차린 여주인은,

"잘 오셨어요… 자 어서요… 여보! 2번 테이블 우동 3인분!"

무뚝뚝한 얼굴을 눈물로 적신 주인,

"네엣! 우동 3인분!"

예기치 않은 환성과 박수가 터지는 가게 밖에서는 조금 전까지 흩날리던 눈발도 그치고, 갓 내린 눈에 반사되어 창문의 빛에 비친 <복해정>이라고 쓰인 옥호막이 한 발 앞서 불어제치는 정월의 바람에 휘날리고 있었다.

교오또	[명]	<지명> 교토의 잘못. 일본 교토 부의 남부에 있는 시.
귀엣말	[명]	남의 귀 가까이에 입을 대고 소곤거리는 말.
그믐날	[명]	음력으로 그달의 마지막 날.
깊숙하다	[형]	깊고 으슥하다.
꼼짝	[부]	몸을 둔하고 느리게 조금 움직이는 모양. '곰작'보다 아주 센 느낌을 준다.
꿀꺽	[부]	① 액체나 음식물 따위가 목구멍이나 좁은 구멍으로 한꺼번에 많이 넘어가는 소리. 또는 그 모양. ② 분한 마음을 억지로 참는 모양.
눈발	[명]	눈이 힘차게 내려 줄이 죽죽 져 보이는 상태.
돌려보내다	[동]	사람이나 물건을 본래 있던 곳으로 도로 보내다.
드르륵	[부]	① 큰 물건이 구르다가 뚝 멎는 소리. ② 큰 물건이 미끄러지는 소리.
뜸하다	[형]	자주 있던 왕래나 소식 따위가 한동안 그치다.
맞대다	[동]	① 서로 가깝게 마주 대하다. ② 노름이나 내기 따위에서, 돈이나 물건을 양쪽에서 서로 걸다.

맞잡다	[동]	① 마주 잡다. ② 힘, 가치, 수량, 정도 따위가 대등하다.
머뭇머뭇	[부]	'머무적머무적'의 준말. 말이나 행동 따위를 선뜻 결단하여 행하지 못하고 자꾸 망설이는 모양.
몰라보다	[동]	① 알 만한 사실이나 사물을 보고도 알아차리지 못하다. ② 예의를 갖추어야 하는 대상에 대하여 무례하게 굴다.
바겐세일	[명]	기간을 정하여 특별히 정가보다 싸게 파는 일.
반사	[명]	<물리>일정한 방향으로 나아가던 파동이 다른 물체의 표면에 부딪혀서 나아가던 방향을 반대로 바꾸는 현상.
반코트	[명]	길이가 보통 외투보다 짧아 허리와 무릎의 중간 정도까지 내려오는 외투.
번잡	[명]	번거롭게 뒤섞여 어수선함. '혼잡함', '번거로움'으로 순화.
불어제치다	[동]	바람이 세차게 불다.
비좁다	[형]	① 자리가 몹시 좁다. ② 생각이나 마음 따위가 넓지 못하다.
사내애	[명]	'사내아이'의 준말.
사치스럽다	[형]	필요 이상의 돈이나 물건을 쓰거나 분수에 지나친 생활을 하는 데가 있다.
삿뽀로 [Sapporo[札幌]]	[명]	<지명> 삿포로의 잘못. 일본 홋카이도(北海道) 이시카리(石狩) 평야 남서부에 있는 도시.
상여금	[명]	상여로 주는 돈.
수북하다	[형]	쌓이거나 담긴 물건이 불룩하게 많다.
수업참관		<교육> 학교에서 학부모 또는 교육 관계자에게 교사의 지도 방법이나 학생의 학습 활동 따위를 보여 주기 위하여 하는 수업.
슈트 [suit]	[명]	상의와 하의를 같은 천으로 만든 한 벌의 양복.

시가현	[명]	<지명>일본 긴키(近畿) 지방의 북동부에 있는 현.
신사	[명]	일본에서 왕실의 조상이나 고유의 신앙 대상인 신 또는 국가에 공로가 큰 사람을 신으로 모신 사당.
에피소드 [episode]	[명]	① 남에게 알려지지 아니한 재미있는 이야기. ② <문학>어떤 이야기나 사건의 줄거리에 끼인 짤막한 토막 이야기.
엔	[명]	일본의 화폐 단위. 기호는 ¥.
오리	[명]	① 실, 나무, 대 따위의 가늘고 긴 조각. ② 실, 나무, 대 따위의 가늘고 긴 조각을 세는 단위.
오바	[명]	'오버'의 잘못. 오버 [over] =외투.
옥호[屋號]	[명]	가게나 술집의 이름.
우동	[명]	'가락국수'로 순화.
웅크리다	[동]	몸 따위를 움츠러들이다. '웅그리다'보다 거센 느낌을 준다.
의아스럽다	[형용]	의심스럽고 이상한 데가 있다.
자극제	[명]	① 일정한 자극을 일으키는 약제나 물질. ② 사람의 기분이나 마음을 자극하여 분발하게 하는 사물을 비유적으로 이르는 말.
장보기	[명]	시장에 가서 물건을 팔거나 사오는 일.
전원	[명]	소속된 인원의 전체.
정장	[명]	정식의 복장을 함. 또는 그 복장.
제야	[명]	=제석(除夕).
진을 치다	[관용구]	자리를 차지하다.
차분하다	[형]	마음이 가라앉아 조용하다.
체크무늬	[명]	바둑판 모양의 무늬.
참배	[명]	① 신이나 부처에게 절함. ② 영구(靈柩)나 무덤, 또는 죽은 사람을 기념하는 기념비 따위의 앞에서 추모의 뜻을 나타냄.

클럽활동	[명]	<교육> 공통의 흥미와 관심을 가진 학생들이 자주적으로 모여서 하는 특별 활동. 학예, 운동, 취미 따위 활동을 한다.
콩쿠르	[명]	음악, 미술, 영화 따위를 장려할 목적으로 그 기능의 우열을 가리기 위하여 여는 경연회.
트레이닝	[명]	주로 체력 향상을 위하여 하는 운동. '연습', '훈련'으로 순화.
특별수당	[명]	<경제> 객관적인 근무 조건에 따라 일정한 급료 이외에 지급하는 정기 또는 임시의 보수.
팻말	[명]	패(牌)로 쓰는 말뚝. 무엇을 표시하거나 알리기 위하여 말뚝에 패를 붙이기도 하고 말뚝 자체에 직접 패를 새기기도 한다. ≒패목(牌木).
헐렁하다	[형]	① 헐거운 듯한 느낌이 있다. ② 행동이 조심스럽지 아니하고 미덥지 못하다.
화덕	[명]	① 숯불을 피워 놓고 쓰게 만든 큰 화로. ② 쇠붙이나 흙으로 아궁이처럼 만들어 솥을 걸고 쓰게 만든 물건.
흩날리다	[동]	흩어져 날리다. 또는 그렇게 하다.
환성	[명]	기쁘고 반가워서 지르는 소리. 고함치는 소리.

연습

1. 다음 ( ) 안에 알맞은 것을 고르십시오.

   (1) 그 노인은 아들이 성공을 했으니 자랑( ) 하겠군요.
   ① 꽤나 ② 깨나 ③ 까지 ④ 이나

   (2) 우리 교수님께 어여쁜 따님이 ( ).
   ① 있어요 ② 있으십니다 ③ 있습니다 ④ 계십니다

(3) 하루라도 수십 번씩 쉴 새 없이 (　　) 주가. 그 주가 곡선을 보며 울기도 하고 웃기도 하는 사람들이 많을 것이다.
　① 오르락내리락하는　　　　② 오를 듯 말 듯 하는
　③ 오르다가 말다가 하는　　④ 오르는 둥 내리는 둥 하는

(4) 그가 그곳에 오게 된 사연을 물으려 했지만 감시자의 눈 때문에 여태껏 아무 말도 못 (　　) 그냥 앉아 있었다.
　① 건네고　　② 견디고　　③ 건너고　　④ 견주고

(5) 지난 겨울에 입었던 외투 주머니에서 (　　) 접혀 있는 만 원짜리 지폐 한 장을 발견했다.
　① 쭈뼛쭈뼛　　② 섬찟섬찟　　③ 꼬깃꼬깃　　④ 흠칫흠칫

2. 밑줄 친 부분이 다른 뜻으로 쓰인 것을 고르십시오.

(1) (　　)
　① 형이 거짓말을 한 것은 다 나를 보호하기 위한 것이었다.
　② 이 책들은 다 뭐예요? 어디 고아원에라도 기증하실 거예요?
　③ 휴가가 다 뭡니까? 일이 밀려서 주말에도 출근을 해야 하는데요.
　④ 현기증, 불안감, 무기력, 이것들은 다 만성피로의 증상으로 볼 수 있다.

(2) (　　)
　① 회사의 경영 위기로 월급조차 제대로 받기 힘든 상황이지만 이제 와서 회사를 그만둘 수도 없는 노릇이다.
　② 분쟁이 있을 때마다 항상 상호간의 의견을 조율하는 노릇을 하고 있는 내 모습을 어느날 문득 발견하게 되었다.
　③ 이번에 개통된 지하철은 변두리 지역에 사는 주민들을 도시 중심부로 데려다 주는 효자 노릇을 톡톡히 하고 있다.
　④ 살아가면서 간혹 부전자전이라는 말을 듣게 되는데, 이 말 속에는 부모가 부모로서의 노릇을 잘 해야 한다는 교훈이 담겨져 있다.

3. 다음 밑줄 친 부분과 의미가 비슷한 것을 고르십시오.

(1) 통조림에는 내용물의 품종, 제조 공장 및 제조 연월일 등을 뚜껑 중앙에 표시하도록 되어 있다.
① 표시하여도　　　　　② 표시하게끔
③ 표시하여야　　　　　④ 표시할 만큼

(2) 돈 꾸어 달라는 얘기는 내 앞에서 꺼내지도 마라.
① 얘길랑　　② 얘기 말고　　③ 얘기를 바꾸어　　④ 얘기인데

(3) 잠이 막 들려는데 전화가 왔다.
① 든 순간에　　② 들려던 차에　　③ 든 때에　　　　④ 들고 나서

4. 다음 글을 읽고 물음에 답하십시오.

"15분짜리 라디오 경제프로그램을 진행했는데 경제적인 전문성이 부족해 진행자 자리에서 물러나야 했죠. 동료가 대학원을 준비하고 있었고, 저는 아나운서로서 전문성을 가지고 싶다는 생각에 사실 (㉠) 대학원에 진학했어요(웃음)." 그런데 막상 대학원을 진학하고 보니 어려움이 한두 가지가 아니었다고 한다. 무엇보다도 어려운 것은 학업과 직장, 두 가지 일을 동시에 해야 했으므로 남보다 몇 배 (㉡) 했다고 한다.

(1) ㉠에 알맞은 말을 고르십시오.
① 친구 따라 강남 가는 식으로
② 물에 빠진 사람 건져 주는 셈으로
③ 가지 많은 나무 바람 잘 날 없어서
④ 호랑이 없는 산에 토끼가 왕이라는 계산으로

(2) ㉡에 알맞은 말을 고르십시오.
① 부지런해야만　　　　② 부지런할 만큼
③ 부지런한 척　　　　　④ 부지런할까

5. 다음 글을 읽고 물음에 답하십시오.

　　국가와 기업이 일자리를 늘리는 것이 문제 해결의 근본이다. 그러나 일자리를 늘리는 데는 한계가 있다. 따라서 가능하면 인건비를 줄이려는 기업주나 고용안정 및 정규직과의 차별 해소를 바라는 비정규직, 비정규직의 정규직화 때문에 자신들의 몫이 줄어들까 걱정하는 정규직, 그리고 비정규직 상태로나마 서로 돌아가며 일자리를 나누기를 원하는 비고용실업자, 마지막으로 노동정책을 집행하는 국가가 ㉠모두 한 자리에 모여 다른 집단의 처지를 고려하는 '사회적 대타협'이 꼭 필요하다. 옳고 그름을 따지는 일을 떠나서 상대방을 인정하고 각자의 이해를 적절하게 조절해야 우리 사회는 한 단계 질적인 도약을 할 수 있다.

(1) 밑줄 친 ㉠이 가리키는 모두는 전부 몇 가지 집단입니까?
　　① 3가지 집단　　　② 4가지 집단
　　③ 5가지 집단　　　④ 6가지 집단

(2) 이 글의 중심내용은 무엇입니까?
　　① 기업주와 정규직은 서로 이해하고 양보해야 한다.
　　② 국가는 새로운 노동정책을 신속히 수립해 실천해야 한다.
　　③ 국가와 기업이 일자리를 늘리는 것에 최선을 다 해야 한다.
　　④ 서로 다른 집단을 이해하는 사회적 대타협을 해야 한다.

6. 다음 글을 읽고 물음에 답하십시오.

　　얼마 전 한 일간지에 CEO들은 (㉠)를 좋아한다는 기사가 실린 적이 있다. 삼성경제연구소가 경영자 370여명을 상대로 조사한 결과 83.9%가 '괴짜 기질이 회사의 창의성을 높이는 데 도움이 된다.'고 답했다는 것이다. 게다가 어떤 사장은 아예 "괴짜 지수"라는 것을 평가항목에 넣는단다. "돈 많은 여자가 돈 많은 남자를 선호한다는데 어떻게 생각하는가?" 등 다소 (㉡) 질문을 하면서 괴짜 지수를 평가한다는 것이다. 맞는 말이다. (㉢) 높은 직원을 선발해야 하는 것이 회사의 사명이다. 그래서 어느 재벌그룹 회장은 '천재 경영'이라는 용어를 사용하는 것 아닌가?

(1) 위의 ㉠, ㉡, ㉢에 순서대로 들어갈 가장 적합한 것을 고르십시오.
① 괴짜, 엉뚱한, 창의성
② 괴짜, 공손한, 근면성
③ 가짜, 엉뚱한, 창의성
④ 가짜, 공손한, 근면성

(2) 위 글의 내용으로 보아 돈 많은 여자가 '돈 많은 남자를 선호한다는데 어떻게 생각하는가?' 와 비슷한 질문에 포함되지 않은 것을 고르십시오.
① 삼국지가 본인 인생에서 많은 도움을 줬다고 했는데 어떤 도움을 줬나요?
② 만약 당신 앞에 사과와 배가 하나씩 있는데 하나만 가진다면 뭘 가지겠어요?
③ 제가 보는 앞에서 국수 50그릇을 드시면 입사시켜 드리겠습니다. 드실래요?
④ 당신이 화장실에 갔는데 휴지가 없다고 가정합시다. 어찌 하시겠어요?

7. 밑줄 친 부분을 같은 의미로 바꾸어 쓴 것을 고르십시오.

(1) 대중의 선택을 받아야 살아남을 수 있다는 점에서 정치인과 비슷한 운명을 가진 기업은 이미 오래 전에 '마음'의 중요성을 이해했다. 소비자 마음속에 있는 좋은 제품에 대한 이미지를 찾아내 친밀하게 다가간다. "우리 제품이 이렇게 우수하니 사라"가 아니라, "여러분들이 원하는 것이 바로 우리 제품 속에 있다."고 일깨워주는 식이다.
① 우리 제품은 고객의 입장에서 충분히 고려하여 만든 제품이다
② 우리 제품의 우수성은 모든 고객이 다 알고 있는 사실이다
③ 우리 제품을 한 번이라도 써 본 고객이면 누구나 단골이 된다
④ 우리 제품은 타사의 제품과 비교가 안 될 정도로 우수하다

(2) 정보와 오락을 제공하는 방송에게 오락 프로에서까지 엄숙주의를 요구할 수 없다. 그러나 거짓말이나 방송의 사유화 같은 방자한 행동까지 허용돼서는 안 된다. 방송이 얄팍한 재미를 추구하는 손쉬운 시청

률 경쟁만 하다 보니, 만년 '바보상자'라는 불명예를 벗어나지 못하고 있다. 특히 공중파 방송은 말초적 재미에만 치중하지 말고 유익하고 건전한 즐거움을 줄 수 있도록 발상을 전환하기 바란다.

① 시청률 때문에 오락 프로의 수준을 올리지 않을 수 없다 보니
② 시청률을 올리기 위해 수단과 방법을 가리지 않다 보니
③ 시청률에는 아랑곳하지 않고 오락에만 치중하다 보니
④ 시청률과 별개로 얄팍한 재미만 추구하는 것이 습관되다 보니

8. 다음 글에서 <보기>의 문장이 들어가기에 가장 적절한 곳을 고르십시오.

(1) 논술 잡지 <월간 논술>을 만드는 신관식(32)씨는 지난 7년간 하루 평균 7봉의 커피믹스를 위에 들이부었다. (㉠) 군대시절, 힘들 때마다 자판기에서 밀크커피를 하루 한두 잔 뽑아 먹던 습관이 제대 뒤에도 계속됐다. (㉡) 사무실마다 신 씨와 같은 이들이 많아서일까. 커피믹스 시장은 지난 5년 사이 3배 가까이 성장했다. (㉢) 2001년만 해도 2128억 원이었던 커피믹스 시장 규모는 매년 늘어 지난해에는 6047억 원에 이르렀다. (㉣) 커피믹스 한 봉당 가격을 140원(20개들이 2800원)으로 계산하면 연간 43억 개의 커피믹스가 팔려나갔다는 얘기다. 커피믹스가 '기호식품'을 넘어 대다수 직장인들의 '생필품'이 된 것이다.

<보기>

이 습관은 지금에 와서 하루 활동 시간을 오전 9시부터 오후 10시까지로 보면 2시간에 한 봉씩 조제해 마신 셈이다.

① ㉠ ② ㉡ ③ ㉢ ④ ㉣

(2) 낭만적인 여름밤에 아내와 함께 한 와인 한 잔. 별은 빛나고 분위기는 무르익는다. (㉠) 그런데 민망하게도 와인 몇 잔에 벌써 얼굴이 달아오르고 몸이 휘청거리는 난감한 상황이 벌어진다면? (㉡) 순간 예전 같지 않은 체력을 새삼 떠올리며 슬퍼해야 할까? (㉢) 그것은 당신의 몸 탓이 아니라 해마다 강해져가는 와인 알코올 도수 때문일 수도 있기 때문이다. (㉣) 와인이 갈수록 독해지고 있다.

<보기>

| 결론부터 말하자면 꼭 그럴 필요는 없다. |

① ㉠　　　② ㉡　　　③ ㉢　　　④ ㉣

(3) 남편의 학력은 부인의 행복도에 영향을 끼치지 않는 것으로 나타났다. (㉠) 여성들은 남편의 가방끈 길이에 따라 행복이 좌지우지되지는 않는다. (㉡) 다만 남편이 자신보다 똑똑할 경우 더 큰 행복을 느끼고 있었다. (㉢) 한편 기혼 남녀가 평균적으로 미혼 남녀 혹은 동거 남녀보다 행복하다는 연구 결과도 나왔다. (㉣) 하지만 평균적인 행복도는 미혼 남녀보다 높은 것으로 나타났다.

<보기>

| 기혼자는 결혼 몇 년 뒤 행복도가 소폭 감소하는 경향이 보이기도 했다. |

① ㉠　　　② ㉡　　　③ ㉢　　　④ ㉣

9. 다음 글을 읽고 (　) 안에 들어갈 알맞은 내용을 고르십시오.

(1) 올해는 우리나라가 IMF 외환위기를 맞이한 지 10주년이 되는 해다. 우리나라는 1995년 1인당 소득이 1만 달러를 돌파하였고 다음해에는 선진국의 클럽인 OECD에 가입하면서 샴페인을 터뜨렸다. 그러나 1년 후인 1997년 말 한국은행 금고에는 외환보유고가 39억 달러에 불과했다. 결국 국제 금융기구로부터 달러를 빌려오면서 (　　　).
① 한화는 세계에서 인정받지 못하는 화폐가 되었다.
② 외환은 국가 경제에 꼭 필요한 것이 되었다.
③ 한화의 가치를 이제야 알게 되었다.
④ 외환의 중요성을 절감해야 했다.

(2) 일을 하다보면 안 된다는 (　　　). 그러나 막상 문제에 부딪혀 보면 아무것도 아닐 때가 많다. 그러므로 어려운 문제에 부딪힐 때면 재빨리 부정적인 생각에서 빠져나와 긍정의 에너지를 잡아 보라. 성공

이 손짓할 것이다. 당신의 마음속에 긍정적인 강아지와 부정적인 강아지가 있을 때 누가 살아남을까?
① 긍정적인 생각에 휩싸이는 경우가 있다
② 부정적인 생각에 휩싸이는 경우가 있다
③ 긍정적인 생각에 휩싸이는 경우는 없다
④ 부정적인 생각에 휩싸이는 경우는 없다

10. 다음 글의 주제문을 고르십시오.

(1) ㉠참사랑은 고통받는 이웃과 함께 꿈과 아픔을 나누는 것이어야 한다. ㉡자기를 위한 사랑이라면 그것은 욕심일 수는 있어도 참사랑은 아니다. ㉢이것은 새를 새장 안에 가두어 두고, '내가 너를 사랑하기에 너를 보호하기 위해 이 새장 안에 가두어 둔다'고 하는 것과 같다. ㉣이웃에 대한 사랑도 자기 만족을 위한 사랑으로 끝나서는 안 된다. ㉤그들이 가진 꿈과 그들이 느끼는 아픔을 이해할 수 있어야 한다.
① ㉠   ② ㉡   ③ ㉢   ④ ㉣

(2) ㉠현대 사회가 해결해야 할 또 하나의 과제는 물질적인 것과 정신적인 것 사이의 균형을 회복하는 일이다. ㉡옛날에는 오히려 사회생활의 비중을 정신적인 것이 더 많이 차지했다. ㉢현대 사회로 넘어오면서부터 모든 것이 물질 만능주의로 기울어지고 있다. ㉣물질과 부가 모든 것을 지배하게 되면 우리는 문화를 잃게 되며, 삶의 주체인 인격을 상실하게 된다. ㉤그 뒤에 불행히 따르는 것은 더 말할 필요가 없다.
① ㉠   ② ㉡   ③ ㉢   ④ ㉣

11. 다음 중국어 내용을 한국어로, 한국어 내용을 중국어로 번역하세요.

(1) 中国茶业,最初兴于巴蜀,其后向东部和南部逐次传播开来,以致遍及全国。到了唐代,又传至日本和朝鲜,16世纪后被西方引进。中国茶叶、茶树、饮茶风俗及制茶技术,是随着中外文化交流和商业贸易的开展而传向全世界的。最早传入日本、朝鲜,其后由南方海路传至印尼、印度、斯里兰卡等国家,16世纪至欧洲各国并进而传到美洲大陆,又由北方传入波斯、俄国。英国的中国科技史专家李约瑟曾说:"茶是中国继火药、造纸、印刷、指南针四大发明之后,对人类的第五个贡献。"茶以人兴,人伴茶名。现在五大洲有50多个国家种茶,有120个国家从中国进口茶叶,全世界50多亿人口中大多数人喜欢饮茶,茶和茶文化覆盖了全球。

(2) 　사랑하는 국민 여러분, 2009년 새해가 밝았습니다. 모두 건강하시고 행복하시길 기원합니다. 해외 동포와 북한 동포들께도 따뜻한 새해 인사를 전합니다. 언제나 새 날은 우리에게 희망과 설렘을 주는 가슴 벅찬 날입니다. 비록 세계적인 경제 위기 속에 많이 어렵더라도 이 새 아침에 우리 모두 용기와 희망을 노래합시다. 우리의 내일은 분명 오늘보다 훨씬 나을 것이라는 믿음으로 새로운 출발을 시작합시다. 여러분의 염원을 잘 알고 있는 대통령으로서 저도 새로운 각오를 다지며 새 날을 맞았습니다. 우리는 과거 어렵고 힘든 때에도 하나 되어 이겨냈고, 가장 힘들다고 하는 이 위기도 반드시 이겨낼 수 있다고 확신합니다. 거센 바람과 거친 파도를 헤쳐 이 위기를 기회로 만듭시다. 기회는 주어지는 것이 아니라 만들어 가는 것입니다. 이를 위해 모든 경제주체는 서로 양보하고 협력해야 합니다. 그럴 때 어느 나라보다 빨리 이 위기를 극복할 수 있다고 믿습니다. 우리 모두 서로를 격려하며 힘차게 앞으로 나아갑시다. 새해 복 많이 받으십시오.

제8과 마지막 임금님

1. 작가 소개
　　박완서 (1931~), 숙명여고를 졸업하고 서울대 국문학과에 입학했으나 한국전쟁이 터지면서 학교를 그만 두어야만 했다. 1953년 결혼을 하였고, 1970년 불혹의 나이로 '여성동아' 장편소설 공모에 <나목>이 당선되면서 소설가가 되었다. 한국문학작가상, 이상문학상, 이산문학상, 동인문학상, 대산문학상 등 다수 수상하였다.

2. 작품 감상
　　임금님보다 행복하다는 이유만으로 촌장은 촌장 자리를 빼앗기고 감옥에 갇히고, 가족을 잃고 끝내는 사약까지 받게 된다. 하지만 어떤 고통이 와도 그것을 아름다움으로 바꾸는 법을 알아낸 자연을 닮은 촌장의 마음만은 훼손되지 않음을 보여 준다.

3. 생각해 볼 문제
① 자신이 생각하는 행복(행복의 기준)이란 무엇인지, 세상 사람들이 행복의 조건으로 내세우는 것이 무엇인지 생각해 보세요.
② 이 나라의 헌법이 뜻하는 것은 무엇인지 생각해 보세요.
③ 임금이 행복에 집착을 하면서 변해가는 모습, 이런 임금을 보면서 백성들은 어떤 생각을 했을지 이야기를 나눠 보세요.

　　옛날에 사시장철 춥지도 덥지도 않게 날씨 좋고 땅은 기름진 고장에 작고 아름다운 나라가 있었습니다.

그 나라를 다스리는 임금님도 그 나라의 자연만큼이나 자비로워 그 나라의 백성들은 모두 행복했습니다.

나쁜 짓을 한 죄인을 가두기 위한 감옥이 오래 전부터 비어 있어 관광지가 된 지 몇 년째입니다. 백성들이 사는 고장은 어디나 맑고 청결하고 자유롭기 때문에, 어둡고 더럽고 부자유스러운 고장이 백성들에게 인기있는 구경거리가 될 수 있었던 것입니다.

사람들이 고르게 행복하니까 싸우거나 빼앗거나 속일 일이 없고, 그런 잘못을 가려내어 벌을 주기 위한 법도 쓸모가 없게 되었습니다. 몇 장 안 되는 얇은 법전에 써 있는 법조문을 써먹지 않은 지도 감옥을 써먹지 않은 것만큼이나 오래 되었습니다. 그럴 리야 없겠지만 써먹을 일이 생겨도 큰일입니다. 법조문은 너무 오래 아무 일도 안하고 햇볕을 본 일도 없어 죽어버렸기 때문입니다.

그러나 이 나라의 헌법만은 아직 살아있습니다. 이 나라의 헌법은 일 조 두 줄로 되어 있습니다.

'이 나라의 백성들은 고루 행복할 권리가 있다. 단 임금님보다는 덜 행복할 이유가 있다.'

이것이 이 나라 헌법의 전문입니다.

이 나라의 백성들은 헌법대로 고루 행복하지만 임금님보다는 덜 행복합니다.

이 나라를 세운 임금님은 백성들이 고루 행복한 나라를 만들려던 당초의 큰 뜻을 이룩했기 때문에 아무런 근심도 없어야 합니다. 그러나 나라를 이룩하기 위해 갖은 고생을 다한 임금님이 백성들보다는 조금이라도 더 행복하지 못하면 억울하다고 생각하는 마음이 날로 더해서, 백성들이 헌법으로 정한 의무를 한 사람이라도 하루라도 게을리할까봐 늘 불안합니다.

그래서 도둑놈도 사기꾼도 없는 나라건만, 많은 관리를 두어 행여 임금님보다 더 행복한 사람이 생길까봐 감시하는 일을 맡기고 있습니다. 그러나 아직 한 사람도 임금님보다 더 행복해서 붙잡히거나 벌 받은 사람은 없습니다. 왜냐하면 감시받고 있다는 두려움과 불안감 때문에 백성들은 조금 씩이나마 고루 불행했기 때문입니다.

임금님의 또 하나의 근심은 자기가 죽은 후에 백성들이 마음놓고 행복하면 어떡하나 하는 것이었습니다. 임금님은 자기가 죽은 후에도 이 세상에 행복이 그대로 남아 있다는 걸 차마 용서할 수가 없었습니다. 임금님은 늙어갈수록 그 생각으로 잠 못 이루는 밤이 많아졌습니다.

잠 못 이루고 생각을 거듭한 끝에 한 꾀가 떠올랐습니다. 그것은 임금님이 죽은 후에 일제히 불행해질 수 있도록 그 예행 연습을 지금부터 백성들에게 시키는 일입니다.

궁성에서 조포가 슬피 우는 것을 신호로 상점은 문을 닫고, 백성들은 회색 옷을 입고 슬피 통곡하는 것입니다. 이때 임금님은 궁성의 가장 높은 망루에서 온 나라가 슬픔에 잠긴 걸 굽어보며 앞으로 다가올 죽음의 공포를 잊고 혼자만의 기쁨을 맛보는 것이었습니다.

임금님이 가짜로 죽고, 백성들이 그 후의 불행을 예행 연습하는 날이 일 년에 한 번씩 있었습니다만, 한 달에 한 번으로 늘어나고 다시 일주일에 한 번으로 늘어나고 그러다가 아무 때나 임금님이 마음 내킬 때에는 언제라도 하게 되었습니다.

불행의 예행 연습이 없는 날이면 임금님은 몰래 궁성을 빠져나와 백성들이 사는 마을로 미행을 다니기도 합니다. 임금님은 백성들이 임금님보다는 덜 행복해야 된다는 헌법이 잘 지켜지고 있나를 감시하는 일을 관리들에게만 맡기고 있으려니 안심이 안 되어 직접 눈으로 보고 싶었기 때문입니다.

미행을 다녀온 날이면 임금님은 다른 날보다 행복했습니다. 임금님이 만난 백성들은 하나같이 자주 있는 불행의 예행 연습 때문에 눈이 통통 부어 있고 행여나 임금님보다 더 행복해지면 어쩌나 하는 불안으로 일그러져서 잘 먹고 잘 입고 잘 사는 것과는 상관없이 임금님보다는 덜 행복해 보였기 때문입니다.

그러던 어느 날입니다. 미행을 나갔다가 만난 한 사나이 때문에 임금님은 깜짝 놀랐습니다. 그 사나이는 임금님이 만난 어떤 백성하고도 달랐습니다. 그 사나이는 늙지도 젊지도 않은 나이에 보통으로 생긴 얼굴에 수수한 옷을 입고 있었는데도 임금님이 깜짝 놀랄 만큼 딴 사람들과 달라 보였습니다.

궁성으로 돌아온 임금님은 깜짝 놀란 까닭에 대해 곰곰이 생각했습니다. 그러다가 무릎을 탁 치며 그 사나이를 처음 만났을 때보다 더 한층 놀랐습니다. 그 사나이는 백성들 중에서 뛰어나게 행복해 보였을 뿐 아니라 임금님보다도 행복해 보였던 것입니다.

임금님은 즉시 관리를 풀어서 그 사나이에 대한 조사를 시켰습니다. 그 사나이의 신분은 마을의 우두머리인 촌장이었고, 아름다운 아내와 착한 아들딸과 넓고 기름진 땅을 가지고 있었습니다. 그 사나이가 가지고 있는 것을 샅샅이 안 이상 그를 임금님보다 덜 행복하게 만드는 일은 아주 쉬운 일입니다.

임금님은 그가 갖고 있는 것 중에서 가장 소중한 것 하나를 빼앗기로 했습니다.

그것은 촌장 자리입니다. 임금님은 뭐니 뭐니 해도 권력처럼 사람을 행복하게 하는 건 없다고 믿고 있었기 때문입니다.

촌장의 권력이란 임금님의 권력에다는 댈 것도 아닙니다. 마을에서 일어나는 자잘한 일을 간섭하고, 해결하고, 마을 사람들을 위해 옳다고 생각하는 것을 주장하고 처리할 수 있는, 마을 안에서의 작은 힘에 지나지 않습니다. 그의 힘으로 처리한 일은 모두 보잘것없는 일이었습니다. 한 신랑을 놓고 두 여자가 시집가고 싶어할 때, 어느 여자를 시집보낼 것인가, 부모를 일찍 여의어 고아가 된 아이들을 뉘집으로 입양시킬 것인가, 자식이 먼저 죽어 외롭게 된 노인을 누가 모실까 등을 당사자의 입장이 되어 오래 생각하고 불평이 가장 적은 방법으로 해결해 준 일이 있습니다.

이런 보잘것없는 권력이나마 빼앗기니 촌장의 얼굴은 일그러졌습니다. 이제 촌장 아닌 보통 사람이 된 남자의 얼굴이 딴 백성들과 닮은 모습으로 일그러지는 것을 확인한 임금님은 만족했습니다.

그러나 이 나라 어디엔가 임금님보다 행복한 백성이 또 있을지도 모른다는 의심이 싹트기 시작했습니다. 그래서 다시 미행을 나가게 되고 또 한 번 깜짝 놀랐습니다. 촌장 자리를 빼앗긴 사나이가 여전히 임금님보다 더 행복하게 살고 있었기 때문입니다.

"당신은 촌장일 때와 마찬가지로 행복하군요."

임금님은 지나가는 나그네처럼 말을 시켰습니다.

"네, 처음에는 좀 서운했습니다만 곧 달라진 건 아무것도 없다는 것을 알았습니다. 마을 사람들은 여전히 나를 존경하고 사랑해 줍니다. 그리고 무엇보다도 나에겐 처자식을 만족스럽게 입히고 먹일 재산이 있습니다."

임금님은 속으로 권력보다는 재산이 더 사람을 행복하게 하는 것을 알아차렸습니다. 임금님은 곧 궁성으로 돌아와 명령을 내려 그 사나이의 재산을 몰수시켰습니다. 처자식과 함께 그 사나이는 거지가 될 수밖에 없었습니다.

그러나 이 나라 어딘가에 임금님보다 행복한 사람이 있을지도 모른다는 불안이 임금님에게서 아주 떠나지 않았습니다. 임금님은 다시 미행을 나섰습니다. 나라 안을 두루 돌다 아니나 다를까, 또 임금님보다 행복한 사람을 만났습니다. 그 사람은 같은 죄로 권력과 재산을 빼앗긴 그 사나이였습니다.

"당신은 권력도 재산도 없으면서 여전히 행복하군요?"

임금님은 지나가는 나그네처럼 말을 시켰습니다.

제8과 **마지막 임금님**

"네, 처음엔 못살 것 같았습니다만 곧 다시 행복해졌습니다. 권력과 재산이 있을 때는 가족이 나를 얼마나 사랑하나, 내가 가족을 얼마나 사랑하나를 확인할 길이 없었습니다. 우린 이제 부족한 것 투성이입니다. 부족한 것을 사랑으로 채우지 않으면 안 됩니다. 그래서 서로 더 많이 사랑하고자 애쓰다 보니, 보시다시피 이렇게 행복합니다."

임금님은 드디어 모진 결심을 했습니다. 그에게서 가족을 빼앗기로 말입니다. 그것도 이 나라를 세운 당초의 큰 뜻, 즉 백성들을 고루 행복하게 하려는 것과는 크게 어긋나는 일이었습니다. 그러나 이 나라 백성이라면 꼭 지켜야 할, 임금님보다는 덜 행복해야 된다는 헌법을 어긴 것을 용서할 수는 없었습니다.

임금님도 백성에게 그런 모진 벌을 주기는 처음이라 매우 마음이 언짢았습니다. 조금이라도 좋으니 임금님보다 덜 행복했으면 그런 벌을 안 내렸으련만 참 욕심 많은 놈도 다 있다 싶습니다.

사나이의 가족이 딴 나라로 추방되던 날, 사나이와 그의 가족은 어찌나 서럽게 울면서 서로 떨어지길 싫어하는지 보는 사람마다 발길을 멈추고 동정의 눈물을 흘렸다고 합니다. 그들을 떼어 놓는 일을 맡아 한 관리는 인정이 보통 사람보다 적은 사람이었는데도 가족이 아니라 생사람의 사지를 찢어내는 것처럼 그 일은 마음 아픈 일이었노라고 두고두고 말했습니다.

임금님도 마음이 아팠습니다. 이 나라에서 자기가 가장 행복하기 위해서 그렇게까지 했어야 옳았을까 하고 문득문득 뉘우쳤습니다. 뉘우치는 마음으로 괴로울 때마다 나라의 헌법을 지키기 위해선 그 방법밖에 없었다고 스스로를 위로했습니다.

임금님은 다시 미행을 나섰습니다. 그 사나이 일이 마음에 걸려서입니다. 이 나라 백성이 임금님보다 더 행복한 것은 용서할 수 없는 일이었지만, 이 나라 백성이면 고루 행복할 수 있다는 권리를 너무 오래 빼앗는다는 것도 임금님의 자비심에 어긋났습니다.

그런데 이게 웬 일입니까? 권력과 재물과 가족까지 잃고도 그 남자는 행복해 보였습니다. 임금님보다 더 행복하게 보였습니다.

"당신은 아직도 행복하군요? 권력도 재물도 가족까지 잃고 나서도…."

"가족과 헤어지는 고통은 정말로 참을 수가 없었습니다. 그 당시에는 이 세상에서 가장 불행한 사람이 나인 줄 알았습니다. 그러나 지금은 행복합니다. 가족은 인편으로 또는 풍편으로 자주 소식을 보냈습니다. 사랑하노라고요. 그리고 곧 다시 함께 살 날이 있을 거라고요. 사랑하는 사람들과 다시 함께 살 수 있을 거라는 희망이 나의 하루하루를 행복하게 해 줍니다."

　임금님은 불같이 노해 궁성으로 돌아왔습니다. 그리고 먼 나라로 사람을 보내 끈질기게 행복하기만 한 사나이의 가족을 불러들여 사형에 처했습니다. 죄없이 죽어가는 사람을 보고 백성들은 임금이 미친 게 아닌가 의심하면서 슬퍼했습니다. 그러나 법전의 말들은 옛날에 죽어버렸기 때문에 임금님의 말이 곧 법이었습니다.
　그리고 나서 한동안이 지났습니다. 사람을 함부로 죽이고 난 임금님은 점점 심성이 거칠어져 남의 말을 잘 믿지 않게 되고 그래서 더욱 자주 미행을 다녔습니다. 그러다가 또다시 그 남자를 만난 것입니다. 놀랍게도 그 남자는 아직도 임금님보다 행복해 보였습니다. 임금님은 놀라움보다는 두려움을 먼저 느꼈습니다. 임금님이 신도 아닌 사람을 두려워하다니, 말도 안 됩니다. 임금님은 지나가는 나그네처럼 예사롭게 말을 하려 했지만 목소리는 떨렸습니다.
　"당신은 아직도 행복하군요? 외롭고 가난한 줄만 알았더니…."
　"외롭고 가난합니다. 처음에는 너무 외롭고 가난해서 못 살 것 같았습니다. 그러나 차츰 외롭고 가난하기 때문에 누릴 수 있는 행복이 따로 있다는 걸 알게 되었습니다. 외롭고 가난하기 때문에 나는 아무에게도 매임이 없이 자유롭습니다."
　임금님은 궁성으로 돌아와 끈질기게 행복하기만 한 사나이의 체포를 명령했습니다. 그 사나이의 자유를 빼앗기 위해 관광의 명소로 변한 감옥이 다시 옛날의 감옥으로 돌아가야 합니다. 대대적인 수리가 시작됐습니다. 녹슨 쇠상찰은 튼튼한 새 것으로 갈아 끼우고 헐어진 담장은 높이 쌓았습니다. 한 사나이의 자유를 빼앗기 위해 밤이나 낮이나 지켰습니다.
　절망에 빠진 사나이가 슬피 우는 소리가 궁성까지 들렸습니다. 임금님은 자유야말로 그 사나이의 마지막 행복이었으리라고 생각했습니다. 사나이에게서 더 이상 빼앗을 것이 없어지자 사나이에 대한 임금님의 관심도 없어졌습니다. 미행도 다니지 않게 되었습니다. 그 대신 임금님이 죽으면 백성들이 일제히 빠르게 불행해질 수 있도록 연습하는 불행의 예행 연습만 더 자주 시키게 되었습니다.
　감옥에서 들리던 통곡 소리도 지친 듯이 가라앉고 오랜 침묵이 계속됐습니다.
　어느 날 임금님은 아름다운 노랫소리에 이끌려 궁성 밖으로 나갔습니다. 노랫소리는 높은 담장 안에서 들려오고 담장 밖에는 임금님 말고도 노랫소리에 이끌려 모여든 많은 백성들이 황홀한 얼굴로 노랫소리에 귀를 기울이고 있었습니다. 노랫소리를 듣는 동안 임금님은 지금껏 한 번도 느껴보지 못한 새롭고 기이한 행복감에 몸을 떨었습니다. 그러나 노랫소리가 멎자 임금님은 거기 모인 백성들과 똑같이 행복했었다는 것을 창피하게 생각했습니다.

　임금님은 감히 임금님에게 창피를 준 노랫소리를 벌주어야겠다고 생각했습니다. 높은 담장 속은 감옥이었습니다. 임금님은 감옥에서 다시 그 사나이를 만났습니다.

　그 사나이는 노래만 잘 부르는 게 아니라 손재주도 있어 방안에는 그가 만든 온갖 아름다운 것으로 가득 차 있었습니다. 지푸라기, 나무젓가락, 밥풀 등 보잘것없는 것으로 만든 조형들이 영혼이 있는 것처럼 제각기의 신비한 표정을 지니고 서로 사이좋게 어울려 있었습니다.

　사나이와 임금님은 오래간만에 마주 보았습니다. 사나이는 지금껏 임금님이 본 사나이 중에서 가장 행복해 보였습니다. 이럴 수가, 세상에 이럴 수가….

　임금님은 드디어 두려움이 극도에 달해 떨리는 무릎을 사나이 앞에 꺾었습니다.

　"너는, 너는 아직도 나보다 행복하구나,"

　임금님은 이제 지나가는 나그네인 척할 만한 마음의 여유도 없습니다.

　"네, 임금님, 저는 지금 행복합니다. 처음 이곳에 갇히고 나서는 미치거나 죽어버리지 않으면 못 견딜 만큼 고통스러웠습니다. 하지만 차츰 그 고통을 아름다움으로 바꾸는 법을 알아냈습니다. 제 고통에서 태어난 아름다움을 통해 저는 담장 밖의 세상사람하고도 제가 죽은 후의 세상사람하고도 자유롭게 만날 수가 있습니다. 저는 행복합니다. 임금님이 팔자를 바꾸래도 거들떠도 안 볼만큼 행복합니다."

　임금님은 눈물을 머금고 이 나라의 신성한 헌법을 끝끝내 어긴 죄인을 극형에 처하기로 했습니다. 헌법이란 백성의 목숨을 걸고도 지킬 만한 거라고 임금님은 생각했습니다.

　임금님은 손수 독배를 들고 사나이를 다시 찾았습니다.

　제아무리 행복에 끈질긴 사나이로서니 독배를 받들고서야 절망으로 일그러진 얼굴을 보여줄 수밖에 없을 것입니다. 그리고 그 일그러진 얼굴을 회복시킬 기회는 없을 것입니다. 일그러진 얼굴이야말로 그 사나이의 영원한 얼굴이 될 것입니다.

　복수의 기쁨으로 임금님의 얼굴이야말로 사납게 일그러졌습니다.

　"그대는 이 나라의 신성한 헌법을 한두 번도 아니고 수없이 모독한 죄로 이에 독배를 내리노라."

　꿇어앉아 메마른 나무젓가락에 이 세상을 온통 껴안을 수 있을 만큼 인자하고 너그러운 얼굴을 새기고 있던 사나이가 천천히 얼굴을 들었습니다. 사나이의 수척한 얼굴은 일그러지기는커녕 빈틈없이 가득해졌습니다. 때묻었으면서도 티끌 하나 없는 것처럼 순수했습니다. 그건 불행한 얼굴도 행복한 얼굴도 아니었습니다. 그런 것들을 통틀어 걸러낸, 다만 아름다운 얼굴이었습니다.

임금님은 타는 듯한 질투를 느꼈습니다. 그 얼굴이야말로 임금님이 자기의 것으로 삼고 싶었던 얼굴이었기 때문입니다.

사나이는 독배를 받으면서 조용히 말했습니다.

"임금님의 은총이 하해와 같으십니다. 이제야 아내와 아이들이 기다리고 있는 하늘나라로 가게 되었군요. 쉬고 싶었습니다. 임금님보다 더 행복하게 살기는 참으로 힘든 일이었으니까요."

"그대는 끝끝내 나를 이길 셈이군. 그렇지만 이번만은 안 되네. 이번만은 그대에게 질 수가 없어. 이번에 지면 영원히 만회할 수 없을 테니까."

사나이가 입으로 가져가려는 독배를 임금님은 황급히 빼앗더니 대신 마셔버렸습니다.

단 어

사약	[명]	임금이 사형에 처할 신하에게 먹고 죽을 약을 줌. 또는 그 약
사시장철	[부]	사철 중 어느 때나 늘.
법조문	[명]	<법률> 법률에서 조목조목 나누어서 적어 놓은 조문.
근심	[명]	해결되지 않은 일 때문에 속을 태우거나 우울해함.
예행	[명]	연습으로 미리 행함. 또는 그런 일.
조포	[명]	<군사> 군대에서 장례식을 할 때, 조의를 나타내는 뜻으로 쏘는 예포. 죽은 이의 관직에 따라 발포의 수가 다르다.
굽어보다	[동]	① 높은 위치에서 고개나 허리를 굽혀 아래

		를 내려다보다.
		② 아랫사람이나 불우한 사람을 돌보아 주려고 사정을 살피다.
자잘하다	[형]	① 여럿이 다 가늘거나 작다.
		② 여러 가지 물건이나 일, 또는 여러 생각이나 행동 따위가 다 작고 소소하다.
미행	[명]	다른 사람의 행동을 감시하거나 증거를 잡기 위하여 그 사람 몰래 뒤를 밟음.
투성이	[접]	'그것이 너무 많은 상태' 또는 '그런 상태의 사물, 사람'의 뜻을 더하는 접미사.
모진	[형]	① 모양이 둥글지 않고 모가 나 있다.
		② 성격이 원만하지 못하다.
추방되다	[동]	일정한 지역이나 조직 밖으로 쫓아나다.
인편	[명]	오거나 가는 사람의 편.
풍편	[명]	=바람결.
		① 일정한 방향으로 부는 바람의 움직임.
		② 어떤 말을 누구에게랄 것 없이 간접적으로 들었을 때를 이르는 말.
끈질기다	[형]	끈기 있게 검질기다.
심성	[명]	① 타고난 마음씨.
		② <불교> 참되고 변하지 않는 마음의 본체(本體).
매임	[명]	활을 만들 때, 마지막으로 활등 전체에 붙이는, 쇠로 만든 긴 심.
헐다	[동]	① 몸에 부스럼이나 상처 따위가 나서 짓무르다.
		② 물건이 오래되거나 많이 써서 낡아지다.
지푸라기	[명]	낱낱의 짚. 또는 부서진 짚의 부스러기.
밥풀	[명]	① 풀 대신 어떤 것을 붙이는 데 쓰기 위하여 밥을 이긴 것.
		② =밥알.
조형	[명]	여러 가지 재료를 이용하여 구체적인 형태나 형상을 만듦.

거들뜨다	[동]	눈을 위로 크게 치켜뜨다.
독배	[명]	독약이나 독주(毒酒)가 든 그릇.
수척하다	[형]	몸이 몹시 야위고 마르다.

연습

1. 다음 (   ) 안에 알맞은 것을 고르십시오.

    (1) 어이가 없어서 웃음이 나올 (   )이에요.
      ① 망정   ② 지경   ③ 바탕   ④ 모양
    (2) 회사일로 며칠 집에 못 들어(   ) 아버지께서 걱정을 많이 하셨다.
      ① 가더니   ② 가던   ③ 갔더니   ④ 갔던
    (3) 컴퓨터 다루는 게 서툴러서 동생은 문서 하나 작성하는 데 며칠째 고생하고 있다. 이런 동생의 모습을 (   ) 나는 동생을 도와주기로 했다.
      ① 보았거늘   ② 보다 못해   ③ 보고 있자니   ④ 보다가 말고
    (4) 웬만한 일은 참고 넘어갔으므로 사람들은 그를 숫제 (   ) 취급하였다.
      ① 난장이   ② 깍쟁이   ③ 얼간이   ④ 갓난이
    (5) 고대의 지하도시라고 해서 우리는 잔뜩 기대를 하고 있었다. 그러나 유적지에 도착하는 순간 우리의 기대는 (   ) 무너지고 말았다.
      ① 여간   ② 여실히   ③ 여전히   ④ 여지없이

2. 밑줄 친 부분과 바꿔 쓸 수 있는 것을 고르십시오.

    (1) 저희 업소에서는 고객 여러분들께 최상의 서비스를 제공하기 위해 모든 노력을 <u>기울이고</u> 있습니다.
      ① 삼가고   ② 빚어내고   ③ 쏟아붓고   ④ 달성하고

(2) 크다는 것은 그만큼 환경에 쉽게 좌우되지 않고, 자립성을 유지할 수 있다는 이점을 가진다. 동물의 경우 몸집이 클수록 몸 부피에 대한 표면적이 작으므로 표면을 통하여 일어나는 환경의 영향을 쉽게 받지 않는다.

　① 덩치　　② 부위　　③ 몸매　　④ 신체

(3) 우리는 매일 뉴스를 통해 많은 사고 소식을 접하게 된다. 이렇듯 사고 소식을 일상처럼 접하다 보니 대부분은 남의 <u>일이려니</u> 하고 별 관심을 갖지 않는다.

　① 일로 추측하고　　　② 일로 부탁하고
　③ 일로 수용하고　　　④ 일로 치부하고

(4) 한복을 구입할 때는 입는 사람의 체형을 고려해야 한다. 키가 작고 마른 체형인 경우에는 치마와 저고리를 밝은 색 계통으로 <u>맞추되</u> 복잡한 무늬는 피하는 것이 좋다.

　① 맞춘다든가　　　② 맞추거니와
　③ 맞추려 해도　　　④ 맞춰야 하나

3. 다음 글을 읽고 물음에 답하십시오.

청춘! 이는 (㉠) 가슴이 설레는 말이다. 청춘! 너의 두 손을 대고 물방아 같은 심장의 고동을 들어 보라. 청춘의 피는 끓는다. 끓는 피에 뛰노는 심장은 거대한 배의 기관같이 힘 있다. 이것이다. 인류의 역사를 꾸며 내려 온 동력은 꼭 이것이다. 이성은 투명하되 얼음과 같으며, 지혜는 (㉡) 갑 속에 든 칼이다. 청춘의 끓는 피가 아니면 인간이 얼마나 쓸쓸하랴? 얼음에 싸인 만물은 죽음이 있을 뿐이다.

(1) ㉠에 알맞은 말을 고르십시오.
　① 들었다손 치더라도　　② 듣기만 하여도
　③ 들었을 뿐더러　　　　④ 들어 버려도

(2) ㉡에 알맞은 말을 고르십시오.
　① 날카롭게　　　　　② 날카로우나
　③ 날카롭기는　　　　④ 날카로우리만치

4. 다음 글을 읽고 물음에 답하십시오.

좋은 목소리는 사람을 끌어당긴다. 말의 60퍼센트가 표정이고 33퍼센트가 목소리인 반면, 불과 7퍼센트만이 내용이라고 한다. 무려 93퍼센트가 내용과는 별개인 사람의 (㉠) 결정이 난다는 것이다. 이 중에서 관심이 가는 것이 내용보다 중요하다는 33퍼센트의 목소리다. 내가 가지고 있는 목소리의 개성을 충분히 활용한다면 당신의 목소리는 누구에게나 '좋은 목소리'가 될 수 있다. 스스로를 걸고 자신감 있게 이야기하자. 삶의 태도가 긍정적인 사람은 대화에서 긍정의 에너지를 상대방에게 선물한다. 또 다른 특징은 자신감이 넘친다는 것이다. 내가 하는 말이 내 마음에 ㉡전혀 그릇됨이 없기 때문에 상대방에게 진심으로 말할 수 있게 된다. 대화에서는 그 자신감이 에너지가 충만한 것으로 드러난다. 많은 사람들 앞에서 말을 하는 (㉢)가 생겼을 때 자신감은 매우 중요한 부분이다.

(1) ㉠에 알맞은 말을 고르십시오.
  ① 이미지를 위하여   ② 이미지에 따라서
  ③ 이미지와 별개로   ④ 이미지와 같이
(2) ㉡과 바꿔 쓸 수 있는 말을 고르십시오.
  ① 대관절   ② 시나브로   ③ 도대체   ④ 조금도
(3) ㉢에 알맞은 말을 고르십시오.
  ① 처지   ② 문제   ③ 사고   ④ 기회

5. 다음 글을 읽고 물음에 답하십시오.

'같은 피해 본 소비자들 모이세요.' 소비자 기본법 시행에 따라 도입된 집단분쟁조정의 대상이 처음으로 탄생함에 따라 같은 피해를 본 소비자들이 집단으로 피해를 구제받는 첫 사례가 될 지 주목된다. 집단분쟁조정제도는 다수의 피해자들이 연대해 보상을 신청하므로 그동안 기업과의 분쟁에서 상대적으로 '약자'였던 소비자의 (㉠) 커지는 계기가 될 것으로 보여 기업들이 바짝 긴장하고 있다. 재계에서는 특히 휴대전화나 유선방송, 식품 등 제품의 종류에 따라서는 수만 명이 참가하는 '대형 분쟁'도 발생할 수 있어 (㉡) 비상이 걸렸다.

(1) 이 글에서 제시되지 않은 내용은 무엇입니까?
　① 연대 보상 신청 방법
　② 재계가 긴장하는 이유
　③ 소비자 주권 강화
　④ 집단분쟁조정제도의 설명

(2) ㉠와 ㉡에 들어갈 말로 알맞은 것은 무엇입니까?
　① ㉠-부담감이,　　　㉡-상황 정리에
　② ㉠-목소리가,　　　㉡-대책 마련에
　③ ㉠-소비 욕구가,　 ㉡-대응 방안에
　④ ㉠-역할 분담이,　 ㉡-활동 반경에

6. 다음 글을 읽고 (　　)안에 들어갈 알맞은 내용을 고르십시오.

(1)　오랜만에 체중계 위에 서 봤다. 등산길에서 허리를 다친 지 몇 주 만이다. 저울 눈금이 (　　　). 하지만, 체중은 오히려 다소 감소한 것으로 드러났다. 이상했다. 그 동안 등산이나 조깅 등 운동을 거의 중단했는데 말이다. 곰곰이 따져 보니 원인은 술이었다. 한동안 엄청난 고칼로리의 알코올을 전혀 섭취하지 않았던 게 아닌가. 그나마 다행이라고 여기기에 앞서 사람의 길흉화복은 마음먹기에 따라 '새옹지마'일 수 있다는 데 생각이 미쳤다.
　① 이미 상당한 수준만큼 올라가 있었다.
　② 상당히 올라가는 게 아닐까 걱정스럽게 쳐다봤다
　③ 꽤 올라가 있었지만 별로 신경을 쓰지는 않았다.
　④ 올라가 있어야 하는데 하는 생각이 들었다

(2)　일체유심조라는 구절을 신라시대 원효대사의 일화에서 배웠다. 원효대사가 불법을 공부하기 위해 당나라로 가던 도중 노숙하게 됐다. 밤에 자던 중에 목이 말라 머리맡에 있는 숭늉을 아주 맛있게 마셨다. 이튿날 깨어 보니 노숙한 곳은 오래된 무덤이었고 머리맡에 있는 물은 해골 바가지에 담겨 있는 것이었다. 순간 구역질이 나고 토했지만 이미 소화가 된 뒤라 나올 리 만무했다. 여기서 원효대사는 깨달았다. "어떻

게 같은 해골 물이 몰랐을 때는 맛있었고 알았을 때는 구역질이 나는 것일까. (   )."는 것을.
① 그것은 오로지 마음 상태에 따라 달라진다
② 그건 그날의 컨디션에 따라 물맛이 좌우된다
③ 그것은 누구나 이미 다 알고 있는 진리다
④ 그건 이미 세상 사람들이 다 알고 있는 이야기다

7. (   )에 가장 알맞은 표현을 고르십시오.

(1) 22일 장마전선의 영향권에서 잠시 벗어난 (   ). 기상청에 따르면 이날 오후 2시 현재 지역별 기온을 보면 강원도 철원은 30.9도를 기록하고 있고 강원도 인제 30.7도, 강원도 춘천 30.6도, 강원도 홍천 30.5도 등이다. 기상청 관계자는 이날 "어제부터 우리나라에 영향을 주기 시작한 장마전선이 오늘 점차 남하해 제주도 남쪽 해상에 위치하다가 주말인 내일 다시 북상할 것"이라며 "따라서 오늘 중부지방을 중심으로 30도를 넘는 한여름 더위가 나타나고 있다"고 설명했다.
① 중부지방은 무더위가 한풀 꺾이어 한층 시원한 날이 계속 되겠다
② 남부지방은 장마전선의 영향으로 무더위가 계속 되고 있다
③ 중부지방은 30도를 넘는 더위가 다시 기승을 부리고 있다
④ 남부지방은 30도를 오르내리는 한여름 불볕더위가 한창이다

(2) 1961년 4월 12일 구소련의 유리 가가린은 보스토크 1호를 타고 지구 상공을 일주해 인류 최초의 우주비행에 성공한다. 한 달가량 지난 5월 25일 미국의 케네디 대통령은 특별 담화를 발표했다. "1960년대가 끝날 때까지는 인간을 달에 착륙시키고 무사히 지구까지 귀환시키는 목표를 달성하고 싶다"는 내용이었다. 그는 우주경쟁 패배감에 빠진 (   ). 이후 모든 우주개발계획은 이 목표에 맞춰졌다. 1969년 7월 20일 아폴로 11호와 세 우주인에 의해 비전은 실현된다.
① 국민들로 하여금 이처럼 비전을 제안하면서 새 희망과 꿈을 심어주었다.
② 국민에게까지 이 같은 비전을 제안하면서 새 희망과 꿈을 심어주었다.

③ 국민들이 이처럼 비전을 제시하면서까지 새 희망과 꿈을 심어주었다.
④ 국민에게 이 같은 비전을 제시하면서 새 희망과 꿈을 심어주었다.

8. 다음 글을 읽고 물음에 답하십시오.

(가) 사이버공간에도 도박이 침투했다. 보도에 의하면 하루 평균 6만 명, 최대 40만 명이 도박 사이트에 접속하는 모양이다. 온라인 도박에 중독돼 개인적으로 재산을 탕진할 뿐만 아니라 가정파탄에 이르는 경우도 있다는 소식이 잦다. 당연히 단속 강화를 요청하는 목소리가 높아지고 정보통신부검찰경찰 등 감독관청은 인터넷 도박 근절을 발표하고 나섰다.

(나) 그런데 주택복권을 비롯하여 경마, 로또, 스포츠 토토 등 오프라인 공인 도박이 성행하는 우리나라 현실에서 온라인 도박이 근절될 수 있을까. 우리나라에서 온라인 도박 허가를 추진하기에는 아직 정책 환경이 성숙하지 못한 측면이 있다. 그러나 오프라인 공인 도박에 대한 광고 선전이 공공연하게 대중에 전달되는 것은 허용하면서 온라인 도박에 대해서는 근절을 외치는 것은 어쩐지 이율배반이라는 생각을 떨쳐버릴 수 없다.

(1) 가)와 (나)의 관계에 대한 설명으로 가장 적절한 것을 고르십시오.
 ① (나)는 (가) 글의 내용에 대한 배경이다
 ② (나)는 (가) 글의 내용에 대한 결론이다
 ③ (나)는 (가) 글의 내용에 대한 추론이다
 ④ (나)는 (가) 글의 내용에 대한 반박이다

(2) 이 글에 대한 필자의 태도로 적절한 것을 고르십시오.
 ① 감상적   ② 풍자적   ③ 실험적   ④ 회의적

9. 밑줄 친 부분이 가리키는 것을 본문에서 찾아 쓰십시오.

전통적으로 의학이 몸을 단순한 물질로 보는 것과 달리 대체 의학은 몸이 생체 에너지와 같은 것으로 둘러싸여 있다고 본다. 공인된 치료법만을 사용하도록 하는 기존 의학 체계 내에서 <u>에너지장의 균형을 유지하고 파괴</u>

된 균형을 회복하도록 돕기 위한 여러 치료법은 제대로 인정받지 못했다. 그러나 그 안에는 현대 의학이 치료하지 못한 만성 질환을 치유할 방법이 들어 있는 경우도 있다.
(   )

10. 밑줄 친 부분이 의미하는 내용을 10자 이내로 쓰십시오.

과학, 기술과 같은 물질문명의 변화는 토끼 걸음으로 일어나고 있는데 가치관이나 창의성, 규범과 같은 정신문명의 변화는 거북이 걸음일 때 문화 지체 현상이 나타난다. 즉 인간의 정신이 기술 발전의 속도를 뒤쫓아 가지 못하는 현상이 나타나는 것이다. 이러한 문제는 첨단 과학이 발달할수록 더욱 심각해질 가능성이 있다.
(   )

11. 다음 글의 주제로 가장 적절한 것을 고르십시오.

(1)　유익한 광고는 소비자에게 흥미를 불러올 수도 있겠지만 무차별 제공되는 스팸광고는 짜증만 일으킬 뿐이다. 최근에는 휴대전화를 통해 각종 홍보나 대출 권유 문자가 적잖게 들어오고 있다. 심지어 알지도 못하는 업체의 상담원이 전화를 걸어오기도 한다. 전화번호를 어떻게 알았느냐고 물어도 사과는커녕 끊어버리기 일쑤다. 강제로 광고를 발송하는 행위를 처벌하는 것을 미뤄서는 안 된다. 소비자가 원치 않는 광고를 상습적으로 발송하면 그 수위에 따라 형사입건도 불사해야 한다.
　① 나날이 증가하는 스팸광고에 적절히 대처해야 한다.
　② 신종 스팸광고가 기승을 부려 사람들은 짜증만 난다.
　③ 유익한 광고는 소비자에게 흥미를 불러올 수도 있다.
　④ 스팸광고 뿌리 뽑기 위해 모든 수단을 강구해야 한다.

(2)　등유의 특별소비세(특소세)를 내리면서 프로판(propane) 가스의 특소세 인하를 제외한 배경을 둘러싸고 비판이 나오고 있다. 유류세 인하 요구에 대응해 정부는 지난주 생색내기나 다름없는 등유 특소세를 내리면서 '영세 자영업자의 부담을 줄인다.'며 일부 업종의 소득세를 낮춰 주는 방안도 발표했다. 그러면서도 정작 서민층 난방연료이며 영

세 자영업자들이 많이 쓰는 프로판 가스의 세금 인하를 외면하고 있어 빈축을 사고 있다.
① 논리도 원칙도 없는 유류세 정책
② 경유와 프로판 가스의 특소세 차이
③ 영세업자의 부담을 줄여주는 유류세
④ 특소세 인하에서 제외된 프로판 가스

12. 다음 중국어 내용을 한국어로, 한국어 내용을 중국어로 번역하세요.

(1)　　　对中国而言,南海既意味着岛礁主权,也是重要的海上战略通道和国家安全纵深屏障,关系到国家的长远发展,战略地位极其重要。因此,南海并非单纯的岛礁争议问题,必须将南海问题提升到国家战略层面去经营和筹划。从长远讲,国家老一辈领导人提出的"搁置争议、共同开发"仍然适用,但就目前南海严峻的局势看,中国必须尽快"有所作为",否则"维持现状"只能导致"单边搁置"。在目前形势下,保持外交压力,加速海洋立法进程,向国际社会明确公布南海岛礁基点坐标,将海军巡航范围逐步向南沙纵深方向拓展,军地协调保障南海油气资源开发安全,应该成为近阶段中国"有所作为、经略南海"的重要战略举措之一。

(2)　　　한국 시각으로 어제(6일) 오후 4시 50분 예멘 남부 해상. 파나마 국적 유조선 네펠리호가 해적선으로부터 쫓기고 있다며 구조요청을 했다. 청해부대의 문무대왕함은 상선 7척을 국제권고통항로(IRTC) 상으로 호송하던 중 네펠리호의 구조요청 신호를 포착했다. 요청을 받은 지 5분 뒤 저격수를 태운 링스헬기 1대를 긴급 출격시킨 청해부대는 10분 만에 현장에 도착했다. 그러나 링스헬기가 현장에 도착했을 때 해적은 네펠리호와 불과 1.8km 거리에서 추격을 하는 긴박한 상황이었다. 저격수를 태운 링스헬기가 경고사격태세를 취하는 등 위협 비행을 계속하자 해적선은 도주하기 시작했고, 문무대왕함은 30분 만에 해적 퇴치에 성공했다. 합참은 "해적을 퇴치한 뒤 파나마 유조선으로부터 감사하다는 인사를 받았다"고 전했다. 지난달 16일 임무수행에 들어간 문무대왕함이 각국 상선에 접근하는 해적을 쫓아낸 것은 덴마크 상선 '퓨마'와 북한 상선 '다박솔'에 이어 이번이 세 번째이다.

제9과 쿵이지

1. 작가 소개

노신(魯迅, 1881~1936). 중국의 유명한 소설가, 사상가이다. 1920년대 제국주의 침략이 한창이고, 공산주의가 들어올 때인 중국의 과도기에, 중국의 잘못된 전통문화를 고치자고 한 신문화운동을 일으킨 주요인물 중의 하나였다. 그는 당시 중국사회의 모순점을 똑바로 보았고 그것을 새로운 문화운동을 통하여 고치고자 한 개혁가였다. 주요작품으로는 《광인일기》, 《아큐정전(阿Q正傳)》, 《고향》, 《야초(野草)》, 《납함》등이 있다.

2. 작품 감상

1923년 8월에 단편소설집 《납함》을 출판하였다. 이 소설집은 1918년으로부터 1922년 사이에 쓴 소설 14편을 수록하고 있는데 〈쿵이지(孔乙己)〉는 그 중 한 작품이다. 만청(晚淸)시기 과거제도에 찌들린 건달 지식인을 통해 양반의 위선과 식인적(食人的)인 봉건·현학적인 외형을 풍자한 작품이다. 봉건제도 밑에서 육체적·정신적으로 심한 박해를 받은 하층 지식인들이 봉건제도의 희생물이 되어가면서도 끝내 각성하지 못하고 비참하게 일생을 마감하는 내용을 다룬 작품이다. 노신은 이 작품에서 그들의 불행과 비참한 운명에 깊은 동정을 보내면서도 그들에게 그 어떤 희망도 걸고 있지 않다.

3. 생각해 볼 문제

① 이 소설을 1인칭 시점으로 쓴 이유는 무엇인지 생각해 보세요.
② 당시 하층 지식인의 삶과 오늘날 지식인의 삶을 비교해 보세요.
③ 이 작품을 통해서 작가가 전달하고자 하는 의도가 무엇인지 생각해 보세요.

노진(魯鎭)에 있는 선술집들의 구조는 다른 곳과 달랐다. 대개가 길 쪽을 향해 기역자 모양의 큼직한 술청이 있고, 술청 안쪽에는 끓는 물이 늘 준비되어 있어 수시로 술을 데울 수가 있다. 막벌이꾼들이 점심때나 저녁나절 일손이 끝나는 대로 제가끔 동전 네 푼을 털어 한 잔 술을 사서——이것은 20년 전 일이고, 지금은 한 잔에 열 푼으로 올랐을 것이다. —— 술청에 기대선 채 따끈한 술을 들이마시고는 쉬는 것이었다. 만약 한 푼을 더 쓰면 한 접시의 삶은 죽순이나 회향두(茴香豆) 안주를 먹을 수 있었고, 만약 열 푼만 더 내면 고기 요리도 한 접시 먹을 수 있었다. 그러나 이 집에 오는 고객의 대부분은 옷도 변변히 입지 못하는 축들이므로, 대개 그렇듯 호화로운 씀씀이꾼은 못 된다. 다만 긴 두루마기를 입은 사람들만이 호기롭게 들어와 술청 옆방에서 술을 청하고 안주를 청해서는 마냥 앉아서 마신다.

　나는 열두 살 적부터 노진 어구에 있는 함형(咸亨) 술집에서 급사 노릇을 했다. 주인은 내가 너무나 둔하므로 단골손님들을 잘 대접하지 못할까 봐서 밖에서만 일을 하라고 했다. 밖에서 헙수룩한 손님들을 대접하기는 쉬웠으나 그 중에는 까다로운 손님도 적지 않았다. 그들은 가끔 내가 황주(黃酒)를 독에서 뜰 때 직접 감시를 하고 술병 밑바닥에 물이 있는가 없는가도 살피며, 또 술병을 데우려고 더운물에 넣는 걸 직접 보아야만 마음을 놓는다. 이렇게 엄중한 감시 밑에서 물을 탄다는 것은 그리 쉬운 일은 아니다. 그래서 며칠 뒤에 주인은 또 다시 내가 이 일에 수완이 없다고 말했다. 다행히 나를 소개한 분이 상당한 분이었던 덕택으로 내쫓지는 못한 채 술만 전적으로 데우는 무료한 직무를 내게 맡기게 되었다.

　나는 그로부터 하루 온종일 술청 안에서 나의 직무만을 맡아보았다. 별로 실수할 일도 없지만, 일이 너무도 단조롭고 지루해서 조금도 흥미가 나지 않았으며, 심심하기까지 했다. 주인은 무섭게 얼굴을 찡그리고 있고, 단골손님들도 별로 쾌활한 맛이 없으므로 나는 늘 기를 펴지 못했다. 다만 쿵이지(孔乙己)가 술집에 나타나야 비로소 웃음소리가 터져 나오곤 해서 아직도 그를 기억하고 있다.

　쿵이지는 선술 먹는 축으로선 긴 두루마기를 입고 있는 단 한 사람이었다. 그의 키는 훤칠했으며 창백하면서도 주름진 얼굴에는 언제나 상처가 가실 줄 몰랐다. 턱에는 희끗희끗한 반백의 수염이 텁수룩하였다. 입은 옷은 그래도 긴 두루마기였지만 더러운 누더기여서 적어도 10년 이상은 기워 본 일도, 빨아 본 일도 없는 것 같았다. 그의 이야기는 전부가 문자투성이라 사람들은 알 듯하면서도 알 수 없었다. 그는 성이 쿵(孔)이므로 사람들은 습자책에 씌어 있는 '상따런쿵이지(上大人孔乙己)'라는 요령부득의 문구에서 별명을 따 붙여 그를 '쿵이지'라고 부르게

되었다. 쿵이지가 술집에 오기만 하면 술 마시던 사람들은 모두 그를 놀렸다. 어떤 사람은 큰 소리로,

"쿵이지, 자네 얼굴엔 또 새로운 상처가 늘었군."

하고 놀렸다.

그러면 그는 코대답도 하지 않고 안을 향해 말하였다.

"술 두 잔만 데워 줘! 그리고 회향두 한 접시하고."

그러고서는 아홉 푼을 벌여 놓는다. 술꾼들은 일부러 큰 소리로,

"자네, 또 남의 것을 훔쳤군!"

하고 떠들었다. 쿵이지는 눈이 휘둥그레져서 대들었다.

"당신은 무엇 때문에 터무니없이 나에게 누명을 씌우려는 거요?"

"뭐 누명을 씌워? 내가 그저께 이 눈으로 똑똑히 봤어! 허(何)씨 집 책을 훔치다가 매달려 매맞는 것을 보았는 걸."

하니까 쿵이지는 얼굴이 빨개지며 이마의 푸른 힘줄을 한 가닥 한 가닥 세우면서 항변했다.

"책을 훔치는 것은 도둑질이 아니야… 책을 훔치는 것은… 독서하는 사람의 일이야. 도둑질이라고 할 수 없어."

그러고서는 알아듣기 힘든 말로 무슨 '군자고궁(君子固窮)'(《논어(論語)》의 한 구절)이니, '자호(者乎)' 니 하는 바람에 여러 사람들은,

"와아!"

하고 웃음보가 터져 나와서 술집 안팎이 쾌활한 공기로 가득 찼다.

사람들이 뒤에서 말하는 것을 들어 보면 쿵이지는 본래 글줄이나 읽는 선비였다. 그러나 어찌된 일인지 끝내 과거에 급제를 못하고 말았다. 그래서 차차 집안은 가난해지고 급기야는 밥을 빌어먹을 정도로 되어 버렸다. 다행히 글줄이나 쓸 줄 아는 덕택으로 남의 책을 베껴 주고 밥 한 사발과 바꿔 먹곤 했다. 그러나 아깝게도 그에게는 나쁜 버릇이 한 가지 있었다. 그것은 마시기만 좋아하고 게으른 것이다. 일을 시작한 지 며칠이 못 가서 사람과 책·종이·붓·벼루까지 함께 행방불명이 되고 만다. 이와 같은 행동을 몇 차례 거듭하는 동안에 그에게 책을 베껴 달라는 사람도 없어지고 말았다. 쿵이지는 할 수 없이 가끔 도둑질을 하는 일을 면할 수 없게 되었다. 하지만 그는 우리 술집에서는 품행이 다른 사람들보다 점잖아서 외상값을 질질 끄는 일이 없었다. 간혹 현금이 없어서 칠판에 써 놓지만 한 달이 못 되어서 반드시 청산하고 칠판에서 쿵이지 이름을 지워 버렸다. 그는 술 반

잔을 마시는 동안 붉게 올랐던 얼굴이 점차 원상태로 돌아간다. 그러면 옆 사람이 또 묻는다.

"쿵이지, 자네 정말 글자를 아나?"

쿵이지는 묻는 사람의 얼굴을 쳐다보면서 대꾸하는 것조차 싱겁다는 듯한 기색을 나타낸다. 그러면 그들은 곧 재차 묻는다.

"자넨 어째서 과거에도 급제 못 했지?"

그러면 쿵이지는 별안간 어쩔 줄을 몰라서 불안한 표정을 짓고 얼굴이 창백해진다. 그리곤 입으로 무슨 소린지 중얼거리는데 이번에야말로 순 문자투성이므로 조금도 알아들을 수 없다. 그러면 군중들의 폭소가 다시 터져 나와 술집 안팎은 다시 즐거운 공기로 가득 찬다.

이럴 때에는 나도 따라서 웃었고 주인도 결코 나무라지 않았다. 오히려 주인은 쿵이지를 볼 때마다 언제나 그런 소리를 물어서 사람들로 하여금 웃음보가 터지게 만들곤 했다. 쿵이지는 자기 자신이 그 사람들과 이야기 상대가 안 된다는 것을 알기 때문에 아이들을 상대로 한다. 한번은 쿵이지가 나를 향해,

"너 글 좀 읽어 봤냐?"

하고 말했다. 나는 고개만 끄덕해 보였더니 그는,

"글을 읽었다고… 그럼 내가 시험을 좀 해 볼까? 회양두의 회자를 어떻게 쓰지?"

하고 말한다. 나는 이런 거지 같은 사람도 나를 시험할 자격이 있는가 싶어 곧 얼굴을 돌려버리고 상대하려고 하지 않았다. 쿵이지는 한참 기다리고 있다가 매우 친절하게 말했다.

"쓸 줄 모르나본데… 내가 가르쳐 줄 테니… 기억해 둬! … 이런 자는 알아 둬야 해요. 다음에 주인이 됐을 때 장부 기록에 소용이 되니까!"

나는 가만히 생각해 보았다. 내가 주인과 같은 위치가 되자면 아직 까마득하지 않은가? 그리고 우리 주인도 지금까지 회향두를 장부에 올려 본 일이 없으려니와, 도대체 우습기도 하고 귀찮아서 싫증이 나는 것을 그대로 참고 시큰둥하게 대답했다.

"누가 당신보고 가르쳐 달랬소? 초두 밑에 돌아올 회자 아녜요?"

쿵이지는 대단히 유쾌한 듯이 두 손가락의 길게 자란 손톱으로 술청을 두들기며 고개를 끄덕끄덕하며 말했다.

"그렇지! 맞았어… 그런데 회(回)자도 쓰는 방법이 네 가지 있는데, 아는가?"

나는 더욱 귀찮아져서 입을 삐쭉해 보이고 멀리 가 버렸다. 쿵이지는 손톱으로 술을 찍어서 술청 위에다 글자를 쓰려다가 내가 조금도 관심을 보이지 않자 눈치를 채고는 한숨을 쉬고 대단히 유감스러운 듯이 애석한 표정을 짓는 것이었다.

몇 번인가 이웃 아이들이 웃음소리를 듣고 구경하러 몰려와서 쿵이지를 둘러쌌다. 그러면 그는 아이들에게 회향두를 나누어주는데 한 아이에 한 알씩이다. 아이들은 콩을 먹고서도 머뭇거리며 모두 눈으로 접시를 기웃거린다. 쿵이지는 당황해서 다섯 손가락을 펴 접시를 덮고는 허리를 구부리고 말한다.

"이젠 없다. 얼마 남지 않았어!"

허리를 펴면서 슬쩍 콩을 보곤 고개를 흔들고 말한다.

"이젠 없다! 없어! 많은가? 많지 않도다."

그제서야 이 한 떼의 아이들은 모두 깔깔대며 뿔뿔이 흩어져 달아난다. 쿵이지는 이와 같이 여러 사람들을 유쾌하게 해 주었다. 그러나 그가 없다고 해서 다른 사람들에게 별 지장이 있는 것도 아니었다.

어느 날, 아마 추석 이삼 일 전이었을 것이다. 주인은 천천히 장부의 셈을 맞추다가 칠판을 치면서 갑자기,

"쿵이지가 오랫동안 안 오는구나. 열아홉 푼이나 외상값이 남았는데!"

하고 말했다. 나는 그제야 비로소 그가 정말 오랫동안 오지 않았던 게 생각났다. 그러자 술 먹던 한 사람이 말했다.

"그 놈이 어떻게 올 수가 있나? 그 놈은 다리가 부러졌어!"

"허! 그래요."

하고 주인은 말했다.

"그는 여전히 도둑질을 했죠. 이번엔 정신이 빠졌지. 띵거인(丁擧人: 거인은 과거 첫 관문인 향시 급제자) 집에 도둑질하러 들어갔지 뭐요. 그 집 물건을 훔칠 수가 있겠소?"

"그래, 어떻게 되었나요?"

"어떻게 됐느냐구요? 우선 시말서를 쓰고, 그리고는 두들겨 맞았죠. 밤중까지 맞아 나중에는 다리가 부러졌대요."

"그리고는 어떻게 되었나요?"

"다리가 부러졌다니까요."

"다리가 부러지곤 어떻게 됐나요?"

"어떻게 됐느냐구요… 누가 압니까? 아마 죽었을지도 모르죠."

주인도 더 묻지를 않고 천천히 장부 계산을 했다.
추석이 지난 뒤부터는 가을 바람이 나날이 쌀쌀해지면서 초겨울이 바싹 다가왔다. 나는 온종일 불 곁에 있는 데도 솜옷을 입지 않으면 안 되게 되었다. 어느 날 오후 손님도 없고 하여서 눈을 감고 앉았으려니까 갑자기,
"술 한 잔 데워 줘!"
하는 소리가 들렸다. 그 음성은 자극히 낮았으나 아주 귀에 익은 소리였다. 눈을 뜨고 둘러보았으나 아무도 없다. 벌떡 일어나서 밖을 내다보았다. 그랬더니 쿵이지가 술청 아래에 문턱을 향해서 앉아 있었다. 그의 얼굴은 까매지고 말라서 꼴이 말이 아니었다. 너덜너덜한 겹옷을 입고 두 다리를 도사리고는 가마니 쪽을 깔고 앉아 있는데, 가마니를 새끼로 꿰어 어깨 위로 걸로 있었다. 나를 보더니 또,
"술 한 잔 데워 줘!"
하고 말한다.
주인도 머리를 쑥 내밀고,
"쿵이지인가? 자넨 아직도 열아홉 푼의 외상이 있지!"
하고 말했다. 쿵이지는 처량한 듯 힘없이 위를 쳐다보며 대답했다.
"그것은… 다음에 갚죠. 오늘은 현금입니다. 술은 좋은 것으로요!"
주인은 그전이나 다름없이 웃으면서 그에게 말했다.
"쿵이지, 자넨 또 도둑질을 했군그래!"
그러나 그는 이번엔 별로 변명도 않고 다만,
"농담 마슈!"
하고 한 마디 했다.
"농담이라니! 도둑질을 안 했으면 다리는 왜 부러졌나?"
쿵이지는 나지막한 소리로
"넘어졌습죠, 넘어져서…"
하고 말은 했으나 그의 눈치는 주인에게 더 묻지 말기를 애원하는 듯하였다. 그럴 무렵 벌써 여러 사람이 모여들어 주인과 함께 웃어대기 시작했다. 나는 술을 데워서 문턱 위에 놓아주었다. 그는 해어진 주머니를 뒤적거리더니 동전 네 푼을 꺼내서 내 손에 놓았다. 보니까 그의 손은 진흙투성이였다. 그는 그 손으로 기어왔던 것이다. 잠깐 사이에 그는 술을 마시고 곁의 사람들이 떠들고 웃고 하는 동안에 앉은 채 그 손으로 기어서 천천히 사라져 갔다.

그로부터 오랫동안 쿵이지를 보지 못했다. 연말이 되어 주인은 칠판을 떼면서,
"쿵이지는 아직도 열아홉 푼의 외상이 있는데!"
하고 중얼거렸다. 그 다음 해 단오에도 또,
"쿵이지는 아직 열아홉 푼의 외상이 있는데!"
하고 말했다. 그러나 추석이 되어서는 아무 소리도 안 했고, 다시금 연말이 돌아와도 그를 볼 수가 없었다.
나는 끝내 그를 보지 못했다. 아마 쿵이지는 죽었을 것이다.

단어

선술집	[명]	술청 앞에 선 채로 간단하게 술을 마실 수 있는 술집.
술청	[명]	=목로(木櫨). 주로 선술집에서 술잔을 놓기 위하여 쓰는, 널빤지로 좁고 기다랗게 만든 상.
제가끔	[부]	저마다 따로따로.
변변히	[부]	제대로 갖추어져 충분한 모양.
씀씀이꾼	[명]	앞의 '호화로운'과 같이 써서 돈을 마음대로 쓰는 사람을 가리키는 말.
급사	[명]	관청이나 회사, 가게 따위에서 잔심부름을 시키기 위하여 부리는 사람.
헙수룩하다	[형]	① 머리털이나 수염이 자라서 텁수룩하다. ② 옷차림이 어지럽고 허름하다.
수완	[명]	일을 꾸미거나 치러 나가는 재간.
훤칠하다	[형]	① 길고 미끈하다. ② 막힘없이 깨끗하고 시원스럽다.
텁수룩하다	[형]	수염이나 머리털이 배게 나 어수선하거나 더부룩하다.
누더기	[명]	누덕누덕 기운 헌 옷.
깁다	[동]	① 떨어지거나 해어진 곳에 다른 조각을 대거나 또는 그대로 꿰매다.

		② 글이나 책에서 내용의 부족한 점을 보충하다.
대들다	[동]	요구하거나 반항하느라고 맞서서 달려들다.
누명	[명]	사실이 아닌 일로 이름을 더럽히는 억울한 평판.
그저께	[명]	어제의 전날.
힘줄	[명]	① 혈관, 혈맥 따위를 통틀어 이르는 말. ② 근육의 기초가 되는 희고 질긴 살의 줄.
베끼다	[동]	글이나 그림 따위를 원본 그대로 옮겨 쓰거나 그리다.
행방불명	[명]	간 곳이나 방향을 모름.
외상	[명]	값은 나중에 치르기로 하고 물건을 사거나 파는 일.
질질	[부]	정한 날짜나 기한 따위를 자꾸 뒤로 미루는 모양.
나무라다	[동]	① 잘못을 꾸짖어 알아듣도록 말하다. ② 흠을 지적하여 말하다.
삐쭉하다	[동]	① 비웃거나 언짢거나 울려고 할 때 소리 없이 입을 내밀다. ② 얼굴이나 물건의 모습만 한 번 슬쩍 내밀거나 나타내다.
기웃거리다	[동]	① 무엇을 보려고 고개나 몸 따위를 이쪽저쪽으로 자꾸 기울이다. ② 남의 것을 탐내는 마음으로 자꾸 슬금슬금 넘겨다보다.
뿔뿔이	[부]	제각기 따로따로 흩어지는 모양.
셈	[명]	① 수를 세는 일. ② 주고받을 돈이나 물건 따위를 서로 따져 밝히는 일. 또는 그 돈이나 물건. ③ 수를 따져 얼마인가를 세어 맞추는 일.
시말서	[명]	잘못을 저지른 사람이 사건의 경위를 자세히 적은 문서.

두들기다	[동]	① 소리가 나도록 잇따라 세게 치거나 때리다.
		② (속되게) 마구 때리거나 큰 타격을 주다.
바싹	[부]	① 아주 가까이 달라붙거나 죄는 모양.
		② 갑자기 늘거나 주는 모양.
너덜너덜하다	[형]	① 여러 가닥이 자꾸 흔들리며 어지럽게 늘어져 있다.
		② 주제넘게 입을 너불거리며 자꾸 까부는 데가 있다.
도사리다	[동]	① 두 다리를 모아 꼬부려 왼쪽 발을 오른쪽 무릎 아래에 괴고 오른쪽 발을 왼쪽 무릎 아래 괴고 앉다.
		② 팔다리를 함께 모으고 몸을 웅크리다.
		③ 긴 물건을 빙빙 돌려서 둥그렇게 포개어 감다.
가마니	[명]	곡식이나 소금 따위를 담기 위하여 짚을 돗자리 치듯이 쳐서 만든 용기. 요즈음에는 비닐이나 종이 따위로 만든 큰 부대를 이르기도 한다.
새끼	[명]	짚으로 꼬아 줄처럼 만든 것.
나지막하다	[형]	① 위치가 꽤 나직하다.
		② 소리가 꽤 나직하다.

연습

1. 다음 ( ) 안에 알맞은 것을 고르십시오.

   (1) 직접 찾아뵙지 못하면 편지로( ) 감사하다는 인사를 드리세요.
   ① 나마   ② 까지   ③ 든지   ④ 인들
   (2) 그렇게 여러 번 설명했( ) 아직도 모르겠단 말이에요?
   ① 거나   ② 거든   ③ 건만   ④ 기니

제9과 쿵이지 135

(3) 이 부분이 가장 중요한 (　) 제가 간단히 설명한다고 여러분도 그냥 쉽게 넘겨 버리면 안 됩니다.
① 부분이듯이　　　　② 부분이니만큼
③ 부분이다시피　　　④ 부분인 셈치고

(4) 요즈음 (　) 범죄 사건 때문에 밤길을 다니기가 두렵다
① 잇따른　② 가끔씩　③ 언제나　④ 빈번이

(5) 그는 자기가 범인이 아니라고 강력히 주장하고 있다. 그러나 아직까지 그것을 (　) 만한 아무런 자료도 제시하지 못하고 있다.
① 입증할　② 발휘할　③ 입안할　④ 발산할

2. 다음 밑줄 친 부분과 의미가 가장 비슷한 것을 고르십시오.

(1) 그는 더 이상 머뭇거리는 건 자신의 장래를 위해 <u>결코</u> 이롭지 못하다는 판단을 내렸다.
① 아주　　　　　　　② 아무리
③ 어떤 경우에도　　　④ 어디에서라도

(2) 처음으로 남편은 눈물을 흘렸고 <u>드디어</u> 그것은 통곡으로 변했다
① 마침내　② 기필코　③ 어김없이　④ 필사적으로

3. 다음 글을 읽고 물음에 답하십시오.

　　동생 부부는 비가 오나 눈이 오나 어린것을 포대기에 싸 가지고 달려들어 짐 부리듯이 현관에다 내동댕이치고 총총히 출근을 했다. 동생도 동생의 남편도 각각 제 차를 가지고 있어서 기동성은 (㉠), 동생의 남편이 혼자서 어린것을 싣고 올 적도 있었다. 그럴 때는 내 쪽에서 되레 동생 남편의 눈치가 보여 싫은 내색은커녕 보물단지처럼 (㉡)을 하며 안아 들여야 했다. 더욱 난처한 것은 동생이 워낙 (㉢) 젖먹이가 이동하려면 반드시 함께 가져와야 할 잡다한 물품 중 한두 가지는 으레 빠져 있는 거였다.

(1) ㉠에 알맞은 것을 고르십시오.
① 그만두었고　　　② 그만이라도
③ 그만이었고　　　④ 그만두고서라도

(2) ㉡에 알맞은 것을 고르십시오.
  ① 경색   ② 반색   ③ 변색   ④ 실색
(3) ㉢에 알맞은 것을 고르십시오.
  ① 칠칠치 못한지라   ② 칠칠치 못할수록
  ③ 칠칠치 못하다면서   ④ 칠칠치 못하다면 몰라도

4. 다음 글을 읽고 물음에 답하십시오.

길가에서 택시 운전사들이 다투고 있다. 차가 서로 (㉠) 차체가 긁혔는데 누구에게 잘못이 있느냐로 시비를 가리고 있는 것이다. 그러나 두 사람의 말이 다 일리가 있어 어느 쪽 말이 옳은지 (㉡) 어렵다. 우리가 일상생활에서 얼마든지 볼 수 있는 광경이다.

(1) ㉠에 알맞은 말을 고르십시오.
  ① 스쳐   ② 마주해   ③ 기대어   ④ 저며
(2) ㉡에 알맞은 말을 고르십시오.
  ① 판단을 내리기가   ② 판단에 따라
  ③ 판단에 대하여   ④ 판단을 이야기하기가

5. 다음 글을 읽고 물음에 답하십시오.

이런 퍼바이언스 씨가 한국을 찾은 건 갈비, 불고기, 돼지갈비, 닭갈비 등 '코리안 바비큐'를 배우기 위해서다. 그는 "세계적으로 널리 알려진 각 나라의 바비큐를 모은 책을 쓰기 위한 자료를 모으고 있다"고 설명했다. 일주일여 한국에서 머무는 동안 퍼바이언스 씨는 서울 시내와 주변의 유명 고깃집들을 '순례' 했다. 그의 이번 방한엔 특별한 목적이 또 하나 있었다. 한국에서 입양한 세 자녀에게 고향 땅을 보여주려는 것이다. 3~7세에 이르는 아이들에게 이 자상한 서양 아버지는 한국의 산천과 날씨와 맛을 느끼게 해줬다. 미국에서 한국음식의 인기를 묻자 퍼바이언스 씨는 "김치를 모르는 사람은 없을 것"이라며 "갈비나 불고기 같은 바비큐가 특히 인기 높다"고 말했다. "닭갈비는 이번에 처음 먹어봤어요. 정말 맛있네요. 닭의 갈비 부위는 아닌 것 같은데, 왜 닭갈비라고 부르는 거죠? 양·곱창도 처

음 먹었는데, 특히 대창이 ㉠씹히는 맛이 좋고 참기름 같은 향이 나네요."
음식에 관심 많은 사람답게 이것저것 질문이 끊이지 않았다. 그는 "미국에서 먹던 한국음식과 이번 한국에서 맛본 한국음식은 맛이 좀 다르다"고 했다. "전체적으로 양념과 재료가 더 조화롭다고 할까요. (㉡) 섬세한 맛이에요. 덜 달고, 덜 맵네요."

(1) ㉠가 의미하는 것을 고르십시오.
  ① 물씬하고 담백하다
  ② 쫀쫀하고 구수하다
  ③ 쫄깃하고 고소하다
  ④ 톡톡하고 개운하다
(2) ㉡에 들어갈 내용으로 알맞은 것을 고르십시오.
  ① 간이 덜 되고
  ② 맛이 덜 들고
  ③ 맛이 덜 깊고
  ④ 간이 덜 세고
(3) 이 글 앞부분의 내용으로 적당한 것을 고르십시오.
  ① 퍼바이언스 씨가 한국을 찾은 이유
  ② 퍼바이언스 씨에 대한 소개
  ③ 퍼바이언스 씨의 장래 희망
  ④ 퍼바이언스 씨의 한국음식에 대한 지식

6. 다음 글을 읽고 내용이 같은 것을 고르십시오.

(1)　맥도날드(McDonald's)의 햄버거가 진짜 햄버거인 줄 알고 있다가, 레스토랑에서 만들어주는 육즙이 질질 흐르는 햄버거를 먹고 충격을 받았던 적이 있다. 아, 햄버거에 대규모 자본이 들어가면 이렇게 되는 거구나, 라고 실감했다. 맥주도 마찬가지다. 버드와이저가 진짜 맥주라고 평생 생각하다가 죽었다면 얼마나 억울했을까! 맥주의 역사가 오래된 유럽과는 달리 1980년대부터 서서히 제조맥주의 붐이 일어난 미국에서는, 술집과 레스토랑, 바(bar)에서 제조맥주를 생맥주로 마실 수

있다. 진정한 맥주는 대량생산되지 않고, 그 지역의 물과 재료를 써서, 신선하게 보관되는 소규모의 제조맥주다.
① 제조맥주의 역사는 유럽과 미국이 똑같다.
② 버드와이저(Budweiser)는 제조맥주에 비해 비싸다.
③ 제조맥주의 붐 때문에 이제 상점에서도 살 수 있다.
④ 맥도날드 햄버거는 오리지널(original) 햄버거가 아니다.

(2)　한적한 기운을 즐기며 마을로 산책을 나가려는 찰나, 아랫배 쪽에서 묵직하게 '소식'이 전해져왔다. 절간에 들어서자마자 왼쪽에 자리 잡은 해우소로 발걸음을 옮겼다. 전날 '작은 일'을 몇 차례 치르면서 봐둔 터였지만, '큰 일' 보는 몇몇 공간의 문 높이는 가슴께에서 지나가는 길에 훤히 들여다보인다. 바지춤을 내리고 쪼그려 앉으면 들판 너머 저 멀리 병풍처럼 산이 둘러선다. 지리산이다. 흐린 날씨여서 또렷하게 보이진 않았는데, 천왕봉 쪽이란 얘기를 나중에 들었다.
① 해우소에서는 작은 일보다 큰 일을 더 많이 본다.
② 해우소는 절 앞 왼쪽에 자리 잡고 있다.
③ 절에 있는 해우소는 오늘 처음으로 보았다.
④ 화장실에 앉아 대변을 보면서 지리산을 보았다.

7. 다음 글을 읽고 물음에 답하십시오.

　사람들의 취미는 다양하다. 취미는 감흥을 불러일으키는 인간적인 여백이요 탄력이다. 그러기에 아무개의 취미는 그 사람의 인간성을 나타낸다고도 볼 수 있다.
　여행을 싫어하는 사람이 있을까? 물론 개인의 신체적인 장애나 특수 사정으로 문 밖에 나서기를 꺼리는 사람도 없지 않겠지만 대개의 경우 여행이란 우리들을 설레게 할 만큼 충분한 매력을 지니고 있다. 호주머니의 사정이나 일상적인 일들 때문에 선뜻 못 떠나고 있을 뿐이지 그토록 홀가분하고 마냥 설레는 나그네길을 누가 (　　㉠　　). 허구한 날 되풀이되는 따분한 굴레에서 벗어난다는 것은 무엇보다 즐거운 일이다. 봄날의 종달새가 아니더라도 우리의 입술에서는 저절로 휘파람이 새어 나온다.
　훨훨 떨치고 나그넷길에 오르면 (　　㉡　　). 자신의 그림자를 이끌고 아득한 지평을 뚜벅뚜벅 걷고 있는 나날의 ⓒ 나를 먼 거리에서 바라볼 수 있다.
(1) ㉠에 알맞은 것을 쓰십시오.
　　(　　　　　　　　　　　　　　)
(2) ㉢을 참조하여 ㉡에 알맞은 말을 쓰십시오.
　　(　　　　　　　　　　　　　　)

8. 다음 글을 읽고 물음에 답하십시오.

　　게임과 게임 산업에 대한 관심이 높아지고 있는 요즘, 기자는 '게임 산업 연합회' 회장을 만나 보았다. 그는 게임 산업의 발전을 위해서는 ㉠'선택과 집중'의 원칙 아래 유망 분야를 지원하고 ㉡게임에 대한 부정적인 인식을 해소하기 위해 업계와 정부가 함께 노력해야 한다고 강조했다.

　게임 산업이 온라인 분야에만 지나치게 발달해 있다는 지적에 대해 어떻게 생각하십니까?
　　게임 산업은 앞으로 우리 나라를 이끌어 갈 수 있는 유망 산업입니다. 만화나 애니메이션은 일본의 상대가 되지 않지만 게임은 가능성이 많습니다. 많은 분야 가운데 특히 온라인 게임은 경쟁력이 있는 만큼 이 부분에 역량을 집중할 필요가 있어요. 다른 분야를 무시하자는 게 아니라 경쟁력 있는 것을 먼저 튼튼히 키울 필요가 있다는 말이지요.

　　청소년은 물론이고 주부, 중·장년층에까지 게임 중독 증세가 나타나는 등 부작용이 심각하다는 의견이 있습니다.
　　협회는 건전한 게임 문화 정착을 위해 정기적으로 세미나를 개최하고 있습니다. 자녀들이 게임하는 것을 무조건 막는 것은 바람직하지 않다고 생각합니다. 집에서 안 하면 PC방에서 가서라도 하니까요. 중독이 되지 않도록 부모가 관심을 갖고 지도해야 합니다.

(1) 인터뷰 내용을 참고할 때 ㉠을 가장 잘 설명한 것을 고르십시오.
　　① 사업이 사회와 대중에게 선택되기 위해서는 집중적인 노력과 투자

　　　　가 요구된다.
　　② 국민들이 선택한 것에 대해 정부와 업계가 같이 노력해서 발전시킬 수 있도록 한다.
　　③ 여러 업체 중 진정으로 발전할 수 있는 업체를 선별하는 데 정성과 노력을 기울인다.
　　④ 여러 분야 중에서 가능성 있는 분야를 골라 적극적으로 투자하고 육성하려는 노력을 기울인다.
(2) ⓒ와 관련하여 이 글에서 다루고 있는 것을 쓰십시오.
　　(　　　　　　　　　　　　　　　)

9. 다음 글을 읽고 물음에 답하십시오.

　우리의 경제생활을 잘 관찰하면 실제로는 전혀 다른 <u>두 개의 세계</u>가 긴밀한 관계를 맺고 마치 하나의 현상처럼 움직이고 있음을 알게 된다. 우리가 일상생활에서 필요로 하는 대상은 밥이나 책 같은 실물이다. 이에 비해 돈은 한 장의 그림 종이에 불과할 뿐, 그 스스로가 우리의 욕망을 채워 주지는 못한다. 그러나 돈은 모든 물건과 자유롭게 교환할 수 있기 때문에 사람들은 돈과 물건을 같이 생각한다. 만약 어느 날부터 사람들이 실물 대신에 돈을 받는 것을 거절한다면 돈은 휴지보다도 못한 존재가 되어 버릴 것이다.

(1) 윗글에서 밑줄 친 부분이 의미하는 것이 무엇인지 쓰십시오.
　　(　　　　　　　　　　　　　　　　　　　　　)
(2) 윗글의 내용과 일치하지 않는 것을 고르십시오.
　　① 화폐의 가치는 절대적인 것이다.
　　② 화폐의 주요 기능은 교환의 기능이다.
　　③ 일상생활에서 필요한 것은 실제 물건이다.
　　④ 화폐는 그 자체로 인간의 욕구를 만족시킬 수 없다.

● 10. 다음 글을 읽고 물음에 답하십시오.

　　가까운 친지나 친구가 대출 보증을 부탁하면 거절하기 쉽지 않다. 하지만 보증을 섰다가 패가망신하는 경우가 적지 않다. 이른바 '경제적 연좌제'로 불리는 연대보증의 딜레마(Dilemma)다. 보증의 폐해는 구구한 설명이 필요없을 정도다. 외환위기 당시 '보증의 덫'에 걸려 파산하고, 가족이 해체되는 등 경제적·정신적 피해가 이루 말할 수 없었다. 연대보증은 금융회사가 보증인에게 위험을 떠넘기는 후진적 금융 관행이다. 미국·영국 등 대부분의 선진국은 ㉠이런 식의 보증이 아예 없고, 보증은 전담 금융 회사를 통해 이뤄진다. 일본에 연대보증이 있지만 실제 보증인을 세우는 경우는 많지 않다고 한다. 우리도 악순환을 끊을 때가 됐다. 물론 연대보증을 없애면 신용도가 낮거나 담보가 부족한 개인기업이 대출받기 어려워지는 문제가 있다. 이는 보증보험 등 보증 전담 금융회사를 활성화해 해결하고, 불가피하게 보증이 필요한 경우는 예외로 인정하는 등 운용의 묘를 살려야 할 것이다.

(1) 밑줄 친 ㉠이 가리키는 것은 무엇입니까?
　① 금융회사가 보증인에게 위험을 떠넘기는 식
　② 보증을 섰다가 패가망신하는 식
　③ 보증의 덫에 걸려 파산하고 가족이 해체되는 식
　④ 전담 금융회사를 통해 보증이 이뤄지는 식

(2) 이 글의 중심내용은 무엇입니까?
　① 보증이 필요한 경우는 예외로 인정해야 한다.
　② 연대보증은 폐지하는 게 맞다.
　③ 보증의 운영의 묘를 살려야 한다.
　④ 보증의 피해를 줄여야 한다.

● 11. 다음 중국어 내용을 한국어로, 한국어 내용을 중국어로 번역하세요.

(1)　　和平崛起的中国,在国际事务中担当越来越重要的角色,发挥越来越大的作用,客观形势要求中国军事上更加透明,在这方面,中国作出了很大的努力。主要表现在,中国每年都会公布国防预算;向联合国提交军费开支报告(按联合国要求,标准版报告内容可以具体到飞机、导弹、舰船、装甲车、核装备等细项,而简化版只要求军费开支按陆、海、空军以及人员、业务、装备费用分类);发表国防白皮书,以阐述中国的国防现状;派出军事代表团到各国访问;派遣舰艇编队到外国作友好访问;与各国进行联合军事演习;同包括美、日、韩在内等国建立军事热线。像这次开放实兵实弹的大规模军事演习给外国军事人员参观考察,则不多见。它与前面各种做法一样,有助于提高中国的军事透明度,有利于消除西方"中国威胁论"的影响,表明中国的国防战略纯属防御性质。

(2) 과거 한국문화 속에는 지나친 남성 중심 사상이나 경직된 상하 의식 등이 강했다. 공동체의 가치를 중시한 나머지 개인의 개성이나 주체성을 소홀하게 다루기도 했다. 또한, 사회 전체가 경제적으로 어려웠기 때문에 다양한 생활방식을 추구하기 어려웠다. 산업사회의 발달로 물질적 풍요가 쌓이고, 사회 제도가 발달하면서 변화가 발생하였다. 그렇지만 여전히 많은 제한이 있었다. 여성들이 사회에 진출할 수 있는 기회가 많지 않았고, "○○은 이러이러해야 한다." 라는 식의 고정 관념도 계속되었다. 나라의 일도 중앙 집권적으로 운영되어 지역 사회의 주민들이 스스로 대표를 뽑거나 공동체의 일을 결정할 수 있는 기회가 적었다.

제10과 포스트모던(post modern)의 보자기 문화

1. 작가 소개
이어령 (1934~), 평론가, 소설가, 수필가. 평론을 통해 한국문학의 불모지적 상황에서 새로운 터전을 닦아야 할 것을 주장하였다. 이데올로기와 독재체제에 맞서 문학이 저항적 기능을 수행해야 한다는 것을 역설하기도 하였다.

2. 작품 감상
한국을 대표하는, 혹은 전통적으로 많이 사용했던 일상적인 물건(갓, 담뱃대, 보자기, 바지, 치마)을 통해서 한국의 독특한 사상과 문화를 소개하고 있다.

이 물건들의 쓰임은 합리성을 추구하는 모더니즘과 배치되는 다양성과 다의성을 내포하고 있다. 이러한 의식이 한국사회를 발전시킨 밑거름이 된 셈이다.

3. 생각해 볼 문제
① 모더니즘과 포스트모더니즘에 대해서 생각해 보고, 우리 생활에서 볼 수 있는 포스트모더니즘의 모습에는 어떤 것이 있는지 살펴 보세요.
② 이 글에서 소개한 갓, 담뱃대, 보자기, 바지, 치마의 공통점이 무엇인지 생각해 보자. 서양과 동양(여기에서는 주로 한국)의 자연/사람을 대하는 사고방식의 차이에 대해서 생각해 보세요.
③ 보자기를 '탈근대화의 발상' 이라고 말한 이유는 무엇인가요.

인류가 근대 사회로 접어들면서 없애버린 것이 두 가지가 있는데 하나는 남자의 수염이고 또 하나는 모자에요. 이제는 남녀의 화장실을 표시하는 아이콘에서나 겨우 명맥을 유지하고 있다고나 할까요. 한국만이 아니라 평등주의와 세속화한 현대 사회에서는 신분이나 권위를 나타내던 수염과 모자가 점차 사라지게 된 것이지요. 특히 모토리제이션(motorization, 자동차의 생활화)과도 무관하지 않습니다. 승용차의 경우 그 천장은 옛날 서양 사람들이 타고 다니던 마치보다 훨씬 낮아졌습니다. 그러니 실크 모자를 쓰고 자동차를 타고 다니는 불편을 감당하기 힘들게 된 것이지요.

하지만 한국의 모자 문화 그리고 그 헐렁한 바지와 장죽에는 부정적인 요소만이 있는 것이 아닙니다. 이미 말한 대로 쌍방향의 겹시각으로 된 정자(井字) 시점으로 보면 새로운 문화로 발전될 수 있는 요소도 많습니다. 그러면 <흙 속에 저 바람속에>와 같은 주제, 같은 소재를 가지고 그 뒤에 쓴 몇 가지 에세이들을 소개하겠습니다. 비교해서 읽으면 변화된 내 시점을 읽을 수 있을 것입니다.

갓—머리의 언어

건축의 특성을 가장 잘 나타내는 것은 지붕이고, 인간의 의상 가운데 가장 상징적인 의미를 갖고 있는 것은 모자일 것이다. 그것들은 하늘과 맞닿아 있는 꼭대기에 위치해 있고, 햇볕과 비를 막는 기능을 갖고 있다. 어느 건축가는 그 나라의 지붕과 모자는 서로 닮은 데가 있다고 주장한 바 있다. 회교도들의 커버는 과연 양파같이 돌돌 말려 올라간 모스크의 지붕과 닮았다. 나폴레옹 군대가 쓰던 군모를 보면 돌기둥이 떠받치고 있는 세모꼴의 지붕 모양을 연상하게 된다.

사실 우리나라의 삿갓을 보고 완만한 곡선을 그리고 있는 초가지붕을 연상하지 않은 사람이 어디 있겠는가. 그리고 양반들이 쓰고 다니던 갓과 삿갓의 차이를 기와지붕과 초가지붕의 대응으로 설명하려는 삶이 있을는지도 모를 일이다. 그러나 조선조에 들어와서 한국인의 유교문화를 상징하게 된 갓의 의미는 오히려 지붕과 역행하는 그 반대 이미지를 보여주고 있다. 성급하게 말하자면 실용적인 입장에서 볼 때 갓은 이 지상에서 가장 모자답지 않은 모자에 속할 것이다. 말총으로 망을 떠서 만든 갓은 비나 햇볕, 바람이나 추위를 막기에는 너무 얇고 투명하다. 사실 갓의 멋을 썼지만 쓰지 않은 것처럼 머리가 훤히 들여다보이도록 한 그 투과성에 있다고도 할 수 있다. 갓을 써도 상투와 망건의 얼비치는 실루엣이 보이고 때마다 달리 나타나며 환상의 물결처럼 어른거리는 겹무늬의 효과가 그 멋의 핵을 이루고 있다.

그러나 갓이 순수한 장식성만을 위해 있는 것이라고 생각해서는 안 된다. 갓에는 권위를 상징하는 왕관처럼 보석도 박혀 있지 않으며, 사교장의 귀부인들이 쓰고 있는 모자처럼 현란한 장식도 붙어 있지 않다. 의장대들이 쓰고 있는 모자처럼 술 같은 것도 달려 있지 않다. 검은 색 일변도인 그 갓은 극도로 형태와 색채를 절제하고 있다. 그렇다고 무슨 목적을 위해 만들어진 투구나 제례적인 성격을 띤 모자처럼 무겁게 억누르는 금욕성을 지니고 있는 것도 아니다.

한국의 갓은 무엇보다 가볍다는데 그 특성이 있다. 아마도 인류가 만든 모자 가운데 가장 가벼운 것이 말총으로 엮어 만든 바로 그 갓일 것이다. 갓이 표현하는 의미는 실용성도 심미적인 장식성도 아닌 일종의 이데올로기적 표현성에 있다. 갓 쓰고 망신당한다는 속담도 있듯이 그것은 쓴 사람의 인격이나 정신을 표현하는 언어, 하나의 기호이다, 남자의, 선비의, 양반의, 시니피앙으로서 사람 전체의 몸을 기호로 바꿔놓는 작용을 한다.

연암 박지원은 〈허생전〉에서, 갓이 없으면 잠시도 살아갈 수 없었던 유교의 형식주의를 매도하기 위해서 제주도의 말총들을 모두 매점하는 이야기를 쓰고 있는데, 그것은 갓에 대한 모욕이 아니라 오히려 갓의 기호작용을 보다 극명하게 부각시키고 있다. 유교의 메시지는 바로 말총의 그 빳빳하고 곧은 질감, 그러면서도 강철과 달리 가볍고 부드러움을 간직하고 있는 재료 속에 담겨 있다.

그리고 비단처럼 섬세하면서도 물들일 수 없는 그 엄격한 검은 빛이 바로 유교 정신을 지시하고 있다. 갓, 그것은 한국인의 이념이 물질 그 자체로 응집되어 있는 머리의 언어이다.

담뱃대—노인들의 천국

한국의 장죽은 세계에서 가장 긴 담뱃대일 것이다. 문자 그대로 긴(長)대나무(竹)이다. 서양의 파이프와는 정반대로 담배를 담는 대통은 작고 설대가 길다. 그러므로 우리는 담뱃대 하나에서도 동서양의 문화를 측량하고 비교할 수 있는 숨겨진 눈금을 찾을 수 있다. 한국의 장죽이 그렇게 길어진 이유는 두 말할 것도 없이 우리가 대나무 문화권에서 살아왔다는 증거이다. 대나무는 유교의 이념을 상징하는 사군자의 하나로서 그 곧고 굳음이 선비의 강직함 그대로이다. 그 마디는 절개를 나타내고, 속이 비어 있는 것은 겸허를 뜻한다.

윤선도의 말대로 나무도 풀도 아닌 대나무는 초목의 양극을 피해 그 중용의 자리에 뿌리를 내린다. 그래서 옛 시인들은 한때 고깃국은 걸러도 대나무를 보지 않고서는 한시도 살 수 없다고 했다. 담뱃대는 대를 재료로 만든 것이기보다 대를 그대로 이용해서 만든 것으로, 피리나 대지팡이보다 그 원형의 아름다움을 훨씬 더 잘 간직하고 있다. 가늘고 긴 대 줄기 그리고 속에 구멍이 뚫린 것 그대로에 대통(안수)과 물부리를 붙이는 것만으로도 대는 담뱃대로 바뀐다. 인위적으로 구멍을 뚫거나 그것을 구부려 형태를 만든 파이프와는 그 발상이 근본적으로 다르다. 장죽을 피워 물고 담배를 피울 때 그들이 듣는 것은 대밭을 지나는 바람소리이고, 파란 연기 소거에 피어오르는 것은 죽림의 안개이다.

두 번째로 한국의 장죽이 긴 것은 그것이 노인 지향적 문화의 산물이라는 점이다. 장죽은 설대가 세 척 가까이 되기 때문에 서서 돌아다니며 피울 때는 불편하기 짝이 없지만 노인처럼 방 안에 가만히 누워서 피울 때는 더없이 이상적이다. 흔히 마도로스파이프라고 부르는 서양의 담뱃대는 거친 대양을 누비며 모험의 항해를 하는 젊은이들의 것이라면, 장죽은 온돌방에 누워 한시를 읊조리고 있는 노인들의 것이다. 가만히 누워 있어도 긴 담뱃대로 멀리 있는 재떨이나 돋보기를 끌어올 수 있다. 하인들을 부릴 때에는 지휘봉으로 쓰기도 하고 버릇없는 젊은이들에게는 노인의 권위를 지키는 왕홀 같은 것으로, 한번 휘두르는 것으로 그 위력을 발휘할 수 있다.

그리고 세 번째는 설대가 길어야 연기가 식어 맛이 좋다고 생각한 담배 맛 그 자체에서 나온 것이다. 담배의 니코틴이 발암성을 지니고 있다는 근대 의학의 지식이 있기 전부터 한국인들은 장죽의 긴 설대를 통해 니코틴을 제거했다. 설대를 '연도(煙道)'라고 하듯이 담뱃대는 연기가 지나가는 길이다. 말하자면 장죽의 길이는 인체의 기도를 길게 연장한 것이다. 그럼으로써 연기의 순환을 더 부드럽고 무해한 것으로 만든다. 장죽을 보면 은은한 기침 소리가 들려온다. 대나무밭을 지나가는 바람 소리 같은, 하얀 수염이 연기처럼 나부끼는 것이 보인다.

보자기—탈근대화의 발상

자본주의는 물건의 소유 형태에서부터 시작된다. 상자, 장롱, 창고 등은 자본주의가 낳은 알들이다. 소유할수록 그 상자는 커진다. 집은 커다란 상자가 아니고 무엇이겠는가. 자본주의 발달은 움직이는 상자를 만들려는 꿈으로부터 발동한다. 단순한 소유의 축적이 아니라 그것을 수시로 안으로 끌어들이거나 밖으로 끌어내려는 교환이나 운반에서 그 욕망은 현실화되기 때문이다.

서양인들의 그 욕망은 가방을 만들어냈고 한국인(동양인)들은 보자기를 꾸며냈다. 그런데 가방과 보자기에는 기술의 근대성이라는 단순한 자로 잴 수 없는 특성이 숨겨져 있다. 가방을 관찰해 보면 그것이 상자의 개념을 그대로 둔 채 들고 다닐 수 있는 기능만을 첨가한 것에 지나지 않는다는 것을 한눈으로 알 수 있다. 즉, 가방의 원형은 궤짝을 들고 다닐 수 있도록 손잡이를 단 것에 지나지 않는다. 그래서 물건을 많이 넣었을 때나 적게 넣었을 때나 혹시 아예 물건을 넣지 않았을 때라 할지라도 가방 자체의 크기와 형태는 변하지 않는다. 가방은 어디까지나 가방이다. 이를테면 담을 것과 관계없이 독립된 자기 존재를 주장하고 있는 셈이다.

그러나 보자기는 그 싸는 물건의 부피에 따라 커지기도 하고 작아지기도 하고 또 물건의 성질에 따라 그 형태도 달라진다. 때로는 보자기 밖으로 북어 대가리 같은 것이 빠져나오기도 하는가 하면, 때로는 사주단자처럼 반듯하고 단정하게 아름다운 균형을 이루기도 한다. 그러다가도 풀어버리면 그리고 쌀 것이 없으면 3차원의 형태가 2차원의 평면으로 돌아간다. 가방과는 달리 싸는 내용과 싸는 용기가 일체가 된다. 뿐만 아니다. 가방과 보자기의 차이는 단일성과 다의성(多義性)이라는 기능의 차이에서도 드러난다. 가방에 걸리는 동사(전문 용어로는 촉매작용이라고 한다)는 '넣다' 하나이지만 보자기는 '싸다', '쓰다', '두르다', '덮다', '씌우다', '가리다' 등 헤아릴 수 없이 많다. 만약 도둑의 경우라면 '쓰고' 들어가 '싸가지고' 나온다. 그러다가 철조망에 긁혀 피가 흐르면 이번에는 그것을 끌러 '매'면 되는 것이다. 복면도 되고 가방도 되고 붕대도 된다.

이 융통성과 다기능, 만약에 모든 인간의 도구가 보자기와 같은 신축자재의 기능과 그러한 컨셉트로 변하게 된다면 오늘날의 문명 자체가 바뀌고 말 것이다. 아마도 자동차는 사람이 타고 있을 때와 비어 있을 때의 형태가 다르고, 여러 사람이 탔을 때와 한 사람이 몰고 다닐 때의 크기가 신축성 있게 변할 것이다. 타고 내리면 보자기처럼 없어지는 자동차가 있다면 얼마나 편할 것인가! 만약 모든 도구, 모든 시설들이 가방이 아니라 보자기처럼 디자인되어 유무상통(有無相通) 의 그 철학을 담게 된다면 앞으로 인류 문명은 좀 더 편하고 좀 더 인간적이고 좀 더 아름답지 않겠는가. 보자기에는 탈근대화의 발상이 싸여 있다.

바지—치수 없는 옷

서양의 기능주의, 합리주의라는 것이 무엇인지를 알려면 양복바지를 입어보면 안다. 정확하게 허리둘레의 치수를 재어 1인치의 오차도 없게 옷을 만든다. 바지가 허리춤에 꼭 맞도록 해야 일류 재단사 소리를 듣는다. 바지만이 아니다. 여자 스커트의 경우도 그 길이는 들쭉날쭉하더라도 허리춤만은 꼭 맞아야 한다. 이 정확한 지수 개념이 오늘날 인간이 달나라에까지 갈 수 있게 한 과학기술을 낳았다.

그러나 핫바지를 만든 전통적인 한국인의 눈으로 보면 서양 사람의 양복바지만큼 우스꽝스러운 것도 없다. 원래 사람의 허리는 재는 것이 아니다. 인체의 허리는 밥 먹었을 때 다르고 굶었을 때 다르며 건강할 때와 병을 앓고 있을 때가 모두 다르다. 아무리 치수를 정확하게 재어 만든 옷이라도 그때그때 숨쉬는 배에 딱 맞출 수는 없는 노릇이다. 사람의 몸은 콘크리트 건축물이 아니기 때문에 수시로 변한다. 살아 있는 것의 몸을 잰다는 것은 흐르는 물에 표를 해놓고 떨어진 칼을 찾는다는 옛 고사만큼이나 황당한 일이다. 생명체를 어떻게 옷감 재듯 자로 잴 수가 있단 말인가.

자로 잴 수 없는 것까지 자로 재려고 드는 것이 서양의 합리주의, 기능주의이다. 그래서 서양 사람이 만든 바지는 배가 조금 불러도 허리가 조여 숨이 막힌다. 거꾸로 배가 들어가면 헐렁해서 바지가 흘러내린다.

그러나 핫바지라고 업신여겨왔지만 한국인이 만든 바지는 아예 자로 허리를 재지 않고 처음부터 넉넉하게 만들어 접어 입도록 디자인되어 있다. 말하자면 한국 바지의 헐춤은 세계에서 가장 넓은 것으로 배가 나와도, 들어가도 그리고 누가 입어도 관계없다. 융통자재 무장무애이다. 몸이 불어나면 좀 덜 조이면 되고 몸이 마르면 더 조여 입으면 그만이다. 여자 치마도 몸에 두르는 것이기 때문에 허리가 가늘든 굵든 신경 쓸 일이 아니다. 남자 것이든 여자 것이든 한국 옷은 치수라는 합리성을 넘어선 산물로서 그때그때 상황에 융통성 있게 적용하도록 되어 있다. 사람이 먼저이고 옷이 나중이다. 옷은 사람이 입기 위해 있는 것이다.
　하지만 양복은 사람이 벗어놔도 입체적인 자기 형태를 갖고 있다. 그래서 옷걸이에 걸어놔야만 한다. 그러나 한국 옷은 입으면 3차원의 입체요, 벗으면 2차원의 평면으로 돌아간다. 그러니까 한복은 걸어두기보다는 개켜두는 것이 좋다.
　한국의 바지와 저고리는 사람이 입었을 때 비로소 완성되는 것으로 자기 형태라는 것을 주장하지 않는 옷이다. 치수가 안 맞으면 사람 몸을 옷에 맞춰야 하는 것이 서양 옷의 디자인이다. 인간이 소외된 형식주의의 원형이 서양 바지이다. 넉넉한 한국의 퀘춤은 끝없이 인간을 감싸주는 것으로 그때그때 입는 사람에 순응해 맞춰지도록 되어 있다. 사회의 조직이나 기업의 틀이 한국 바지처럼 된다면 관료주의 같은 것은 바람에 날아가 버릴 것이다.

치마—감싸는 미학

　한복의 특색을 보면 입는다기보다 '감싸다' 또는 '두르다' 라는 서술어가 더 적합하다. 한국 옷은 몸의 치수를 정확하게 재어 제단하는 서양의 의상과는 다르다. 한국 옷은 그때그때의 정황에 맞춰 입을 수 있는 융통성을 전제로 디자인된 옷이라는 것은 이미 허리가 굵어지면 좀 펴서 입고 배가 줄면 더 접어 입으면 되는 한국 바지의 예로 밝힌 바 있다.
　하의만이 아니다. 한복의 윗저고리 역시 옷고름으로 되어 있어서 일정하게 고정되어 있는 융통성 없는 단추와 달리 더 바짝 조여 맬 수도 있고 또 더 느슨하게 풀어 맬 수가 있기 때문이다. 그러므로 이같이 몸이 나든 줄든 옷에 몸을 맞추는 것이 아니라 옷을 몸에 맞추는 신축자재한 한국 의상의 특성을 가장 잘 나타내주는 것이 여자의 치마이다. 치마에는 숫제 서양의 스커트처럼 허리둘레 사이즈라는 것이 없다. 갖다 몸에 두르면 된다. 말하자면 치마는 완성된 옷이 아니라 입는 순간 비로소 하나의 옷이 되는 것이라고 할 수 있다. 허리둘레만이 아니다. 그 길이도 길면 더 추켜 입으면 되고 짧다 싶으면 내려 입으면 그만이다. 그 길이를 얼마든지 조절할 수 있도록 고안되어 있다.
　의상은 하나의 도구로서 고정된 형태를 갖고 있는 것이 아니라 살아 있는 생명체처럼 줄기도 하고 늘기도 하고 넓어지기도 좁아지기도 하며 몸과 함께 숨을 쉰다. 한복은 그래서 인체를 압박하거나 부자유하게 구속하지 않는다. 서구의 근대

의상은 몸의 아름다움을 노출시켜 그 아름다움을 나타내지만 한복의 전통의상은 거꾸로 몸의 결점을 덮어주고 감싸주는데 그 기능이 있다. 다리가 굽었거나 어디엔가 화상을 입은 사람에게는 짧은 스커트가 어울리지 않을 것이다. 가슴이 풍만하지 않은 여성은 일부러 브래지어를 하지 않는 한 그 가슴을 튀어나오게 할 수 없다.

그래서 원래 몸을 노출시키기 위해 고안된 서양 옷이 거꾸로 브래지어 같은 인공의 유방을 만들어 감싸는 모순을 야기한다. 한복 전문가의 주장을 들어보면 한복은 입기에 따라 키 작은 사람을 커 보이게 할 수도 있고, 키가 큰 사람은 반대로 작게 보이게도 하는 데 그 특징과 매력이 있다고 한다. 즉, 키가 작은 사람은 치마폭을 좁게 하고 그 길이를 다소 기름하게 입으면 되고, 키가 큰 사람은 치마폭을 좀 넓게 입으면 된다. 그와 마찬가지로 뚱뚱하고 야윈 것, 목이 밭은 사람과 긴 사람 역시 한복의 조절로 얼마든지 그 약점을 감추고 중화시킬 수 있다. 목이 밭은 사람은 뒷고대 치수를 넉넉하게 하고 깃나비를 좁은 듯하게 하면 되고, 반대로 목이 긴 사람은 깃나비를 넉넉하게 하고 길이를 짧은 듯하게 하면 된다. 치마는 몸매가 좋은 사람만이 아니라 그렇지 못한 사람들까지도 포용한다. 치마의 아름다움은 곧 감싸는 아름다움이다.

단 어

아이콘[icon]	[명]	(그림·조각의) 상(像), 초상
헐렁하다	[형]	① 헐거운 듯한 느낌이 있다.
		② 행동이 조심스럽지 아니하고 미덥지 못하다.
정자	[명]	=정자형(井字形). '井' 자처럼 생긴 모양.
에세이[essay]	[명]	<문학> 일정한 형식을 따르지 아니하고 인생이나 자연 또는 일상생활에서의 느낌이나 체험을 생각나는 대로 쓴 산문 형식의 글.
커버[cover]	[명]	물건을 보호하거나 가리거나 덮거나 싸는 물건. '가리개', '덮개', '씌우개'로 순화.
모스크[mosque]	[명]	<종교> 이슬람교에서, 예배하는 건물을 이르는 말.

삿갓	[명]	비나 햇볕을 막기 위하여 대오리나 갈대로 거칠게 엮어서 만든 갓.
역행하다	[동]	① 보통의 방향과 반대 방향으로 거슬러 나아가다. ② 일정한 방향, 순서, 체계 따위를 바꾸어 행하다. ③ 뒷걸음질을 치다.
말총	[명]	말의 갈기나 꼬리의 털.
투과성	[명]	<생물>원형질막이나 그 밖의 유기성 및 무성 피막이 물과 용질을 통과하게 하는 성질.
얼비치다	[동]	① 빛이 어른거리게 비치다. ② 어떤 대상의 모습이나 그림자가, 덮거나 가리고 있는 투명하거나 얇은 것에 어렴풋하게 나타나 보이다.
실루엣[(프랑스어) silhouette]	[명]	<미술>윤곽의 안을 검게 칠한 사람의 얼굴 그림.
겹무늬	[명]	[북한어]<미술>두 가지 또는 그 이상의 무늬를 겹치거나 서로 교차하여 구성한 무늬.
현란하다	[명]	① 눈이 부시도록 찬란함. ② 시나 글에 아름다운 수식이 많아서 문체가 화려함.
의장대	[명]	<군사> 국가 경축 행사나 외국 사절에 대한 환영, 환송 따위의 의식을 베풀기 위하여 특별히 조직·훈련된 부대.
술	[명]	가마, 기(旗), 끈, 띠, 책상보, 옷 따위에 장식으로 다는 여러 가닥의 실.
금욕	[명]	욕구나 욕망을 억제하고 금함.
이데올로기[(독일어) Ideologie]	[명]	<철학> 사회 집단에 있어서 사상, 행동, 생활 방법을 근본적으로 제약하고 있는 관념이나 신조의 체계.
시니피앙[(프랑스어) significant]	[명]	<언어> 소쉬르의 기호 이론에서, 귀로 들을 수 있는 소리로써 의미를 전달하는 외적(外

		的) 형식을 이르는 말.
대통	[명]	=담배통.
설대	[명]	=담배설대. 담배통과 물부리 사이에 끼워 맞추는 가느다란 대.
마디	[명]	① 대, 갈대, 나무 따위의 줄기에서 가지나 잎이 나는 부분. ② 뼈와 뼈가 맞닿은 부분이나 곤충 따위의 몸을 이룬 낱낱의 부분.
절개	[명]	① 신념, 신의 따위를 굽히지 아니하고 굳게 지키는 꿋꿋한 태도. ② 지조와 정조를 깨끗하게 지키는 여자의 품성.
대밭	[명]	대를 심은 밭. 또는 대가 많이 자라고 있는 땅. 소거[消去] [명]글자나 그림 따위가 지워짐. 또는 그것을 지워 없앰.
마도로스파이프 [(네덜란드어)matroos(영어)pipe]	[명]	담배통이 크고 뭉툭하며 대가 짧은 서양식 담뱃대의 하나. 뱃사람들이 주로 사용한 데서 유래한다.
왕홀	[명]	왕들이 쓰는 권위를 상징하는 지팡이.
니코틴[nicotine]	[명]	<화학> 담배에 들어 있는 알칼로이드의 하나.
발암성	[명]	<의학> 어떤 물질이 몸 안에 들어가서 암을 일으키는 성질.
복면[覆面]	[명]	얼굴을 알아보지 못하도록 얼굴 전부 또는 일부를 헝겊 따위로 싸서 가림. 또는 그러는 데에 쓰는 수건이나 보자기와 같은 물건.
촉매작용	[명]	<화학> 촉매가 화학 반응에 미치는 작용. 보통 반응 속도를 빠르게 하며, 백금이 산소와 수소를 접촉시켜 물이 생기게 하는 작용 따위가 있다.
철조망	[명]	철조선을 그물 모양으로 얼기설기 엮어 놓은 물건. 또는 그것을 둘러친 울타리.
컨셉트[concept]	[명]	① <철학>개념 ② 구상, 발상

신축성	[명]	① 물체가 늘어나고 줄어드는 성질.
		② 일의 형편에 따라 적절하게 대처할 수 있는 성질.
허리춤	[명]	바지나 치마처럼 허리가 있는 옷의 허리 안쪽. 곧 그 옷과 속옷 또는 그 옷과 살의 사이.
들쭉날쭉하다	[형]	들어가기도 하고 나오기도 하여 가지런하지 않다.
핫바지	[명]	① 솜을 두어 지은 바지.
		② 시골 사람 또는 무식하고 어리석은 사람을 낮잡아 이르는 말.
콘크리트[concrete]	[명]	<건설> 시멘트에 모래와 자갈, 골재 따위를 적당히 섞고 물에 반죽한 혼합물.
업신여기다	[동]	교만한 마음에서 남을 낮추어 보거나 하찮게 여기다.
헐춤	[명]	=허리춤.
개키다	[동]	=개다.
		① 옷이나 이부자리 따위를 겹치거나 접어서 단정하게 포개다.
		② 손이나 발 따위를 접어 겹치게 하다.
궤춤	[명]	옛날 한복 바지의 넓은 허리춤.
옷고름	[명]	저고리나 두루마기의 깃 끝과 그 맞은편에 하나씩 달아 양편 옷깃을 여밀 수 있도록 한 헝겊 끈.
느슨하다	[형]	① 잡아맨 끈이나 줄 따위가 늘어져 헐겁다.
		② 나사 따위가 헐겁게 죄어져 있다.
		③ 마음이 풀어져 긴장됨이 없다.
추키다	[동]	① 위로 가뜬하게 치올리다.
		② 힘 있게 위로 끌어 올리거나 채어 올리다.
		③ 값을 많이 올려 매기다.
브래지어[brassiere]	[명]	가슴을 감싸는 여성용 속옷.
기름하다	[형]	조금 긴 듯하다.
밭다	[형]	① 시간이나 공간이 다붙어 몹시 가깝다.
		② 길이가 매우 짧다.

| 뒷고대 | [명] | 깃고대의 뒷부분. |
| 깃나비 | [명] | 깃의 너비. |

연습

● 1. 다음 (　) 안에 알맞은 것을 고르십시오.

(1) 그 할아버지는 매일 아침 나무(　) 물을 주시고 개(　) 먹이를 주었다.
　① 에 - 에　　　　　　　② 에 - 에게
　③ 에게 - 에게　　　　　④ 에게 - 에

(2) 배부르게 먹(　) 또 입이 궁금하다고요?
　① 으니　② 자니　③ 으면서　④ 고서도

(3) 이 정도 비에 집이 떠내려 (　) 그래도 워낙 비가 많이 오니까 걱정이 되는 것도 사실이야.
　① 가기는 해도　　　　② 가기는 하건만
　③ 가기야 하겠지만　　④ 가기야 하겠느냐만

(4) 하늘에 떠가는 구름과 녹음이 우거진 수풀, 그리고 넓게 펼쳐진 평화로운 들판은 어머니의 품 안처럼 (　) 느낌을 준다.
　① 가뿐한　② 아담한　③ 차분한　④ 푸근한

(5) 그 사람의 (　) 이번 일의 책임이 전적으로 회사 측에 있다는 것이다. 그러나 회사 측의 말을 들어보면 꼭 그렇다고만은 볼 수 없다.
　① 주장인즉　　　　　② 주장이겠기에
　③ 주장이기로서니　　④ 주장이라손 치더라도

● 2. 다음 (　)에 알맞은 것을 고르십시오.

(1) 그는 아이가 셋이나 (　) 홀아비이다.
　① 딸려 있는　　　　② 딸릴 수 없는

③ 딸려서도　　　　　　　　④ 딸려 가는
(2) 그가 설사 (　　) 네가 그를 원망해서는 안 된다.
① 그랬다면서　　　　　　② 그랬기는커녕
③ 그랬다손 치더라도　　　④ 그랬다느니 안 그랬다느니
(3) 꽁보리밥이라도 바가지 속에 꾹꾹 눌러 (　　).
① 담아 주니 창피하다　　② 담아 주니 다행이다
③ 담아 주니 죄송하다　　④ 담아 주니 신기하다
(4) 시간이 없어서 나는 거의 (　　) 급히 걸어갔다.
① 뛸지언정　② 뛰다시피　③ 뛰도록　　④ 뛸 만큼

3. 다음 글을 읽고 물음에 답하십시오.

　　산업 사회와 정보화 사회에서 '표준화'가 없었다면 오늘날과 같은 인터넷 시대는 상상도 할 수 없었을 것이다. 개인용 컴퓨터의 하드웨어와 소프트웨어 및 네트워크 장비 등에 국제 표준이 적용되었기에 제품의 효율적인 생산과 이용이 가능하였다. 이처럼 표준화는 나름대로 큰 이점이 있는가 하면, 개인의 창의력에 기반을 둔 지적 생산성을 저해할 수도 있다. 참신한 아이디어에 기반을 둔 획기적인 상품일지라도 표준화의 과정을 거치지 못하면 ㉠활용되지 못한 채 묵혀지는 경우가 많다. 이것은 거대 기업이 집단의 힘을 발휘하여 국제적 협조를 얻기가 쉬운 (㉡　　)에, 개인이나 소기업은 표준화에 영향력을 행사하기가 거의 불가능하기 때문이다. 따라서 국제적인 표준화가 ㉢(불가피하다), 큰 틀에서는 생산과 유통을 효율화하기 위한 규정을 마련하고 작은 틀에서는 각 개인의 창의력이 제 몫을 발휘할 수 있도록 규정을 유연화하는 것이 현명할 것이다. 과학 기술 사회의 실현 여부는 자유롭고 다양한 가능성을 담을 수 있는 갖가지 그릇을 얼마나 잘 준비하느냐에 달려 있다.

(1) ㉠과 바꾸어 쓰기에 알맞은 것을 고르십시오.
① 기용되는　　　　② 남용되는
③ 사장되는　　　　④ 수장되는

(2) ⓒ에 알맞은 말을 2음절로 쓰십시오.
    (   )
(3) ⓒ을 문맥에 고쳐 쓴 것으로 알맞은 것을 고르십시오.
    ① 불가피할진대   ② 불가피한 것이
    ③ 불가피할지라도   ④ 불가피하다시피

4. 다음 글을 읽고 물음에 답하십시오.

　　한국의 표준어와 조선의 문화어의 차이는 어휘 분야에서 더욱 (㉠) 나타나는데, 그 양상을 세 가지 측면에서 살펴볼 수 있다. 첫째, 의미는 같지만 말이 다른 경우가 있다. 둘째, 말은 같지만 의미가 다른 경우가 있다. 셋째, 외래어 수용에 있어 차이를 보인다. 한국에서는 외래어를 그대로 사용하는 것이 많은 반면, 조선에서는 ㉡대체로 이를 우리말로 바꾸어 쓴다. 이처럼 남북간의 언어는 상당한 차이를 보이고 있다. 그러나 두 언어는 모두 우리의 민족어임에 틀림이 없다. 그러므로 우리는 남북간 언어의 차이를 이해하고, 이러한 차이를 (㉢)하기 위해 노력해야 할 것이다.

(1) ㉠에 알맞은 말을 고르십시오.
    ① 두드러지게   ② 두드러질수록
    ③ 두드러지기 위해   ④ 두드러진 다음에
(2) ㉡과 바꿔 쓸 수 있는 말을 고르십시오.
    ① 반드시   ② 일반적으로   ③ 확실히   ④ 언젠가는
(3) ㉢에 알맞은 말을 고르십시오.
    ① 착복   ② 보복   ③ 굴복   ④ 극복

5. 밑줄 친 부분에 알맞은 것을 고르십시오.

(1) 가: 오늘 작문 선생님이 새로 오셨는데 오늘 작문 시간에 무엇을 배웠나요?
    나: 첫 시간이라서_____.
    ① 지금까지 배운 작문을 모두 정리하여 숙제로 제출하고 앞으로는 작문을 안 해요

② 지난 시간에 새로 오신 선생님이 내어 주신 작문 숙제를 검토하고 토론을 했어요.
　　③ 앞으로의 작문 수업 진행에 대한 방향을 듣고 작문을 하는 요령을 배웠어요.
　　④ 아무도 작문 숙제를 해오지 않은 관계로 선생님께서 화가 대단히 나셨어요.

(2) 가: 기타를 메신 모습이 자연스러워 보입니다. 처음 어떻게 기타하고 인연이 되셨어요?
　　나: 60년대죠, _____.
　　① 고등학교 때 친구가 내 기타를 훔쳐 간 게 인연이 되었어요
　　② 여자 친구와 해변으로 놀러 간 적이 있었는데 그 때 멋진 기타 연주를 했어요.
　　③ 중 1때 아버지가 생일 선물로 기타를 사주신 게 인연이 되었어요
　　④ 친구들이 저 보고 기타를 메고 있는 모습이 멋있다고들 해서 기타를 그만 두었어요

(3) 가: 감독님께서는 오늘 경기에서 만족한다는 이야기이신가요?
　　나: _____. 오늘 정말 좋은 결과를 얻었기 때문입니다.
　　① 홈에서 경기에 패하다니 정말 실망스럽습니다.
　　② 원정 경기에서 승점을 얻었다는 것에 만족합니다
　　③ 홈에서는 반드시 이겼어야 하는 데 죄송합니다
　　④ 원정 경기에서 우리 선수가 퇴장을 당한 것이 안타깝습니다.

(4) 가: 세일즈맨(salesman)에서 시작해 결국 글로벌 교육 기업을 이끄는 CEO가 되셨습니다. 비결이 무엇입니까?
　　나: 매일 성공한 세일즈맨들의 스토리(story)를 읽고 또 읽은 것이 도움이 되어 _____. 그래서 과장으로 올라가고 부장으로 승진했죠. 그리고 CEO까지 올랐습니다.
　　① 다른 CEO들과 비교해서 많은 양의 논문을 작성했습니다
　　② 남들보다 항상 깨끗한 옷을 입고 출근을 하였습니다
　　③ 다른 사람들과 비교가 안 될 정도로 근검절약했습니다
　　④ 남들과 비교했을 때 3~4배의 매출을 올렸습니다

6. 다음 (   )에 알맞은 표현을 고르십시오.

(1) 한 개인이 그가 속한 사회의 가치나 규범 문화 등을 학습하고 그것을 자신의 것으로 만들어 가는 과정을 우리는 사회화라고 부른다. 사회의 측면에서 볼 때 이것은 사회의 문화를 전달해 가는 과정이며, 개인의 측면에서 볼 때 이것은 개인의 성격을 형성해 가는 과정이다. 예를 들면, 어린이가 노인을 공경해야 한다는 사회의 가치를 받아들인다면 사회적 측면에서는 그러한 문화가 대를 이어 전달되어 가는 과정이고,(   ) 학습을 통하여 성격이 형성되고 성장해 가는 과정이라고 할 수 있다.

① 그 어린이가 알게 된다면
② 그 어린이의 입장에서 보면
③ 그 어린이에게 필요한 것은
④ 그 어린이 자신을 받아들이면

(2) 사회가 복잡해지고 다양해지면 정부가 할 일도 많아진다. 이에 따라 정부의 조직은 커지고, 힘은 강해지게 된다. 정부 조직이 지나치게 커지면 공무원의 수도 필요 이상으로 늘어난다. 이렇게 되면 국민들의 생활에 대한 제약이 늘어나고, 경제 활동에도 복잡한 규제가 나타난다. 머리는 작고 몸집만 큰 소위 '공룡정부'가 되는 것이다. 따라서(   ). 이러한 비효율성을 뛰어넘기 위한 대책이 바로 작은 정부이다.

① 이 시점에서 정부가 직접 나서야 한다
② 경제 활동의 자율을 보장해야 할 것이다
③ 정부는 비효율성을 극복하려고 노력한다
④ 정부의 생산성이 낮아지는 것은 당연하다

(3) 좌담회 참석자들과 나는 '좋은'의 의미를 두고 고민했다. 구체적으로 '좋은'을 어떻게 정의할 것인지가 문제가 되었다. 말하자면 학생들 사이에 널리 알려져 있는 강의가 좋은 강의 인지 아니면 절대적인 기준을 만족시키는 강의가 좋은 강의인지가 논란이 되었다. 또 (   ). 그 어지러운 논란 속에서 우리가 얻어낸 것은 '선호하는' 강의와 '좋은' 강의의 구분이었다.

① 절대적인 기준을 부각시켜야 한다
② 좋은 강의의 기준을 정하려고 한다
③ 절대적인 기준 자체에 대해서도 논란이 있었다
④ 나름대로의 절대적인 기준을 정하는 것도 중요할 것이다

(4) 시간을 두 가지 형태로 나눈다면, (　　　). 객관적인 시간은 시계의 바늘에 의한 시간이어서 잴 수 있는 시간이며, 심리적인 시간은 사람들이 질적으로 얼마나 만족스러운 삶을 살고 있는가를 나타내는 시간이다. 다시 말하면, 객관적인 시간은 우리의 인생을 얼마나 길게, 또는 짧게 사느냐를 말하는 것이고 심리적인 시간은 인생을 얼마나 풍부하고 충실하게 사느냐를 뜻한다.
① 그 예로서 객관적, 심리적인 시간이 된다
② 객관적인 시간과 심리적인 시간으로 볼 수 있다
③ 객관적, 심리적 시간을 정확하게 파악할 수 있다
④ 객관적인 시간을 심리적인 시간으로 나눈다는 것이다

7. 다음 글을 읽고 (　　)에 알맞은 말을 10자 내외로 쓰십시오.

(1) 필자의 생각에 공감하거나, 생각의 전환이 필요한 독자들을 위해 그동안 건강신문에 연재되었던 내용을 한 권의 책으로 묶기로 하고(　　). 미처 확인하지 못한 내용을 보완하고 독자들에게 질문 받은 것을 다시 확인하는 한편 읽기 쉽도록 구성 또한 바꾸었다. 이러다 보니 글을 다듬는 일이 예상 밖으로 힘든 일임을 알게 되었다.
(　　　　　　　　　　　　　　　　　　)

(2) 살아 있는 대화와 열린 마음은 매우 중요한 관계가 있다. 단, 마냥 열어놓은 정직함이라든가 걸림돌이 없는 사람이 한 사람 있다고 해서 대화가 활발해지는 것은 아니다.
　다른 사람들의 마음이 닫혀 있다면 그 대화는 시종 개방적인 사람 한 사람만의 것으로 끝날지도 모른다. 그러면 다른 사람들은 불쾌한 생각을 가지고 더욱 입을 다물어 버리기가 쉽다. 그러나 누군가 다른 사람이 조금이라도 마음을 열고 응한다면 (　　　　). 이렇게 이야기가 활기를 띠게 되면 그 자리의 대화는 생각 외로 재미있어질 수가 있다.
(　　　　　　　　　　　　　　　　　　)

8. 다음 글을 읽고 물음에 답하십시오.

   (가) 건축을 그림으로 표현하는 기법 중에는 아래서 위를 쳐다보는 투시도와 (   ) 조감도가 있다. 투시도는 주된 건물을 우뚝 솟아 보이게 하기 위해 주변의 건물과 상황은 무시하거나 제거하며, 건물의 배경도 짙푸른 하늘이나 환상적 색채로 처리한다. 그러나 조감도에서는 그 건물이 들어서는 땅을 그려야 하고, 주변 도로를 그려야 하며, 주위 건물이나 자연과의 관계를 표현해야 한다. 시점을 높일수록 더 많은 주위를 그려야 하며, 따라서 그 건물 자체는 오히려 무시된 형태로 나타난다.

   (나) 투시도는 선동적이고 조감도는 설명적이다. 투시도에 보이는 것은 화려하고 현란하지만 그 속에서의 삶은 감춰져 있다. 그러나 조감도에서는 삶의 형태를 그려야 화면이 채워지며, 그 삶의 모습이 다양할수록 그림은 더욱 아름다워질 수 있다. 사회의 격변기나 독재자가 통치하는 시대에는 대중의 눈을 사로잡기 위하여 환상적인 투시도가 필요하다. 그것은 사실을 은폐하고 그 속의 삶을 왜곡하므로 마약으로 유혹하는 것처럼 비윤리적이다.

(1) (   )에 적당한 말을 10자 내외로 쓰십시오.
   (   )
(2) 글 (가)와 글 (나)의 관계에 대한 설명으로 가장 적절한 것을 고르십시오.
   ① (가)는 사실을 건축에 비유하고, (나)는 사회·정치에 비유한다.
   ② (가)는 사실을 객관적으로 설명하고, (나)는 주관적으로 해석한다.
   ③ (가)는 사실을 개인적으로 해석하고, (나)는 집단적으로 해석한다.
   ④ (가)는 사실을 일반적으로 제시하고, (나)는 구체적으로 보여 준다.
(3) 투시도의 부정적 측면을 극대화하기 위해 글쓴이가 비유적으로 사용한 단어를 글 (나)에서 찾아 쓰십시오.
   (   )

9. 다음 글의 주제로 가장 적절한 것을 고르십시오.

(1) '북경, 과거와 현재 교차시키기'란 코너가 유익했습니다. 조만간 중국에 갈 예정인데 자금성과 마지막 황제부부의 사진이 마음에 듭니다. 다른 기사들도 그 지역의 특산물이나 자랑거리, 영화에 나왔던 곳, 간단한 회화 등을 소개시켜주면 고맙겠습니다. 그리고 시부야, 하우스 텐보스 등 작은 지역을 집중적으로 보여줄 수 있는 기사도 부탁드립니다.
① 해외여행 정보의 공유
② 덜 알려졌지만 유익한 곳 소개
③ 중국을 느낄 여행지 추천
④ 여행지에 대한 다양한 시선

(2) 맨체스터 유나이티드(이하 맨유)의 열기가 서울월드컵경기장을 뜨겁게 달궜다. 장맛비도 잠시 잦아진 가운데 수 백여 명의 팬들은 맨유의 오전 훈련을 지켜봤다. 서울월드컵경기장에서 19일 오전 맨유의 훈련이 있었다. 관중석 쪽 사이드라인에 골대를 3개 배치하고 훈련에 나선 맨유는 관중석 한편을 가득 메운 팬들에게 화답하듯이 멋진 몸놀림을 선보였다. 선수들이 입장할 때부터 환호성을 연발한 팬들은 TV 중계로만 보던 스타들을 눈앞에서 보는 즐거움을 여과 없이 표현했다. 팬들은 선수들이 멋진 몸짓을 보일 때마다 탄성을 질러가며 훈련장 분위기를 달궜다.
① 맨유의 훌륭한 몸놀림
② 장마도 멈추게 한 맨유의 열기
③ 가득 메운 팬들에게 화답하는 맨유
④ 맨유의 오전 훈련

10. 다음 글을 읽고 물음에 답하십시오.

1950년 당시 등대와 마을의 차이는 등대에서는 자가발전을 하여 전기를 사용하였고, 마을에서는 호롱불을 켜놓고 생활한 것 외에는 없었다고 한다. 당시 등대직원들의 근무지 애로점은 식생활, 의료혜택, 교통, 자녀교육이었으며, 보급선이 몇 개월 만에 오기 때문에 식량이 떨어져 마을에서 빌려 먹는 것이 일이었으며, 환자가 생겼을 때는 자가 치료를 한다든가 급한 환자는 명이 길면 살고 그렇지 않으면 (㉠   ). 또 통신망이 설치되어 있지 않아 육지의 가족과 의사소통을 할 수 있는 방법이 없었으며, 육지로 직원들이 나들이할 때는 교통편이라고 해야 돛단배를 이용해야 하므로 역풍일 때는 15일 이상을 선실 내에서 여러 사람과 함께 생활을 해야 했다. 이러다 보니 옷은 형편없고 이와 벼룩이 얼마나 많은지 잡지는 못하고 털어서 입었다고 전한다.

(1) ㉠에 들어갈 내용으로 알맞은 것은 무엇입니까?
 ① 멀리 떨어진 마을에 급히 연락해서 의사를 불러왔다고 한다
 ② 등대에 있는 비상 의약품으로 응급치료를 했다고 한다.
 ③ 스스로 일어날 수 있을 때까지 아무도 간섭하지 않았다고 한다.
 ④ 손을 써보지도 못하고 포기하기가 일쑤였다고 한다.

(2) 이 글의 내용과 일치하는 것은 무엇입니까?
 ① 등대직원들이 육지나들이를 하려면 15일 이상이 걸렸다.
 ② 당시의 등대직원들의 근무환경은 상당히 열악했다.
 ③ 열악한 환경이었지만 등대직원이란 자부심이 있었다.
 ④ 당시에 등대와 마을의 차이는 여러 가지가 있었다.

11. 다음 중국어 내용을 한국어로, 한국어 내용을 중국어로 번역하세요.

(1) 　　意境在中国山水画中被称为"画之灵魂"。一幅画如果没有意境，就不能引人入胜、发人深思、使人产生共鸣。意境是在主观思想感情和客观景物环境交融而相互转化、升华的意蕴式形象中呈现出的情景交融、虚实统一，能够蕴含和昭示深刻的人生哲理及宇宙意义的至高境界。其特点是启发读者的联想和想象，有着超越具体形象并隐藏着中国文化、审美、美学奥秘在内的更广的艺术空间。"意"是画家情感、理想的主观创意，"境"是生活物象的客观反映，意境是由这两方面的有机统一、浑然交融而形成。

(2) '소설가 구보씨의 일일'의 박태원, 우리나라 최초의 탐정 추리소설가인 김내성, 대표적 신변소설가 안회남, 시인 신석초, 모윤숙, 1930년대 '순수문학논쟁'을 벌였던 평론가 김환태, 이원조 그리고 월북 소설

가 겸 아동문학가 현덕. 1909년에 태어나 올해 탄생 100주년을 맞는 이들의 문학 세계를 돌아보는 '2009 탄생 100주년 문학인 기념 문학제'가 7일 심포지엄을 시작으로 문학의 밤, 거리 그림전, 작가별 심포지엄 등으로 다양하게 마련된다. 올해 9회를 맞는 이 행사는 대산문화재단과 한국작가회의가 공동 주최하고 서울특별시가 후원하는 것으로 올해의 주제는 '전환기, 근대 문학의 모험'이다. 7일 오전 서울 중구 태평로 한국프레스센터에서 열린 심포지엄에서는 하정일, 이경수, 강상희, 천정환씨 등 전공 연구자들이 근대화와 일제강점기의 격변기를 살면서 치열한 작가 정신으로 우리 문학을 개척한 이들을 조명했고, 이날 오후 7시에는 문학의 집 서울에서 일반 대중이 쉽게 참여할 수 있는 '문학의 밤'이 마련된다. 10월 말에 열리는 '소설가 박태원 문학 그림전:청계천에 흐르는 희망'도 일반인들이 즐길 수 있는 행사다.

제11과 금시조 (1)

> **1. 작가 소개**
>   이문열(1948—)소설가. 현실을 하나의 체계로 인식하며, 작가 자신의 실존적 번민을 형상화한 작품을 썼다. 대표작《금시조》,《그해 겨울》등은 프랑스, 미국, 일본 등에서 번역 출간되기도 하였다. 주요 작품으로《사람의 아들》,《금시조》,《시인과 도둑》,《우리들의 일그러진 영웅》,《추락하는 것은 날개가 있다》,《젊은 날의 초상》,《아우와의 만남》등이 있다.
>
> **2. 작품 감상**
>   제15회 동인문학상 수상 작품. 이황의 학통을 이어받은 영남 명유(名儒)의 후예 석담과 그의 제자 고죽 사이의 애증과 갈등을 통해 예술이란 무엇인가를 다룬 작품이다.
>
> **3. 생각해 볼 문제**
>   ① '금시조'가 상징하는 바는 무엇인지 생각해 보세요.
>   ② 석담과 고죽을 통해서 작가가 예술을 바라보는 관점이 무엇인지 생각해 보세요.
>   ③ 예술에서의 보편주의와 상대주의에 대해서 생각해 보세요.
>   ④ 진정한 예술이란 무엇인지 생각해 보세요.

  무엇인가 빠르고 강한 빗줄기 같은 것이 스쳐간 느낌에 고죽(古竹)은 눈을 떴다. 얼마 전에 가까운 교회당의 새벽 종소리를 들은 것 같은데 어느새 아침이었다. 동쪽으로 난 장지 가득 햇살이 비쳐 드러난 문살이 그날따라 유난히 새카맸다. 고개를 돌려 주위를 살피려는데 그 작은 움직임이 방 안의 공기를 휘저은 탓일까, 엷은 묵향(墨香)이 콧속으로 스며들었다. 고매원(古梅園)인가, 아니, 용상봉무(龍翔鳳舞)일 것이다. 연전(年前)에 몇 번 서실을 드나든 인연을 소중히 여겨 스스로 문외제자(門外弟子)를 자처하는 박교수가 지난봄 동남아를 들러 오는 길에 사 왔다는 대만산(臺灣産)의 먹이다. 그때도 이미 운필(運筆)은커녕 자리보전을 하고 누웠을 때라 고죽은 웬지 그 선물이 고맙기보다는 서글펐다. 그래서 고지식한 박교수가

"머리맡에 갈아 두고 흠향(歆香)이라도 하시라고…"

하며 속마음 그대로 털어놓는 것을, 예끼, 이사람, 내가 귀신인가, 흠향을 하게… 하고 핀잔까지 주었지만, 실은 그대로 되고 말았다. 문안 오는 동호인(同好人)들이나 문하생들을 핑계로, 육십 년 가까운 세월을 함께 지내 온 분위기를 바꾸지 않으려고 매일 아침 머리맡에서 먹을 가는 추수(秋水)의 갸륵한 마음씨에 못지 않게 그 묵향 또한 좋았던 것이다.

묵향으로 보아 추수가 다녀간 것임에 틀림없었다. 조금 전에 그의 잠을 깨운 강한 빛줄기는 어쩌면 그 아이가 나가면서 연 장지문 사이로 새어든 햇살이었을 게다. 고죽은 그렇게 생각하며 살며시 몸을 일으켜 보았다. 마비되다시피한 반신 때문에 쉽지가 않다. 사람을 부를까 하다가 다시 마음을 돌리고 누웠다. 아침의 고요함과 평안함, 그리고 이제는 고통도 아무것도 아닌 쓸쓸함을 의례적인 문안과 군더더기 같은 보살핌으로 깨뜨리고 싶지 않았다.

참으로──고죽은 천장의 합판무늬를 멍하니 바라보며 생각했다──이 한살이(生)에서 나는 오늘과 같은 아침을 얼마나 자주 맞았던가. 아무도 없이, 그렇다, 아무도 없이… 몽롱한 유년에도 그런 날들은 수없이 떠오른다. 다섯인가 여섯인가 되던 어느 아침에도 그는 장지문 가득한 햇살을 혼자 맞은 적이 있다. 밖에는 숨죽인 곡성이 은은하고──그러다가 흰옷에 산발한 어머니가 그를 쓸어안고 혼절하듯 쓰러진 것은, 너무 오래 혼자 버려져 있다는 기분에 이제 한번 큰 소리로 울음이나 터뜨려 볼까 하던 때였다. 또 있다. 그때는 제법 일여덟이 되었을 때인데 전날 어머님과 함께 잠이 들었던 그는 또 홀로 아침을 맞게 되었다. 역시 할머니가 와서 그를 쓸어안고 우시면서 이렇게 넋두리처럼 외운 것은 방 안의 고요가 갑자기 섬뜩해져 문을 열고 나서려던 참이었다.

"아이고, 내새끼, 이 불쌍한 새끼를 어쩔고? 그 몹쓸 년이, 탈상도 못 참아서…"

그뒤 숙부의 집으로 옮긴 후에도 대개가 홀로 깨는 아침이었다. 숙모는 언제나 병들어 다른 방에 누워 있었고, 숙부는 집보다 밖에서 더 많은 밤을 새웠다. 그런 숙부의 서책(書冊) 냄새 배인 방에 홀로 잠드는 그로서는 또한 아침마다 홀로 깨어나지 않을 수 없었다.

생각이 유년으로 돌아가자 고죽은 어쩔 수 없이 지금과 같은 그의 삶 속으로 어린 그가 내던져진 첫날을 떠올렸다. 50년이 되는가, 아니면 60년? 어쨌든 열 살의 나이로 숙부의 손에 끌려 석담(石潭) 선생의 고가(古家)를 찾던 날이었다.

이상도 하지, 까마득히 잊고 지냈던 지난 날의 어떤 순간을 뜻밖에도 뚜렷하고 생생하게 되살리게 되는 것 또한 늙음의 징표일까. 근년에 들수록 고죽은 그날의 석담선생을 뚜렷하고 생생하게 기억할 수 있었다. 이제 갓 마흔에 접어들었건만 선생의 모습은 이미 그때 초로(初老)의 궁한 선비였다.

"어쩌겠나? 석담, 자네가 좀 맡아 줘야겠네. 내가 이 땅에만 있어도 죽이든 밥이든 함께 끓여먹고 거두겠네만."

숙부는 그렇게 말했다. 무슨 일인가로 쫓기고 있던 숙부는 기어이 국외(國外)로 망명할 결심을 굳힌 것이었다.

"병든 아내를 맡기는 터에 이 아이까지 처가에 짐이 되게 하고 싶지는 않네. 맡아 주게, 가형(家兄)의 한 점 혈육일세."

그러나 아무런 표정 없이 듣고 있던 석담선생은 대답 대신 물었다.

"자네 상해(上海), 상해하지만 실제로 거기 뭐가 있는지 아는가? 말이 임시정부라고는 해도 집세도 못 내 쩔쩔매는 판에 하찮은 싸움질로 지고새고 한다더군, 거기다가 춘강(春江) 선생님께서 아직까지 거기 계신다는 보장도 없지 않은가?"

"여긴들 대단한 게 뭐 있겠나? 어찌됐건 맡아 주겠는가, 못하겠는가?"

그러자 석담선생은 한동안 말없이 그를 바라보더니 가벼운 한숨과 함께 대답했다.

"먹고 입히는 것이야——어떻게 해보겠네, 하지만 아이를 기른다는 것이 어찌 그뿐이겠는가…"

"고마우이, 석담. 그것만이면 족하네. 가르치는 일은 근심 말게. 이놈의 세상이 어찌될지 모르니 가르친들 무얼 가르치겠나? 성명 삼자는 이미 깨우쳐 주었으니 일단은 그것으로 되었네."

그렇게 말한 숙부는 그에게 돌아섰다.

"너 이 어른께 인사 올려라. 석담선생님이시다. 내가 다시 너를 찾으러 올 때까지 부모처럼 모셔야 한다."

그러나 숙부는 끝내 다시 그를 찾으러 오지 않았다. 나중에 그러니까 그로부터 이십 년이 훨씬 지난 후에야 환국하는 임시정부의 일행 사이에 늙은 숙부가 끼어 있더라는 소문을 들은 적이 있었지만, 그 무렵 무슨 일인가로 분주하던 그가 이듬해 상경했을 때는 이미 찾을 길이 없었다.

숙부와 동문(同門)이요, 오랜 지기(知己)였던 석담선생은 퇴계(退溪)의 학통을 이었다는 영남 명유(明儒)의 후예였다. 웅혼한 필재와 유려한 문인화로 한말 3대가의 하나로 꼽히기도 하지만, 사실 그는 스승 춘강이 일생을 흠모했다는 추사(秋史)처럼 예술가라기보다는 학자에 가까웠다.

"너 글을 배웠느냐?"

숙부가 떠나고 석담선생이 그에게 처음으로 물은 말은 그러했다.

"동몽선습(童蒙先習)을 떼었습니다."

"그렇다면 소학(小學)을 읽어라. 그걸 읽지 않으면 몸둘 바를 모르게 된다."

그러나 그뿐이었다. 그뒤 그는 몇 안 되는 선생의 문하생들 사이에서 몇 년이고 거듭 소학을 읽었지만 선생은 끝내 못본 체했다. 그러다가 열셋 되던 해에 선생은 그를 난데없이 가까운 소학교로 데려갔다.

"세월이 바뀌었다. 너는 아직 늦지 않았으니 신학문(新學問)을 익히도록 해라."

결국 그의 유일한 학력이 된 소학교였다. 나중의 일이야 어찌 됐건, 그걸로 보아 선생에게는 처음부터 그들 문하(門下)로 거둘 뜻은 없었음에 틀림이 없었다.

돌아가신 스승을 떠올리게 되자 고죽의 눈길은 습관적으로 병실 모서리에 걸린 석담선생의 진적(眞蹟)에 머물렀다. 모든 것이 넉넉지 못한 때에 쓴 것에다 오랫동안 표구(表具)를 하지 않은 채 보관해 온 터라, 종이는 바래고 낙관의 주사(朱砂)도 날아가 희미한 누른색을 띠고 있었지만 스승의 필력만은 여전히 살아 꿈틀거리고 있었다.

金翅劈海 香象渡河

불행히도 석담선생은 외아들을 호열자로 잃고 또 특별히 제자를 택해 의발(衣鉢)을 전한 것도 아니어서, 임종 후로는 줄곧 석담의 고가(古家)를 지킨 고죽에게는 비교적 스승의 유품이 많았다. 그러나 장년(壯年)을 분방히 떠다니는 동안 돌보지 않은데다 동란까지 겹쳐 남아 있는 진적은 몇 점 되지 않았다. 언젠가 고죽은 병석에서 이미 머지 않아 스승을 뵈올 터인즉 후인(後人)의 용렬함을 어떻게 변명하겠는가, 하며 탄식한 적이 있는데 그 속에는 자신의 그와 같은 소홀함에 대한 뉘우침도 있었을 것이다. 그런데 그 중요한 예외가 지금의 액자였다. 그가 일평생 싫어하면서도 두려워하고, 이르고자 하면서도 넘어서고자 했던 스승의 가르침이 거기에 들어 있었기 때문이었다. 더이상 붓을 놀릴 수 없는 요즈음에 와서도 그 액자의 자획 사이에서 석담선생의 준엄한 눈길을 느낄 정도였다.

스물 일곱 때의 일이었다. 조급한 성취감에 빠진 그는 스승에게 알리지도 않고 문하를 빠져나왔다. 좋게 말하면 자기확인을 위해서였고 나쁘게 말해서는 자기과시의 기회를 찾아서였다. 그리고 그 뒤 석 달간 적어도 그 자신에게는 성공적인 유력(遊歷)이었다. 적파(赤坡)의 백일장에서는 장원을 했고, 내령(內嶺), 청하(淸夏), 두산(豆山) 등 몇 군데 남아 있던 영남의 서당(書堂)에서는 진객이 되었으며 더러는 산해진미에 묻혀 부호의 사랑에서 유숙하기도 했다. 석 달 뒤에 그동안 글씨나 그림을 받아가고 가져온 종이와 붓값 대신 받은 곡식을 한 짐 지어 돌아올 때만 해도 그의 호기는 만 장이나 치솟았다. 그러나 석담선생의 반응은 뜻밖이었다.

"그걸 내려놓아라."

문앞을 가로막은 석담선생은 먼저 짐꾼에게 메고 온 것을 내려놓게 했다. 그리고 이어 그에게도 말하였다.

"너도 필낭(筆囊)을 벗어 이 위에 얹어라."

도무지 거역할 엄두가 나지 않는 음성이었다. 그는 영문도 모르고 필낭을 벗어 종이와 곡식 꾸러미 위에 얹었다. 그러자 선생은 소매에서 그 무렵에는 당황(唐黃)으로 불리던 성냥을 꺼내더니 거기에다 불을 붙였다.

"선생님, 어쩔 작정이십니까?"

그제서야 황급하게 묻는 그에게 석담선생은 냉엄하게 대답했다.

"네 숙부의 부탁도 있고 하니 한 식객으로는 내 집에 붙여 두겠다. 그러나 그 선생님이란 말은 앞으로 결코 입에 담지 말아라. 아침에 붓을 쥐기 시작하여 저녁에 자기 솜씨를 자랑하는 그런 보잘것없는 환쟁이를 나는 제자로 기른 적이 없다."

그뒤 고죽은 노한 스승의 용서를 받는 데 꼬박 2년이 걸렸다. 처음 문하의 끝자리를 얻을 때보다 훨씬 참기 어려운 혹독한 시련의 세월이었다. 그리고 지금 올려다 보고 있는 글귀는 바로 그 감격적인 사면(赦免)을 받던 날 석담선생이 손수 써서 내린 것이었다.

글을 씀에, 그 기상은 금시조(金翅鳥)가 푸른 바다를 쪼개고 용(龍)을 잡아올리듯하고, 그 투철함은 향상(香象)이 바닥으로부터 냇물을 가르고 내를 건너듯하라⋯.

 그러고 보면 어렵고 어려웠던 입문(入門)의 과정도 고죽의 기억 속에는 일생을 가도 씻기지 않는 한(恨)과도 흡사한 빛 속에 싸여 있다.

 그 어떤 예감에서였는지 석담선생은 처음 그를 숙부에게서 떠맡을 때부터 차가운 경계로 대했다. 명문이라고는 해도 대를 이은 유자(儒者)의 집이라 본시 물려받은 살림도 많지 않았지만, 그리고 그 무렵은 그나마도 줄어 몇 안 되는 문인(門人)들이 봄가을로 올리는 쌀섬에 의지해 살아가고는 있었지만, 어린 그를 받아들인다는 것이 석담선생의 심기를 건드릴 만큼의 경제적인 부담은 아니었다. 거기다가 나중 그가 자라 거의 지탱할 수 없는 스승의 살림을 도맡아 살 때조차도 석담선생의 그런 태도는 조금도 변하지 않았던 것으로 보아 거기에는 무언가 본질적인 문제가 있었다.

 남들이 한두 해면 읽고 지나갈 소학을 몇 년씩이나 거듭 읽도록 버려둔 것이며, 열셋이나 된 그를 소학교 사학년에 집어넣어 굳이 자신의 학문과는 거리가 먼 곳으로 밀어낸 것도 석담선생의 그런 태도와 연관을 가지는 것이었다.

 그런데 거기 못지않게 이해할 수 없는 것은 그런 석담선생에 대한 그 자신의 감정이었다. 스승의 생전 내내, 그는 스승에 대한 형언할 수 없는 사모와 그에 못지않은 격렬한 미움으로 뒤얽혀 보내었다. 가만히 돌이켜보면, 그런 그의 감정 역시 어떤 필연적인 논리와는 멀었지만, 그것이 뚜렷이 자리잡기 시작한 시기만은 대강 짐작이 갔다. 열 여섯에 소학교를 졸업하고 석담선생의 집안에 남은 후부터 열 여덟에 정식으로 입문할 때까지였다. 그동안 그는 학비를 도와주겠다는 당숙 한 분의 호의도 거절하고, 또 나날이 달라지는 세상과 거기에 상응하는 신학문에 대한 동경도 외면한 채, 가망없는 석담선생의 살림을 맡아 꾸려 나갔다. 이미 문인들이 가져오는 쌀섬으로는 부족하게 된 양식은 소작 내준 몇 뙈기 논밭을 스스로 부쳐 충당했고, 한 점의 땔감을 위해서는 이십 리 삼십 리 길도 마다하지 않았다.

 사람들은 그런 그를 갸륵하게 여겼지만 실은 그때부터 그의 가슴에는 석담선생을 향한 치열한 애증의 불꽃이 타오르고 있었다. 봄날 산허리를 스쳐가는 구름 그늘처럼, 또는 여름날 소나기가 씻어간 들판처럼, 가을계곡의 물처럼, 눈 그친 후에 트인 겨울하늘처럼 유유하고 신선하고 맑고, 고요하면서도 또한 권태롭고 쓸쓸하고 적막한 석담선생의 삶은 그에게는 언제나 까닭 모를 동경인 동시에 불길한 예감이었다. 선생이 알듯말듯한 미소에 젖어 조는 듯 서안(書案) 앞에 앉아 있을 때, 그리하여 당신의 영혼은 이제는 다만 지난 영광의 노을로서만 파악되는 어떤 유연한 세계를 넘나들 때나 신기(神氣)가 번득이는 눈길로 태풍처럼 대필(大筆)을 휘몰아갈 때, 혹은 뒤꼍 한 그루의 해당화 그늘 아래서 탈속한 기품으로 난(蘭)을 뜨고 거문고를 어룰 때는 그대로 경건한 삶의 한 사표(師表)로 보이다가도, 그 자신이 돌보아 주지 않으면 반 년도 안 돼 굶어죽은 송장을 쳐야 할 것 같은 살림이나, 몇몇 늙은이와 이제는 열 손가락 안으로 줄어든 문인들을 빼면 일 년 가야 찾아 주는 이 없는 퇴락한 고가나, 고된 들일에서 돌아오는 그를 맞는 석담선생의 무력한 눈길을 대할 때면 그것이야말로 반드시 벗어나야 할 무슨 저주로운 운명처럼 느껴졌다.

그러나 결국 고죽의 삶을 지배한 것은 사모와 동경 쪽이었다. 새로운 세계로의 강렬한 유혹을 억누르고 신학문을 포기했을 때 이미 예측됐던 것처럼 그는 어느새 자신도 모를 열정으로 석담선생을 흉내내고 있었다. 문인들이 잊고 간 선생의 체본(體本), 선생이 버린 서화의 파지(破紙)나 동도(同道)들과 주고받다 흘린 문인화 같은 것들이 그의 주된 체본이었지만 때로는 대담하게 문갑에서 빼낼 때도 있었다.

처음 한동안 그가 썼던 지필(紙筆)은 후년에 이르러 회상할 때조차도 가슴에 썰렁한 바람이 일게 하는 것들이었다. 작은 글씨는 스스로 만든 사판(沙板)이나 분판(粉板)에 선생의 문인들이 쓰다 버린 몽당붓을 주워서 익혔고 큰 글씨는 남의 상석(床石)에 개꼬리 빗자루로 쓴 후 물로 씻어내리곤 했다. 그가 맨 처음 자신의 붓과 종이를 가져 본 것은 선생 몰래 붓방과 지물포에 갈비(솔잎) 한 짐씩을 해다 준 후였다….

석담선생은 나중에 그걸 고죽의 야망이라고 나무랐다지만, 그렇게 어려운 수련을 하면서도 그가 끝내 석담선생에게 스스로 입문을 요청하기는커녕 자신의 뜨거운 소망을 비치지조차 않은 것은 그 둘의 관계로 보아 잘 믿기워지지 않는다. 그러나 그것이야말로 그의 예술적인 자존심, 어떤 종류의 위대한 영혼에게서 발견되는 본능적인 오만이나 아니었던지.

그러던 어느날이었다. 아침 일찍부터 석담선생 내외가 나란히 집을 비워 그 홀로 빈 집을 지키게 된 그는 선생의 서실을 치우다가 문득 야릇한 충동을 느꼈다. 그때까지의 연마를 한눈으로 뚜렷이 보고 싶다는 충동이었다. 마침 석담선생이 간 곳은 백리 길이 넘는 어떤 지방 유림(儒林)의 시회(詩會)여서 그 날 안으로는 돌아올 수 없었다.

그는 곧 서탁을 펼치고 선생의 단계석(端溪石) 벼루에 먹을 갈기 시작했다. 선생의 법도에 따라 연진(硯屑)에 먹물 한 방울 튀기지 않고 묵지(墨池)가 차자 선생이 필낭에 수습하고 남긴 붓과 귀한 화선지를 꺼냈다.

먼저 그는 해서(楷書)로 안체(顔體) 쌍학명(雙鶴銘)을 임사(臨寫)했다. 추사(秋史)가 예천명(醴泉銘=구양순이 쓴 九成官醴泉銘)을 정서(正書)를 익히는 데에 으뜸으로 치던 것처럼 석담선생이 문인(門人)들에게 가장 힘써 익히기를 권하던 것인데, 종이와 붓이 익숙해짐과 동시에 체본과 흡사한 자획이 나왔다. 다음도 역시 안체 근례비(勤禮碑)…차츰 그는 고심참담하면서도 황홀한 경지로 빠져들었다.

그러다가 그가 돌연한 호통소리에 정신을 차린 것은 그무렵 들어 익히기 시작한 난정서(蘭亭序) 첫머리 <永和九年歲在癸丑…>을 막 끝낸 적후였다.

"이놈, 그만두지 못하겠느냐?"

놀란 눈을 들어 보니 어느새 어둑해진 방 안에 석담선생이 우뚝 서서 내려다보고 있었다. 호통소리는 높았지만 얼굴에는 노기보다 까닭 모를 수심과 체념이 서려 있었다. 그 곁에는 시(詩), 화(畵), 위기(圍棋), 점복(占卜), 의약(醫藥) 등 일곱 가지에 두루 능하다 해서 칠능군자(七能君子)란 별호를 가진 운곡(雲谷) 최선생이 약간 기괴하다는 표정으로 서 있었다.

당황한 그는 방 안 가득 널려 있는 글씨들을 허겁지겁 주워모았다. 예상과는 달리 석담선생은 그런 그를 망연히 바라보고만 있었다. 그때 운곡이 나섰다.

"글씨는 두고 가거라."

허둥거리며 방 안을 치운 후에 자신이 쓴 글씨를 들고 문을 나서는 고죽에게 이르는 말이었다. 그는 거의 반사적으로 시키는 대로 따랐다. 그러나 야릇한 호기심과 흥분으로 이내 사랑채 부근으로 돌아와 방 안의 소리에 귀를 기울였.

그 사이 불이 밝혀진 방 안에서는 한동안 종이 부스럭거리는 소리만 들리더니 이윽고 운곡이 물었다.

"그래, 진실로 석담께서 가르치시지 않았단 말씀이오?"

"어깨 너머 배웠다면 모르되 나는 결코 가르친 바 없소."

석담선생의 웬지 우울하고 가라앉은 대답이었다.

"그렇다면 실로 놀라운 일이오. 천품(天品)을 타고났소."

"…"

"왜 제자로 거두시지 않으셨소?"

"비인부전(非人不傳)——운곡께서는 왕우군(王右軍=왕희지)의 말을 잊으셨소?"

"그럼 저 아이에게 가르침을 전하지 못할 만큼 사람답지 못한 데가 있단 말씀이오?"

"첫째로 저 아이에게는 재기(才氣)가 너무 승하오. 점 획(點劃)을 모르고도 결구(結構)가 되고, 열두 필법(筆法)을 듣지 않고도 조정(調停)과 포백(布白)과 사전(使轉)을 아오. 재기로 도근(道根)이 막힌 생래의 자장(字匠)이오."

"온후하신 석담답지 않으신 말씀이오. 석담께서 그 도근을 열어 주시면 될 것 아니겠소?"

"그게 쉽겠소? 게다가 저 아이에게는 문자향(文字香)과 서권기(書卷氣)가 있을 리 없소. 그런데도 이 난(蘭)은 제법 간드러진 풍류로 어우러지고 있소."

"석담의 문하가 된 연후에도 문자향과 서권기에 빠질 리가 있겠소? 그만 거두시구려."

"본시 내가 맡은 것은 저 아이의 의식(衣食)뿐이었소. 나는 저 아이가 신학문이나 익혀 제 앞을 가리기를 바랐는데…"

"석담, 도대체 왜 그러시오? 인연이 없는 자도 배움을 구해 찾아들면 내쫓을 수 없는 법인데, 벌써 칠팔 년이나 한솥밥을 먹고 지낸 저 아이에게만 유독 냉정한 건 무슨 일이시오? 듣기에 저 아이는 벌써 몇 년째 석담의 어려운 살림을 도맡아 산다는데, 그 정성이 가긍하지도 않소?"

거기서 문득 운곡의 목소리에 결기가 서렸다. 운곡도 석담선생과 그 사이의 기묘한 관계를 들은 게 있는 모양이었다.

"너무 허물하지 마시오. 실은 나 자신도 왜 저 어린아이가 마음에 걸리는지 알 수 없소. 웬지 저 아이를 볼 때마다 이건 악연(惡緣)이다. 이런 기분뿐이오."

석담선생의 목소리가 가볍게 떨렸다.

"그럼 이렇게 하는 것이 어떻겠소? 석담, 정 꺼리끼신다면 사흘에 한 번이라도 좋으니 저 아이를 내게 보내시오. 이미 저 아이는 이 길을 벗어나기는 틀린 것 같소."

그러자 한동안 방 안에 침묵이 흘렀다. 이윽고 석담선생의 낮으나 결연한 목소리가 들렸다.

"그러실 필요는 없소이다. 내가 길러 보겠소."

그때 석담선생께서 악연이라 한 것은 무엇을 가리키는 말이었을까? 그리고 그렇게 말하면서도 갑자기 그를 받아들인 것은 무엇 때문이었을까.

고죽이 석담 문하에 정식으로 이름을 얹은 것은 그 다음날이었다. 하지만 그렇다고 무슨 엄숙한 입문의식이 있었던 것은 아니었다. 그날도 여느때처럼 지게를 지고 대문을 나서는 고죽을 석담선생이 불렀다.
"이제부터는 들일을 나가지 말아라."
마치 지나가면서 하는 듯한 말투였다. 그리고 갑작스런 명(命)에 어리둥절해 있는 고죽을 흘깃 건네보고는 약간 소리높여 재촉했다.
"지게를 벗고 사랑에 들란 말이다."
——그것이 그들 사제간의 숙명적인 입문의식이었다.

갑자기 방문을 여는 소리에 아련한 과거를 헤매이던 고죽의 의식이 현실로 돌아왔다. 잘 모아지지 않은 시선으로 문께를 보니 매향(梅香)이 들어서고 있었다. 그러자 이상하게 등줄기가 서늘해지며 눈앞이 밝아왔다. 얼마나 원망스러웠으면 이리로 찾아왔을꼬——고죽은 회한과도 흡사한 기분에 젖어 다가오는 매향을 바라보았다. 그러나 아니었다.
"아버님, 일어나셨습니까?"
추수였다. 가만히 다가와 그의 안색을 살피는 그녀의 화장기 없는 얼굴에는 짙은 수심이 끼어 있었다. 그는 힘을 다해 몸을 일으켰다. 그런 기색을 알아차렸던지 추수가 가만히 거들어 등받이에 기대 주었다. 몸을 일으키기가 어제보다 한결 불편해진 것이 그 자신에게도 저절로 느껴졌다.
"과일즙이라도 좀 내올까요?"
추수가 다시 물었다. 그는 대답 대신 그런 그녀의 얼굴을 멀거니 살피다가 힘없고 갈라진 목소리로 불쑥 물었다.
"네 어미를 기억하느냐?"
그가 이렇게 묻자, 추수가 놀란 듯한 눈길로 그를 올려보았다. 마지막으로 데리고 살던 할멈이 죽은 후 7년이나 줄곧 그 곁에서 시중을 들어 왔지만 한 번도 듣지 못한 물음이었기 때문인 것 같았다. 사실 그는 그보다 더 긴 세월을 매향의 이름조차 입에 담지 않았었다.
"사진밖에는…"
그럴테지, 불쌍한 것. 핏덩이 같은 것을 친정에 떼어 두고 다시 기방(妓房)에 나간 지 이태도 안 돼 그 어리석은 짓을 저질렀으니….
"그런데 아버님, 그건 왜?…"
"나는 조금 전에 네 어미가 들어오는 줄로 알았다."

"…"

"원래가 늙어 죽을 상(相)은 아니었지만, 그렇게 서두를 필요도 없었는데…"

그가 그렇게 말하며 새삼 비감에 젖는 것을 보자 일순 묘하게 굳어졌던 추수의 얼굴이 원래대로 풀어졌다.

"과일즙이라도 좀 내올까요?"

이윽고 분위기를 바꾸려고나 하는 듯이 추수가 다시 물었다. 그도 얼른 매향의 생각을 떨치며 대답했다.

"작설(雀舌) 달여 둔 것이 있으면 그거나 한 모금 내오너라."

그러나 추수는 잠깐 창을 열어 방 안 공기를 갈아넣은 후 조용히 방을 나갔다.

그 어떤 열정이 나를 그토록 세차게 휘몰았던 것일까——추수가 내온 식힌 작설을 마시면서 고죽은 처음 매향을 만나던 무렵을 회상했다. 서른 다섯, 두번째로 석담선생의 문하를 떠난 그는 그로부터 십 년 가까운 세월을 이곳저곳 떠돌며 보내었다.

이미 중일(中日) 전쟁이 가까운 때였지만, 아직도 유림이며 서원 같은 것이 한 실체로 명맥을 잇고 있었고, 시회(詩會)며 백일장, 휘호회(揮毫會) 같은 것들이 이따금씩 열리고 있을 때였다. 시(詩) 서(書) 화(畵)에 두루 빼어났다 해서 삼절(三絶) 선생이라고까지 불렸던 석담의 전인(傳人)이었기 때문인지, 아니면 그 스승에게 꾸중을 들어가며 참가한 몇 번의 선전(鮮展) 입선(入選) 덕분인지 그의 여행은 억눌리고 찌든 시대에 비하면 비교적 호사스러웠다. 한 달에 한 번 정도는 팔도(八道) 어디선가 그에게 상좌(上座)를 내어주는 모임이 있었고, 한 고을에 하나쯤은 서화(書畵) 한 장에 한 달의 노자(路資)를 내줄 줄 아는 토호(土豪)가 남아 있었다.

고죽이 진주에 들르게 된 것도 그런 세월 중의 일이었다. 무슨 휘호회인가로 그 곳에서 잔치와 같은 열흘을 보내고 붓을 닦으며 행랑을 꾸리려는데 난데없는 인력거 한 채가 회장(會場)으로 쓰던 저택 앞에 머물러 그를 청했다. 전에도 없던 일은 아니었으나 재촉 속에 타고 나니 인력거는 당시 진주에서는 첫째가는 무슨 관(館)으로 들어갔다. 두 칸 장방에 상다리가 휘도록 요리상을 벌여 놓고 그를 기다리는 것은 뜻밖에도 대여섯의 일본사람과 조선인 두엇이었다. 서화를 아는 관공서의 장들과 개화된 지방유지들이었다.

매향은 그 술자리에 불려나온 기생들 중의 하나였다. 한창 술자리가 무르익어 갈 무렵 그 자리를 마련한 듯 보이는 동척(東拓)의 조선인 간부가 기생들을 향해

빙글거리며 물었다.

"누가 오늘 저녁에 이 선생님을 모시겠느냐?"

그러자 기생들 사이에서 간드러진 웃음이 한동안 일더니 그중의 하나가 쪼르르 다가와 그 앞에서 다홍치마를 걷었다. 드러난 것은 화선지 같은 흰 비단 속치마였다. 스물 두어 살이나 될까, 화려한 얼굴도 아니었고 요염한 교태도 없었지만 이상하게도 사람을 끄는 데가 있는 여자였다. 보아 온 대로 필낭을 끌르면서도 그는 한꺼번에 치솟는 술기운을 느꼈다.

"네 이름이 뭐냐?"

"매향입니다."

그녀는 전혀 주위를 의식하지 않은 듯 당돌하게 대답했다. 오히려 당황한 쪽은 그였다.

"그럼 매(梅)를 한 그루 쳐야겠구나."

그는 애써 태연한 척 말했지만 붓 든 손이 떨리는 것은 어쩔 수 없었다. 그런데 나중까지도 알 수 없었던 것은 그가 친 매였다. 떠나온 스승에 대한 자괴감 때문인지 그녀의 속치마에 떠오른 것은 그 자신의 매가 아니라 석담선생의 매였다. 등걸은 마르고 비틀어지고, 앙상한 가지에는 매화 두어 송이, 그것도 거의가 아직 피지 않은 봉오리였다. 곁들인 글귀도 석담선생의 것이었다.

梅一生寒不賣香

얼핏 보아서는 매향의 이름에서 딴 것 같지만, 일생을 얼어 지내도 향기를 팔지는 않는다는 내용이 일제말 권번기(券番妓)의 속치마에 어떻게 어울리겠는가. 그러나 지금까지도 남 모르는 부끄러움으로 남아 있는 일은 정작 그 뒤에 있었다.

"이 매가 어찌 어렇게 춥고 외롭습니까?"

낙관이 끝나고 매향이 그렇게 물었을 때 그는 매향에게만 들릴 만큼 낮고 침중하게 대답했다.

"정사초(鄭思肖)의 난(蘭)에 뿌리가 드러나지 않은 걸 보았느냐?"

그리고 뒤이어 역시 궁금히 여기는 좌중에게는 정월의 매화이기 때문이라고 설명했지만, 매향은 분명 알아들은 눈치였다. 정사초의 난초를, 망국의 한과 슬픔을 표현하는 그 드러난 뿌리(露根)를.

그 밤 매향은 스스럼없이 그에게 몸을 맡겼다.

"이 추운 겨울밤에 제 속치마를 적시셨으니, 오늘밤은 선생님께서 제 한몸을 거두어 주셔야겠습니다."

그 뒤 그는 매향과 함께 넉 달을 보내었다. 언젠가 흥겨움에 취해 넘은 봄꽃 화려한 영마루의 기억처럼 이제는 다만 즐거움과 달콤함의 추상만이 남아 있는 세월이었다. 그러다가 이윽고 그들의 날은 끝났다. 그가 망국의 한을 서화로 달래며 떠도는 선비가 아니었던 것처럼 그녀 역시 적장(敵將)을 안고 강물로 뛰어드는 의기(義妓)는 아니었다. 그가 자신도 모르는 열정에 휘몰려 떠도는 한낱 예인(藝人)에 불과하다면, 그녀도 또한 돌보아야 할 부모형제가 여덟이나 되는 가무기(歌舞妓)일 뿐이었다.

둘은 처음부터 결정된 일을 실천하듯 미움도 원망도 없이 헤어졌다. 매향은 권번으로 돌아가고, 그는 그 무렵 전주에서 열리게 된 동문의 전람회를 바라고 떠났다. 그것이 이 세상에서는 마지막 이별이었다.

그런데 이듬해 가을에 그렇게 헤어진 매향이 자신의 씨로 지목되는 딸아이를 낳았다는 소문을 들었다. 그 때 마침 내설악(內雪嶽)의 산사(山寺) 사이를 헤매고 있던 그는 별 생각 없이 추수(秋水)란 이름을 지어 보냈다. 슬프도록 맑은 가을 계곡의 물이 그 아이의 앞날에 대한 어떤 예감으로 그의 의식 깊이 와 닿은 것일까.

그리고 다시 몇 년인가 후에 그는 매향이 죽었다는 소문을 들었다. 어떤 부호의 첩으로 들어앉은 그녀는 마나님의 등쌀에 견디다 못해 석 냥이나 되는 생아편을 물에 타 마시고 젊은 목숨을 스스로 끊었다는 것이었다. 비정이라 해야 할지, 매향의 그같은 불행한 죽음을 전해 들어도 그는 별다른 슬픔을 느끼지 못했다. 다만 그녀의 몸을 빌어 태어난 자기의 딸이 있었다는 것과 그 아이가 어디서 어떻게 지내고 있는가 하는 것을, 그것도 얼핏 떠올렸을 뿐이었다.

그러나 그가 정작 추수의 얼굴을 처음 대하게 된 것은 그가 살고 있는 도시의 여학교로 그녀가 진학을 하게 된 뒤의 일이었다. 불행하게 죽은 누이 덕분으로 그런 대로 한 살림 마련한 그녀의 외삼촌은 누이에 대한 감사를 하나뿐인 생질녀(甥姪女)를 돌보는 일로 대신한 탓에 그녀는 별로 어려움 없이 지내고 있었지만, 그는 가끔씩 딸을 만나러 그 여학교엘 들르곤 했다. 다가오는 노년과 더불어 새삼 그리워지는 혈육의 정을 달래기 위해서였다.

그러다가 그들 부녀가 한집에 기거하게 된 것은 비교적 근년의 일이었다.

이 도시에 서실(書室)을 열고 집칸을 마련하여 정착하게 되면서부터 얻어 산 할멈이 죽자 다시 홀로가 된 그에게 월남전에서 남편을 잃고 역시 홀로가 된 추수가 찾아든 것이었다. 칠 년 전의 일로, 그때 추수의 나이는 가엾게도 스물 여섯이었다.

탕제(湯劑) 마시듯 미음 한 공기를 마신 고죽은 억지로 몸을 일으켜 세웠다. 미음그릇을 들고 나가던 추수가 비틀거리는 그를 부축하여 물었다.

"오늘도 나가시겠어요?"

"나가야지."

"어제도 허탕치시지 않았어요? 오늘은 김군만 보내 둘러보게 하시지요."

"직접 나가봐야겠다."

지난 여름에 퇴원한 이래 거의 넉 달 동안 그는 하루도 걸르지 않고 도심의 화랑가를 돌았다. 자신의 작품이 나오기만 하면 무조건 거두어들이는 것이었는데, 처음 거두어들일 때만 해도 특별히 이렇다 할 계획이 있었던 것은 아니었다. 그러나 지금은 차츰 어떤 결론으로 접근하고 있었다.

그것은 명확한 죽음의 예감과 결부된 것이었다. 담당의인 정박사는 담담하게 자신의 완쾌를 통고하였으나, 여러 가지로 미루어 그의 퇴원은 일종의 최종적인 선고였다. 줄을 잇는 문병객도 그러했지만, 그림자처럼 붙어 시중하는 추수의 표정에도 어딘가 어두움이 깃들어 있었다. 제대로 음식을 받아들이지 못하는 그의 위도 정박사가 말한 완쾌와는 멀었다. 입원 당시와 같은 격렬한 통증은 없었지만, 그는 그의 세포가 발끝에서부터 하나씩하나씩 파괴되어 오고 있는 듯한 느낌을 떨쳐 버릴 수 없었다.

"초헌(草軒)은 아직 연락이 없느냐?"

초헌은 추수가 김군이라고 부르는 제자의 아호였다. 그로부터 직접 호(號)를 받은 마지막 제자로 몇년째 그의 서실에 기식하고 있는 젊은이였다.

"반 시간쯤 있다가 들른다고 했어요. 하지만 오늘은 집에서…"

"아니, 나가봐야겠다. 채비를 해다오."

그는 간곡히 말리는 추수를 약간 엄한 눈길로 건너본 후 천천히 방안을 걸어 보았다. 몇 발짝도 옮기기 전에 눈앞이 가물거리며 몸이 자꾸만 기울어졌다. 추수가 근심스러운 눈으로 그런 그를 바라보다가 그가 다시 이부자리에 기대앉자 조용히 밖으로 나갔다. 그의 눈에 다시 석담선생의 휘호가 가득히 들어왔다.

석담선생의 말처럼 정말로 그들의 만남은 악연이었을까. 그가 문하에 든 후에도 그들 사제간의 묘한 관계는 변함이 없었다. 석담선생은 그가 중년에 들 때까지도 가슴속에 원망으로 남아 있을 만큼 가르침에 인색했다. 해자(楷字)부터 다시 시작할 때였다. 선생은 붓을 쥐기 전에 먼저 추사의 서결(書訣)을 외우도록 했다.

　글씨가 법도로 삼아야 할 것은 텅 비게 하여 움직여 가게 하는 것이다. 마치 하늘과 같으니, 하늘은 남북극이 있어서 그것으로 굴대를 삼아 그 움직이지 않는 곳에 잡아매고, 그런 후에 그 하늘을 항상 움직이게 한다. 글씨가 법도로 삼는 것도 역시 이와 같을 뿐이다. 이런 까닭으로 글씨는 붓에서 이루어지고, 붓은 손가락에서 움직여지며, 손가락은 손목에서 움직여지고, 손목은 팔뚝에서 움직여지며, 팔뚝은 어깨에서 움직여진다. 그리고 어깨니 팔뚝이니 팔목이니 하는 것은 모두 그 오른쪽 몸뚱어리라는 것에서 움직여진다….

　대개 그런 내용으로 시작되는 사백 자(字) 가까운 서결이었는데, 고죽은 그걸 한 자 빠뜨림 없이 외야 했다. 그 다음에 내준 것이 이미 선생 몰래 써본 안진경(顔眞卿)의 법첩 한 권이었다.

　"네가 이걸 백 번을 쓰면 본(本)은 될 것이고, 천 번을 쓰면 잘 쓴다 소리를 들을 것이며, 만 번을 쓰면 명필(名筆) 소리를 들을 수 있을 것이다."

　가르침은 오직 그뿐이었다. 그전과 달라진 것이 있다면 드러내놓고 연마할 수 있다는 것과 이틀에 한 번씩 운곡선생에게 들러 한학(漢學)을 배우게 된 정도였을까. 그러다가 꼬박 삼 년이 지난 후에 딱 한 마디를 덧붙였다.

　"숨을 멈추어라."

　이미 삼천 번을 쓴 연후에도 해자가 여전히 뜻대로 어울리지 않아 탄식할 때였다.

　사군자(四君子)에 있어서도 별로 다르지 않았다. 이를테면 난을 칠 때에도 손수 임사(臨寫)한 석파난권(石坡蘭卷) 한 권을 내밀며 말했다.

　"선 자리에서 성불(成佛)할 수 없고, 또 맨손으로는 용을 잡을 수가 없다. 오직 많이 쳐본 연후에라야만 가능하다."

　그리고는 그뿐이었다. 가끔씩 어깨너머로 그의 난을 구경하는 일이 있어도 입을 열어 자상하게 그 법을 일러주는 일은 없었다. 그러다가 그의 난이 거의 어우러져 갈 무렵에야 한 마디 덧붙였다.

　"왼쪽부터 쳐라, 돌은 붓을 거슬러 써야지."

　또 석담선생은 제자의 성취를 별로 기뻐하는 법이 없었다. 입문한 지 십 년에 가까워지면서 그의 솜씨는 선생의 동도들에게까지 은근한 감탄으로 오르내리게 되었다. 그러나 선생은 그런 말만 들으면 언제나 냉엄하게 잘라 말했다.

　"이제 겨우 흉내를 낼 수 있을 뿐이오."

스물 일곱 적에 그가 선생의 집을 나서게 된 것도 아마는 그런 선생의 냉담함에 대한 반발이었을 것이다. 그러나 세상사람들의 칭송을 들으면 들을수록 이상하게도 그는 반드시 스승의 칭찬을 받고 싶었다. 그것이 그를 석담선생 곁으로 되돌아오게 만들고, 다시 용서를 받을 때까지의 2년에 가까운 모멸과 수모를 참아내게 한 원인이었을 것이다.

그 2년 동안 다시 옛날의 불목하니로 돌아가 농사를 돌보고 나뭇짐을 해나르는 그를 선생은 대면조차 꺼렸다. 한번은 견딜 수 없는 충동 때문에 선생 몰래 붓을 잡아 본 적이 있었다. 은밀히 한 일이었지만, 그걸 알아차린 선생은 비정할이만치 매몰차게 말했다.

"나가서 몸을 씻고 오너라. 네 몸의 먹냄새는 창부(娼婦)의 지분냄새보다 더 견딜 수 없구나…"

그 뒤 다시 용서를 받고, 선생의 사랑방에서 지필을 만지는 것이 허락된 후에도 석담선생의 태도는 별로 달라지지 않았다. 아니, 오히려 그가 나이를 먹고 글씨가 무르익어 갈수록 선생의 차가운 눈초리에는 이해할 수 없는 불안까지 번쩍였다. 느긋해지는 것은 차라리 고죽 쪽이었다. 그런 스승의 냉담과 비정에 반평생 가까이 시달려 오는 동안, 그는 단순히 그것에 둔감해지거나 익숙해지는 이상 스승이 괴로워하고 불안해하는 것을 찾아내어 행함으로써 그로 인한 스승의 분노와 탄식을 즐기게까지 되었다. 몇 번의 단체 전람회와 선전(鮮展) 참가 같은 것이 그 예였다.

하지만 그들 불행한 사제간이 완연히 갈라서게 되는 날이 점점 가까와 오고 있었다. 석담선생이 불안해한 것, 그리고 그가 늘 스승을 경원하도록 만든 것이 세월과 더불어 하나 둘 모습을 드러내게 된 것이었다.

본질적으로 일치될 수 없는 것은 그들의 예술관이라 할까, 서화에 대한 그들의 견해였다. 석담선생의 글씨는 힘을 중시하고 기(氣)와 품(品)을 숭상했다. 그러나 그는 아름다움을 중히 여기고 정(情)과 의(意)를 드러내고자 힘썼다. 그림에 있어서도 석담선생은 서화를 심화(心畵)로 여겼고, 그는 물화(物畵), 즉 자신의 내심보다는 대상에 충실하려고 했다. 그 대표적인 예가 그들 사제 사이에 있었던 유명한 매죽(梅竹) 논쟁이었다.

사군자 중에서 석담이 특히 득의해하던 것은 대나무와 매화였다. 그런데 그 대나무와 매화가 한일합방을 경계로 이상한 변화를 일으켰다. 대원군도 신동(神童)의 그림으로 감탄했다는 석담의 대나무와 매화는 원래 잎과 꽃이 무성하고 힘차게 뻗은 것이었으나 그때부터 점차 시들고 메마르고 뒤틀리기 시작한 것이었다. 그것은 후년으로 갈수록 심해 노년의 것은 대 한 줄기에 잎파리 세 개, 매화 한 등걸에 꽃 다섯 송이가 넘지 않았다. 고죽에게는 그것이 불만이었다.

"선생님께서는 어째서 대나무의 잎을 따고 매화의 꽃을 훑어 버리십니까?"

이제는 고죽도 장년이 되어 석담선생이 전처럼 괴팍을 부리지 못하게 되었을 때, 고죽이 그렇게 물었다.

"망국(亡國)의 대나무가 무슨 흥으로 그 잎이 무성하며, 부끄럽게 살아남은 유신(遺臣)의 붓에서 무슨 힘이 남아 매화를 피우겠느냐?"

"정소남(所南=정사초)은 난의 노근(露根)을 드러내어 망송(亡宋)의 한을 그렸고, 조맹부는 훼절(毀節)하여 원(元)에 출사(出仕)했지만, 정소남의 난초만 홀로 향기롭고 조맹부의 송설체(松雪體)가 비천하다는 말은 듣지 못했습니다"

"서화는 심화(心畵)니라. 물(物)을 빌어 내 마음을 그리는 것인즉 반드시 물의 실상(實相)에 얽매일 필요는 없다."

"글씨 쓰는 일이며 그림 그리는 일이 한낱 선비의 강개(慷慨)를 의탁하는 수단이라면, 그 얼마나 덧없는 일이겠습니까? 또 그렇다면 장부로 태어나 일평생 먹이나 갈고 화선지나 더럽히는 것이 얼마나 부끄러운 일입니까? 모르긴 하되 나라가 그토록 소중한 것일진대는, 그 흔한 창의(倡義)에라도 끼어들어 한 명의 적이라도 치고 죽는 것이 더욱 떳떳할 것입니다. 그런데도 가만히 서실에 앉아 대나무잎이나 떼어내고 매화나 훑는 것은 나를 속이고 물을 속이는 일입니다" "그렇지 않다. 물에 충실하기로는 거리에 나앉은 화공이 훨씬 앞선다. 그러나 그들의 그림이 서푼에 팔려 나중에는 방바닥 뚫어진 것을 메우게 되는 것은 뜻이 얕고 천했기 때문이다. 너는 그림이며 글씨 그 자체에 어떤 귀함을 주려고 하지만, 만일 드높은 정신의 경지가 곁들어 있지 않으면 다만 검은 것은 먹이요, 흰 것은 종이일 뿐이다"

이와 비슷한 것으로는 예도(藝道) 논쟁이 있다. 역시 고죽이 장년이 된 후에 있었던 것으로 시작은 고죽의 이러한 물음이었다.

"선생님 서화는 예(藝)입니까, 법(法)입니까, 도(道)입니까?"

"도다."

"그럼 서예(書藝)라든가 서법(書法)이란 말은 왜 있습니까?"

"예는 도의 향이며, 법은 도의 옷이다. 도가 없으면 예도 법도 없다."

"예가 지극하면 도에 이른다는 말이 있습니다. 예는 도의 향이 아니라 도에 이르는 문(門)이 아니겠습니까?"

"장인(匠人)들이 하는 소리다. 무엇이든 항상 도 안에 있어야 한다."
"그렇다면 글씨며 그림을 배우는 일도 먼저 몸과 마음을 닦는 일이겠군요?"
"그렇다. 그래서 왕우군(王右軍)은 비인부전(非人不傳)이란 말을 했다. 너도 이제 그 뜻을 알겠느냐?"

이미 육순에 접어들어 늙음의 기색이 완연한 석담선생은 거기서 문득 밝은 얼굴이 되어 일생을 불안하게 여겨 오던 제자의 얼굴을 살폈다. 그러나 고죽은 끝내 그의 기대를 채워 주지 않았다.

"먼저 사람이 되기 위해서라면 이제 예닐곱 살 난 학동들에게 붓을 쥐어 자획을 그리게 하는 것은 어찌된 일입니까? 만약 글씨에 도가 앞선다면 죽기 전에 붓을 잡을 수 있는 이가 몇이나 되겠습니까?"

"기예를 닦으면서 도가 아우르기를 기다리는 것이다. 평생 기예에 머물러 있으면 예능(藝能)이 되고, 도로 한 발짝 나가게 되면 예술이 되고, 혼연히 합일되면 예도가 된다."

"그것은 예가 먼저고 도가 뒤라는 뜻입니다. 그런데도 도를 앞세워 예기(藝氣)를 억압하는 것은 수레를 소 앞에다 묶는 격이 아니겠습니까?"

그것은 석담 문하에 든 직후부터 반생에 이르는 고죽의 항변이기도 했다. 그에 대한 석담선생의 반응은 날카로웠다. 그를 받아들일 때부터의 불안이 결국 적중하고 만 것 같은 느낌 때문이었으리라.

"이놈, 네 부족한 서권기(書卷氣)와 문자향(文字香)을 애써 채우려들지는 않고 도리어 요망스런 말로 얼버무리려 하느냐? 학문은 도에 이르는 길이다. 그런데 너는 경서(經書)에도 뜻이 없었고, 사장(詞章)도 즐거워하지 않았다. 오직 붓끝과 손목만 연마하여 선인(先人)들의 오묘한 경지를 자못 여실하게 시늉하고 있으니 어찌 천예(賤藝)와 다름이 있겠는가? 그래 놓고도 이제 와서 부끄러워하기는커녕 오히려 앞사람의 드높은 정신의 경지를 평하려들다니 뻔뻔스러운 놈."

그러다가 급기야 그들 두 불행한 사제가 돌아서는 날이 왔다. 고죽이 서른 여섯 나던 해였다.

그 무렵 고죽은 여러 면에서 몹시 지쳐 있었다. 다시 석담의 문하로 돌아간 그 팔년 동안 그의 고련(苦練)은 열성스럽다 못해 참담할 지경이었다. 하도 자리를 뜨지 않고 서화에 열중하는 바람에 여름이면 엉덩이께가 견디기 힘들 만큼 진물렀고, 겨울에는 관절이 굳어 일어나 상받기가 어려울 지경이었다. 석담선생의 말없는 꾸짖음을 외면한 채 서화와 관련이 없으면 어떤 것도 보지 않았고 어떤 말도 들지 않았다. 이미 그 전에 십 년 가까이 석담 문하에서 갈고 닦았지만, 후년에 이르기까지도 고죽은 그 팔 년을 생애에서 가장 귀중한 부분으로 술회하곤 했다. 그 전의 십 년이 오직 석담의 경지에 오르고자 노력한 십 년이라면, 그 팔 년은 석담으로부터 벗어나려는 몸부림의 팔 년이었다.

그 사이 그의 기법은 난숙해졌고, 거기에 비례해서 그의 이름도 차츰 그 세계에 알려지게 되었다. 평자에 따라서 다르지만, 어떤 이는 지금도 재기와 영감이 번득이는 그 시절의 글씨와 그림을 일생의 성취 중에서 으뜸으로 치고 있었다. 그러나 고죽은 불타 버린 후의 적막과 공허라고 할까, 차츰 깊이 모를 허망감에 빠져들어 갔다.

그것은 대략 두 가지 방향에서 온 허망감이었다. 그 하나는 묵향과 종이먼지 속에 속절없이 흘러가 버린 그의 청춘이었다. 그에게는 운곡의 중매로 맞아들인 아내와 두 아이가 있었지만 그들은 처음부터 문갑(文匣)이나 서탁(書卓)처럼 필요의 대상이었지 열정의 대상은 아니었다. 그의 젊음, 그의 소망, 그의 사랑, 그의 동경은 오직 쓰고 또 쓰는 일에 바쳐졌을 뿐이었다. 그런데 이제 그의 젊음이 늦가을의 가지 끝에 하나 남은 잎새처럼 애처롭게 펄럭이는 순간도 모든 걸 바쳐 추구했던 것은 여전히 봉우리 너머의 무지개처럼 멀고 도달이 불확실했다….

그 다음 그의 허망감에 자극한 것은 점차 한 서예가로 성장해 가면서 부딪히게 된 객관적인 자기승인의 문제였다. 열병과도 같은 몰입(沒入)에서 서서히 깨어나면서부터 고죽은 스스로에게 자조적으로 묻곤 했다. 내가 무슨 짓을 해왔으며, 하고 있나고. 그리고 스승과 다툴 때의 의미와는 다르게 되물었다. 장부로서 이땅에 태어나 한평생을 먹이나 갈고 붓이나 어루면서 보내도 괜찮은 것인가고. 어떤 이는 조국의 광복을 위해 해외로 떠나고, 혹은 싸우다가 죽거나 투옥되었으며, 어떤 이는 이재(理財)에 뜻을 두어 물산(物産)을 일으키고 헐벗은 이웃을 돌보았다. 어떤 이는 문화사업을 통해 몽매한 동족을 일깨웠고, 어떤 이는 새로운 학문에 전념하여 지식으로 사회에 봉사하였다. 그런데도 자신의 반생은 어떠하였던가. 시선은 언제나 그 자신에게만 쏠려 있었고, 진지하고 소중하게 여겼던 지난 날의 그 힘든 수련도 실은 쓸쓸한 삶에서의 도피거나 주관적인 몰입에 불과하였다. 자신만을 향해 있는 삶, 오오, 자신만을 향해 있는 삶….

그런데 그 가을의 어느 날이었다. 이미 가끔씩 노환으로 자리보전을 하던 석담 선생은 그날도 병석에서 일어나기 바쁘게 종이와 붓을 찾았다. 그것도 그 무렵에는 거의 쓰지 않던 대필(大筆)과 전지(全紙)였다. 벌써 몇 달째 종이와 붓을 가까이 않던 고죽은 그런 스승의 집착에 까닭모를 심화를 느끼며 먹을 갈기 바쁘게 스승 곁을 물러나고 말았다. 어딘가 모르게 스승의 과장된 집착에는 제자의 방황을 비웃는 듯한 느낌이 드는 데가 있었던 것이다. 그러나 한동안 뜰을 서성이는 사이에 그는 문득 늙은 스승의 하는 양이 궁금해졌다.

방에 돌아오니 석담선생은 붓을 연진(硯唇)에 기대 놓고 눈을 감은 채 숨을 헐떡이고 있었다. 바닥에는 방금 쓰다가 그만둔 것인 듯 萬毫齊力 넉 자 중에서 앞의 석 자만이 쓰여져 있었다.

"소재(蘇齋=翁方綱)는 일흔 여덟에 참깨 위에 <天下太平> 넉 자를 썼다고 한다. 나는 아직 일흔도 차지 않았는데 이 넉 자 <萬毫齊力>을 단숨에 쓸 힘도 남지 않았으니…"

그렇게 탄식하는 석담선생의 얼굴에는 자못 처연한 기색이 떠올랐다. 그러나 고죽은 그 말을 듣자 억눌렸던 심화가 다시 솟아올랐다. 스승의 그같은 표정은 그에게는 처연함이 아니라 오히려 자신만만함으로 비쳤다.

"설령 이 글을 단숨에 쓰시고, 여기서 금시조(金翅鳥)가 솟아오르며 향상(香象)이 노닌들, 그게 선생님을 위해 무슨 소용이겠습니까?"

고죽은 자신도 모르게 심술궂은 미소를 띠며 물었다. 이마에 송글송글 땀이 맺힌 채 기진해 있던 석담선생은 처음 그 말에 어리둥절한 표정이었다. 그러나 이내 그 말의 참뜻을 알아들은 듯 매서운 눈길로 그를 노려보았다.

"무슨 소리냐? 그와 같이 드높은 경지는 글씨를 쓰는 어떤 누구든 일생에 단 한 번이라도 이르러 보고 싶은 경지다."

"거기에 이르러 본들 그것이 우리에게 무엇을 줄 수 있단 말입니까?"

고죽도 지지 않았다.

"태산에 올라 보지도 않고, 거기에 오르면 그보다 더 높은 산이 없을까를 근심하는구나, 그럼 너는 일찍이 그들이 성취한 드높은 경지로 후세에까지 큰 이름을 드리운 선인들이 모두 쓸모없는 일을 하였단 말이냐?"

"자기를 속이고 남을 속인 것입니다. 도대체 종이에 먹물을 적시는 일에 도가 있은들 무엇이며, 현묘(玄妙)함이 있은들 그게 얼마나 대단하겠습니까? 도로 이름하면 백정이나 도둑에게도 도가 있고, 뜻을 어렵게 꾸미면 장인이나 야공(冶工)의 일에도 현묘함이 있습니다. 천고에 드리우는 이름이 있다 하나 이 나(我)가 없는데 문자로 된 나의 껍데기가 낯모르는 후인들 사이를 떠돈들 무슨 소용이 있겠으며, 서화가 남겨진다 하나 단단한 비석도 비바람에 깎이는데 하물며 종이와 먹이겠읍니까? 거기다가 그것을 살아 그들의 몸을 편안하게 해주지도 못했고 헐벗고 굶주리는 이웃을 도울 수도 없었습니다. 그들은 그 허망함과 쓰라림을 감추기 위해 이를 수도 없고 증명할 수도 없는 어떤 경지를 설정하여 자기를 위로하고 이웃과 뒷사람을 흘렸던 것입니다…"

그때였다. 고죽은 불의의 통증으로 이마를 감싸안으며 엎드렸다. 노한 석담선생이 앞에 놓인 벼루 뚜껑을 집어던진 것이다. 샘솟듯 솟는 피를 훔치고 있는 고죽의 귀에 늙은 스승의 광기어린 고함소리가 들려왔다.

"내 일찍이 네놈의 천골(賤骨)을 알아보았더니라. 가거라. 너는 진작부터 저자거리에 나앉아야 할 놈이었다. 용케 천골을 숨기고 오늘날에 이르렀으니 이제 나가면 글씨 한 자에 쌀됫박은 후히 받을 게다…"

결국 그 자리가 그들의 마지막 자리였다. 그길로 석담선생의 집을 나선 고죽이 다시 돌아온 것은 이미 스승의 시신이 입관(入棺)된 뒤였다.

벌써 삼십여 년 전의 일이건만 고죽은 아직도 희미한 아픔을 느끼며 이제는 주름살이 덮여 흉터가 별로 드러나지 않는 왼쪽 이마어름을 만져 보았다. 그러나 그와 함께 떠오르는 스승의 얼굴은 미움도 두려움도 아닌, 그리움 그것이었다.

단어

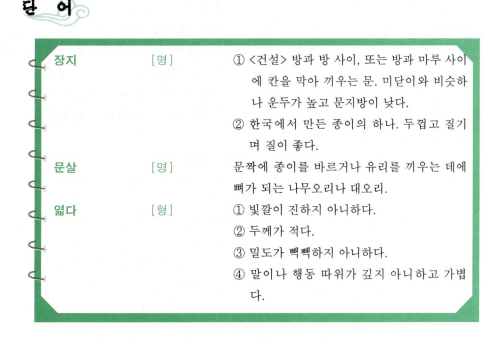

장지	[명]	① <건설> 방과 방 사이, 또는 방과 마루 사이에 칸을 막아 끼우는 문. 미닫이와 비슷하나 운두가 높고 문지방이 낮다. ② 한국에서 만든 종이의 하나. 두껍고 질기며 질이 좋다.
문살	[명]	문짝에 종이를 바르거나 유리를 끼우는 데에 뼈가 되는 나무오리나 대오리.
엷다	[형]	① 빛깔이 진하지 아니하다. ② 두께가 적다. ③ 밀도가 빽빽하지 아니하다. ④ 말이나 행동 따위가 깊지 아니하고 가볍다.

서실	[명]	=서재(書齋).
고지식하다	[형]	성질이 외곬으로 곧아 융통성이 없다.
핀잔	[명]	맞대어 놓고 언짢게 꾸짖거나 비꼬아 꾸짖는 일.
갸륵하다	[형]	착하고 장하다.
군더더기	[명]	쓸데없이 덧붙은 것.
합판	[명]	<식물> 꽃잎이 서로 붙음.
산발	[명]	머리를 풀어 헤침. 또는 그 머리.
넋두리	[명]	① 불만을 길게 늘어놓으며 하소연하는 말. ② <민속>굿을 할 때에, 무당이나 가족의 한 사람이 죽은 사람의 넋을 대신하여 하는 말.
섬뜩	[부]	갑자기 소름이 끼치도록 무섭고 끔찍한 느낌이 드는 모양.
탈상	[명]	=해상(解喪).
궁하다	[형]	① 가난하고 어렵다. ② 일이나 물건 따위가 다하여 없다. ③ 일이 난처하거나 막혀 피하거나 변통할 도리가 없다.
기어이	[부]	=기어코 . 결국에 가서는.
쩔쩔매다	[동]	① 어찌할 줄 몰라서 정신을 못 차리고 헤매다. '절절매다'보다 센 느낌을 준다. ② 어떤 사람이나 일 따위에 눌리어 기를 펴지 못하다. '절절매다'보다 센 느낌을 준다.
환국	[명]	=귀국(歸國).
웅혼하다	[형]	글이나 글씨 또는 기운 따위가 웅장하고 막힘이 없다.
유려하다	[형]	글이나 말, 곡선 따위가 거침없이 미끈하고 아름답다.
굼틀거리다	[동]	몸의 한 부분이 구부러지거나 비틀어지며 자꾸 움직이다.
호열자	[명]	<의학> '콜레라'의 음역어. '괴질'로 순화.

용렬하다	[형]	① 용맹스럽고 장렬하다.
		② 사람이 변변하지 못하고 졸렬하다.
진객	[명]	귀한 손님.
부호	[명]	재산이 많은 집.
거역하다	[동]	윗사람의 뜻이나 지시 따위를 따르지 않고 거스르다.
냉엄하다	[형]	① 태도나 행동이 냉정하고 엄하다.
		② 일이나 상황이 조금도 빈틈없이 엄격하다.
환쟁이	[명]	'화가(畫家)'를 낮잡아 이르는 말.
쪼개다	[동]	둘 이상으로 나누다.
투철하다	[형]	① 사리에 밝고 정확하다.
		② 속속들이 뚜렷하고 철저하다.
지탱	[명]	오래 버티거나 배겨 냄.
도맡다	[동]	혼자서 책임을 지고 몰아서 모든 것을 돌보거나 해내다.
형언하다	[동]	형용하여 말하다.
동경	[명]	어떤 것을 간절히 그리워하여 그것만을 생각함.
가망	[명]	될 만하거나 가능성이 있는 희망.
소작	[명]	<농업> 농토를 갖지 못한 농민이 일정한 소작료를 지급하며 다른 사람의 농지를 빌려 농사를 짓는 일. 늑반작(半作).
마다하다	[동]	거절하거나 싫다고 하다.
유유하다	[형]	깊고 그윽하다.
유연하다	[형]	① 부드럽고 연하다.
		② 침착하고 여유가 있다.
		③ 속이 깊고 조용하다.
넘나들다	[동]	① 경계, 기준 따위를 넘어갔다 넘어왔다 하다.
		② 어떤 특정 장소 혹은 이곳저곳을 왔다 갔다 하다.
		③ 둘 이상의 사람 혹은 영역이 서로 왔다 갔다 하며 드나들다.

뒤꼍	[명]	집 뒤에 있는 뜰이나 마당.
어루다	[동]	'어르다'의 잘못.
경건하다	[형]	굳세고 튼튼하다.
송장	[명]	죽은 사람의 몸을 이르는 말.
퇴락하다	[동]	① 낡아서 무너지고 떨어지다. ② 지위나 수준 따위가 뒤떨어지다.
저주롭다	[형]	저주를 하여 마땅할 듯하다.
문갑	[명]	문서나 문구 따위를 넣어 두는 방세간. 서랍이 여러 개 달려 있거나 문짝이 달려 있고, 흔히 두 짝을 포개어 놓게 되어 있다.
몽당붓	[명]	끝이 다 닳아서 무딘 붓.
지물포	[명]	온갖 종이를 파는 가게.
아망	[명]	아이들이 부리는 오기.
야릇하다	[형]	무엇이라 표현할 수 없이 묘하고 이상하다.
연마	[명]	① 주로 돌이나 쇠붙이, 보석, 유리 따위의 고체를 갈고 닦아서 표면을 반질반질하게 함. ② 학문이나 기술 따위를 힘써 배우고 닦음.
고심참담	[명]	몹시 마음을 태우며 애를 쓰면서 걱정을 함.
수심	[명]	매우 근심함. 또는 그런 마음.
온후하다	[형]	성격이 온화하고 덕이 많다.
간드러지다	[형]	목소리나 맵시 따위가 마음을 녹일 듯이 예쁘고 애교가 있으며, 멋들어지게 보드랍고 가늘다.
가긍하다	[형]	불쌍하고 가엾다.
결기	[명]	① 못마땅한 것을 참지 못하고 성을 내거나 왈칵 행동하는 성미. 늑결. ② 곧고 바르며 과단성 있는 성미.
허물하다	[동]	허물을 들어 꾸짖다.
흘깃	[부]	가볍게 한 번 흘겨보는 모양.
아련하다	[형]	똑똑히 분간하기 힘들게 아렴풋하다.
시중들다	[동]	옆에서 직접 보살피거나 심부름을 하다.

찌들다	[동]	① 물건이 오래되어 때나 기름이 묻어 몹시 더럽게 되다.
		② 세상의 여러 가지 어려운 일에 몹시 시달려 위축되다.
장방	[명]	너비보다 길이가 길고 큰 방.
유지	[명]	① 마을이나 지역에서 명망 있고 영향력을 가진 사람.
		② 어떤 일에 뜻이 있거나 관심이 있는 사람.
끌르다	[동]	[방언] '끄르다'의 방언(강원).
자괴감	[명]	스스로 부끄러워한 느낌.
등걸	[명]	줄기를 잘라 낸 나무의 밑동.
앙상하다	[형]	① 꼭 짜이지 아니하여 어울리지 아니하고 어설프다.
		② 살이 빠져서 뼈만 남은 듯 바짝 마르다.
		③ 나뭇잎이 지고 가지만 남아서 스산하다.
침중하다	[형]	① 성격, 마음, 목소리 따위가 가라앉고 무게가 있다.
		② 병세가 심각하여 위중하다.
스스럼없다	[형]	조심스럽거나 부끄러운 마음이 없다.
기거	[명]	남에게 덧붙어서 사는 일.
집칸	[명]	① 집을 이루고 있는 칸살. 또는 하나하나의 칸.
		② 칸수가 얼마 안 되거나 한두 칸의 칸살로 된 변변하지 못한 집.
정착하다	[동]	① 일정한 곳에 자리를 잡아 붙박이로 있거나 머물러 살다.
		② 다른 물건에 단단하게 붙어 있다.
		③ 새로운 문화 현상, 학설 따위가 당연한 것으로 사회에 받아들여지다.
미음	[명]	입쌀이나 좁쌀에 물을 충분히 붓고 푹 끓여 체에 걸러 낸 걸쭉한 음식.
결부	[명]	일정한 사물이나 현상을 서로 연관시킴.
담담하다	[형]	① 차분하고 평온하다.

제11과 **금시조** (1)

		② 사사롭지 않고 객관적이다.
아호	[명]	문인이나 예술가 따위의 호나 별호를 높여 이르는 말.
채비	[명]	어떤 일을 하기 위하여 필요한 물건, 자세 따위를 미리 갖추어 차림. 또는 그 물건이나 자세.
간곡히	[형]	① 간사하고 꾀바르다.
		② 태도나 자세 따위가 간절하고 정성스럽다.
가물거리다	[동]	① 작고 약한 불빛 따위가 사라질 듯 말 듯 움직이다.
		② 조금 멀리 있는 물체가 보일 듯 말 듯 희미하게 움직이다.
휘호	[명]	붓을 휘두른다는 뜻으로, 글씨를 쓰거나 그림을 그리는 것을 이르는 말.
반발	[명]	① 탄력이 있는 물체가 되받아 튕김.
		② 어떤 상태나 행동 따위에 대하여 거스르고 반항함.
모멸	[명]	업신여기고 얕잡아 봄.
수모	[명]	모욕을 받음. '창피당함'으로 순화.
불목하다	[형]	서로 사이가 좋지 않다.
꺼리다	[동]	① 사물이나 일 따위가 자신에게 해가 될까 하여 피하거나 싫어하다.
		② 개운치 않거나 언짢은 데가 있어 마음에 걸리다.
비정하다	[형]	사람으로서의 따뜻한 정이나 인간미가 없다.
매몰차다	[형]	① 인정이나 싹싹한 맛이 없고 아주 쌀쌀맞다.
		② 목소리가 높고 날카로우며 옹골차다.
느긋하다	[형]	① 마음에 흡족하여 여유가 있고 넉넉하다.
		② 먹은 것이 내려가지 아니하여 속이 느끼하다.
경원하다	[동]	① 공경하되 가까이하지는 않다.
		② 겉으로는 공경하는 체하면서 실제로는 꺼

		리어 멀리하다.
비천하다	[형]	① 지위나 신분이 낮고 천하다.
		② 천박하고 상스럽다.
항변	[명]	대항하여 변론함. 또는 그런 변론.
적중하다	[형]	지나치거나 부족함이 없이 꼭 알맞다.
요망스럽다	[형]	① 요사스럽고 망령된 태도가 있다.
		② 언행이 방정맞고 경솔한 데가 있다.
얼버무리다	[동]	① 말이나 행동을 불분명하게 대충 하다.
		② 여러 가지를 대충 뒤섞다.
		③ 음식을 잘 씹지 아니하고 넘기다.
열성스럽다	[형]	보기에 열렬한 정성이 있다.
진무르다	[동]	'짓무르다'의 잘못.
술회	[명]	마음속에 품고 있는 여러 가지 생각을 말함. 또는 그런 말.
허망감	[명]	어이없고 허망한 느낌.
속절없다	[형]	단념할 수밖에 달리 어찌할 도리가 없다.
몰입	[명]	깊이 파고들거나 빠짐.
자조적(―的)	[관][명]	자기를 비웃는 듯한. 또는 그런 것.
전념	[명]	오직 한 가지 일에만 마음을 씀.
노환	[명]	'노병(老病)'의 높임말.
처연하다	[형]	애달프고 구슬프다.
송글송글	[부]	'송골송골'의 잘못. 땀이나 소름, 물방울 따위가 살갗이나 표면에 잘게 많이 돋아나 있는 모양.
기진하다	[형]	기운이 다하여 힘이 없다.

연습

1. 다음 (　) 안에 알맞은 것을 고르십시오.

   (1) 어린 시절에 보았던 그의 연기에 (　) 나는 배우가 될 결심을 하였다.
   ① 감전되어　② 매료되어　③ 감동시켜　④ 감화시켜

   (2) 이와 같은 대형 참사가 다시는 반복되지 않도록 (　) 대비한 철저한 검사와 준비를 잊지 말아야 한다.
   ① 유사한　② 무사한　③ 유사시에　④ 무사시에

   (3) 겉으로 드러난 단어의 뜻에만 (　) 그 이면에 숨겨진 뜻을 파악해야 한다.
   ① 매달려서　　　　　② 매달리면서
   ③ 매달리지 말고　　④ 매달리기 때문에

   (4) 광진이는 중간고사 기간 내내 (　) 공부하느라 초주검이 되었다.
   ① 벼락치기로　　　　② 몰아쳐서
   ③ 밤을 새우느라　　④ 숨 돌릴 틈 없이

   (5) 때로는 관찰자가 되어 때로는 작중 인물이 되어 상황을 만들고 대화를 다듬는 것은 책을 읽으면서 얻었던 '상상하는 즐거움' 과는 (　)
   ① 매우 비슷한 느낌이었습니다.　② 또 다른 즐거움이었습니다.
   ③ 아예 달랐습니다.　　　　　　　④ 결코 그런 느낌이 아니었습니다.

2. 다음 밑줄 친 부분과 의미가 가장 비슷한 것을 고르십시오.

   (1) 성공한 사람은 박수와 갈채를 받지만, 실패한 사람은 모욕과 비난의 대상이 <u>되기가 일쑤이다</u>.
   ① 되기가 어렵다　　② 되기에 적당하다
   ③ 되기가 쉽다　　　④ 되기 편하다

   (2) 현재 부동산 시장이 거품 수준은 아니라는 <u>주장도 만만치 않다</u>.
   ① 주장도 놓치지 않는다　　② 주장도 많지 않다
   ③ 주장도 무시하지 못한다　④ 주장도 쉽지 않다

(3) 동희는 노래를 무척 잘 하는데, 교내에서 그의 인기는 연예인 못지않다.
　　① 연예인에 미치지 못한다　　② 연예인만 못하다
　　③ 연예인처럼 많다　　　　　④ 연예인이 될 수 없다

● 3. 다음 밑줄 친 부분 중 잘못된 것을 고르십시오.

(1) (　　)
　　① 어려운 일처럼 보이지만 고작 해 보면 힘들이지 않고 할 수 있다.
　　② 다른 것과 비교해 볼 때, 비로소 좋고 나쁨을 알게 된다.
　　③ 누나가 왜 화를 내는지 도무지 이유를 알 수 없었다.
　　④ 아이들은 한창 배워야 할 나이인데도 가난 때문에 학교에 가 보지 못했다.

(2) (　　)
　　① 다음 주에 홍보 전략 기획안을 발표하게 되었는데 잘못하면 따가운 눈총을 받을 것이다.
　　② 요리사로 일할 때 정성 들여 음식을 만들어도 맛없다고 핀잔을 듣기 일쑤였다.
　　③ 많은 사람들 중에서도 하얀 옷을 입은 그녀는 단연 모든 사람의 눈길을 잡았다.
　　④ 공업의 발전에 따라 에너지 소비량은 하루가 다르게 급격히 늘어나고 있다.

● 4. 다음 글을 읽고 물음에 답하십시오.

　　21세기 정보화 사회는 통계 없이 존재할 수 없다고 해도 과언이 아니다. 주먹구구식의 통계로는 선진국 진입이 (　㉠　) 없다. 정부는 이번 감사원의 지적을 (　㉡　)이 아니라 이번만큼은 귀담아 들어 각 분야에서 정확하고, 정직하고, 통일된 통계를 수립할 것을 촉구한다.

(1) ㉠에 알맞은 말을 고르십시오.
　　① 멀어진다고 하여도　　② 멀어진대도
　　③ 멀어진다손 치더라도　　④ 멀어질 수밖에

(2) ⓒ에 알맞은 말을 고르십시오.
　① 하나를 들으면 열을 아는 것
　② 한 손으로는 손뼉을 못 칠 것
　③ 한 입 건너고 두 입이라고 말할 것
　④ 한 귀로 듣고 한 귀로 흘릴 것

5. 다음 글을 읽고 물음에 답하십시오.

　　여유는 성공을 부른다. 말을 거는 것이 잘 안 되는 사람이라면 우선 밝게 웃으며 잘 들어주는 사람으로 어필하는 것이 좋다. 조급하게 생각하지 않고 잘 들어주고 웃어주다 보면 가벼운 질문이나 농담으로 (㉠) 되면서 말문이 터지게 된다. '누가 말을 걸고 많이 하느냐'보다 '얼마나 손을 내밀 자세가 되어 있느냐'가 더 중요하다고 생각한다. 미국 펜실베이니아대학교에 가드비 교수는 "포옹은 감정이나 신체를 최고 상태로 만들고, 상대방과 가장 밀접하게 관계 맺고 있다는 하나의 증거"라며 포옹예찬론을 폈다. 두 사람이 ㉡꼭 껴안으면 안정감이 생기고 기분이 좋아지며 외로움도 사라진다는 것이다. 가까이에 있는 가족들부터라도 자주 손잡아주고 껴안아준다면 어떨까? 서로 말로 상처내고 말로 상심할 필요 없이 모든 것을 포옹하는 몸의 언어로 그냥 말없이 (㉢) 주는 것이다. 사람의 체온, 그것보다 따뜻한 건 세상에 없다.

(1) ㉠에 알맞은 말을 고르십시오.
　① 끼어들지 않게　　　　② 끼어들자고 하게
　③ 끼어들 수 있게　　　　④ 끼어들수록 끼어들게
(2) ㉡과 바꿔 쓸 수 있는 말을 고르십시오.
　① 힘주어　② 느슨히　③ 정녕코　④ 반드시
(3) ㉢에 알맞은 말을 고르십시오.
　① 건네어　② 보듬어　③ 바라봐　④ 돌아와

6. 다음을 읽고 물음에 답하십시오.

　　임금 협상안에 대한 견해차를 좀처럼 좁히지 못하고 파국으로 치닫던 한국 기업의 노사 협상이 어젯밤 12시에 (㉠) 타결되었다. 이번 합의는 파국으로 인한 여론 악화로 명분과 실리를 모두 ㉡잃는 것보다 명분만이라도 얻는 게 낫다는 노사 양측의 전략적 입장 변화에 따라 이루어졌다.

(1) ㉠에 알맞은 것을 고르십시오.
① 전적으로　　　② 단적으로　　　③ 극적으로　　　④ 질적으로
(2) ㉡과 바꾸어 쓸 때 알맞은 것을 고르십시오.
① 잃을지라도　　　　　　　② 잃을 바에야
③ 잃는다기보다는　　　　　④ 잃는 것은 물론이고

7. 다음을 읽고 물음에 답하십시오.

　최근에는 안정된 직장과 그 속에서 쌓은 경력을 미련 없이 버리고 새로운 분야에서 다시 일을 시작하는 사람들이 늘어나고 있다. 이러한 사람들은 ㉠똑같이 반복되는 답답한 일상에서 벗어나 끊임없이 새로운 모험을 즐기는 것을 좋아한다. 또한 이들은 비록 월급이 (㉡) 자신이 진정으로 원하는 일을 하겠다고 말한다. 이런 점에서 더 좋은 조건을 좇아 직장을 옮기는 사람들과는 다르다고 할 수 있다.

(1) ㉠과 바꾸어 쓸 때 알맞은 것을 고르십시오.
① 울며 겨자 먹기 같은　　　② 가시 방석에 앉은 듯한
③ 다람쥐 쳇바퀴 도는 듯한　④ 밑 빠진 독에 물 붓기 같은
(2) ㉡에 알맞은 것을 고르십시오.
① 줄어들진대　　　　　　② 줄어들지언정
③ 줄어들라치면　　　　　④ 줄어들다시피

8. 다음 글의 주제로 가장 적절한 것을 고르십시오.

(1) 산에 오르다 보면 많은 사람들이 전쟁을 치르듯 산행하는 것을 종종 볼 수 있다. 자신의 체력적인 한계를 고려하지 않고 다른 사람들을 쫓아가는 이들은 결국 얼마 가지 않아 결국 등산을 포기하고 하산하곤 한다. 자신의 속도는 무시한 채 다른 사람만을 쫓아가는 사람들은 자신

의 눈앞에 펼쳐진 절경을 볼 수 없다. 이들에게는 앞 사람의 뒤꿈치만 보일 뿐이다. 우리들이 자신만의 보폭, 자신만의 눈으로 세상을 볼 때 우리의 삶은 더욱 풍요로워지지 않을까.
① 등산과 전쟁의 유사점
② 산악 대장의 희생정신
③ 산악 등반 시 주의할 점
④ 자기 속도를 지키는 삶

(2) 많은 사람들이 약이란 몸에 좋은 것이며 안 먹는 것보다 먹는 것이 더 낫다는 인식을 갖고 있다. 그러나 약이란 쓰기에 따라 독이 될 수도 있는 강력한 화학 물질이다. 사람들이 가지고 있는 약에 대한 기존의 고정 관념은 오랜 세월에 걸쳐 쌓인 것이라 단번에 쉽게 깨뜨리기가 어렵다.
① 약을 남용하는 것은 좋지 않다.
② 오래된 인식을 바꾸는 것은 쉽지 않다.
③ 약은 몸뿐만 아니라 정신 건강에도 이롭다.
④ 아플 때는 약을 안 먹는 것보다 먹는 것이 더 낫다.

9. 다음 글을 읽고 물음에 답하십시오.

(가) 우리가 접하는 많은 문제들은 복합적이다. 일반적으로 복합적인 문제들은 다중적인 복잡성을 가지고 있다. 따라서 우리는 하나의 문제에 대해 여러 다양한 입장에서 접근해야 한다.

(나) 가령 안락사에 대해 살펴본다고 하자. 안락사의 문제는 다양한 관점에서 접근할 수 있다. 우리가 생각해 볼 질문은 "안락사를 허용하는 법이 제정되어야 하는가?"이다. 이 문제에 대해 효과적으로 철저히 사고하기 위해서는 안락사와 관련하여 윤리적, 과학적, 심리적, 경제적인 여러 가지 영역에 대한 사고가 필요하다.

(1) (가)와 (나)의 관계에 대한 설명으로 가장 적절한 것을 고르십시오.
① (나)는 (가)글의 내용에 대한 배경이다.
② (나)는 (가)글의 내용에 대한 결론이다.

③ (나)는 (가)글의 내용에 대한 추론이다.
④ (나)는 (가)글의 내용에 대한 예시이다.
(2) 이 글에 대한 필자의 태도로 적절한 것을 고르십시오.
① 감상적　　② 풍자적　　③ 실험적　　④ 논리적

10. 다음을 읽고 물음에 답하십시오.

딸애가 초등학교에 갓 입학했던 몇 해 전 봄에는 병아리를 키워본 적이 있었다. 그때도 딸애가 교문 앞 병아리 장수에서 이백 원에 두 마리를 사들고 와서 할 수 없이 식구로 삼았었다. 그 때의 소동이라니. 밤새 삐약거리고 중구난방으로 집안을 쏘다니고 쉴 새 없이 여기저기에 실례를 하고…. 그렇지만 물론 또 실패였었다. 어차피 ㉠그런 병아리는 길게 견디지 못하는 법이었다. 그때 딸애에게 단단히 일렀었다. 장난감 사듯이 가벼운 마음으로 살아 있는 목숨을 사오는 일은 이것으로 끝이라고. 그런데 아이는 또 유혹에 넘어갔다. "엄마, 이것 봐요. 눈이 별 같아. 상자 속에 수십 마리가 있었는데 이게 냉큼 내 손바닥에 올라오잖아요. 나를 좋아하나 봐. 옛날에 뽀삐를 처음 데려왔을 때도 그랬잖아요. 뽀삐 닮았어." 이제는 헤어져 남의 식구가 된 개와 닮았다는 구실로 딸애에게 선택된 병아리는 그날로 우리 집의 새 식구가 되었다. 다시 사랑 쌓기가 시작된 셈이었다. 그러나 이제까지 길게 설명했던 슬픈 추억들로 상심해 있던 나는 냉정해지고자 해를 쓰고 짐짓 그렇게 실행했다. 나뿐만이 아니라 딸애의 아버지도 정을 주지 않으려고 자꾸 모른 척했다. 그도 (㉡).

(1) ㉠이 의미하는 것을 고르십시오.
① 기르던 병아리가 죽고 말았다.
② 병아리를 다른 사람에게 주고 말았다.
③ 병아리를 길들이는 데 실패하고 말았다.
④ 병아리와 사는 데 익숙해질 수 없었다.
(2) ㉡에 들어갈 내용으로 알맞은 것을 고르십시오.
① 다가올 이별이 두려웠던 모양이었다.
② 냉정함을 유지하기가 어려웠던 모양이었다.

③ 딸아이의 요청을 거절하기 힘든 모양이었다.
④ 자신이 아이의 관심에서 멀어지는 것이 서운한 모양이었다.
(3) 이 글의 앞부분의 내용으로 적당한 것을 고르십시오.
① 병아리에 얽힌 아름다웠던 추억
② 기르던 동물들로 인해 마음 아팠던 기억
③ 아이가 동물 기르는 것을 좋아하게 된 계기
④ 동물에 대한 기호가 달라서 벌어진 가족 간의 갈등

11. 다음 글을 읽고 ( )에 알맞은 말을 쓰십시오.

(1) 지난 주말 가족과 함께 금정산에 올랐다. 봄기운이 완연한 초록빛 산에는 붉은색과 자주색 진달래꽃이 만발해 오가는 사람의 마음을 사로잡았다. 산 중턱에 오르자 진달래꽃을 열심히 따는 아주머니들이 있었다. 이유를 물어 보니 진달래꽃술을 담가 먹고 꽃전도 부쳐 먹는다고 했다. "그래도 꽃을 따는 것은 지나치다"고 하니까 "( )"는 통명스러운 답이 돌아왔다. 다른 사람에게 불쾌감을 주면서 자연을 훼손하는 모습으로밖에 보이지 않았다. 산에 핀 그대로 둔다면 산을 찾는 많은 사람에게 더 큰 즐거움을 주지 않겠는가.
( )

(2) 청계천이 본격적으로 서울의 관광명소로 자리잡아 가고 있다. 많은 사람이 도심 속의 휴식 공간으로 찾는 이곳이 요즘은 드라마나 광고 촬영지로도 인기가 있는 모양이다. 그런데 촬영에 필요한 공간 확보 탓에 지나다니는 시민들이 통행에 많은 방해를 받는다. 불편을 토로해도 소용없고, 일부의 경우 촬영 관계자들이 안하무인격으로 뻣뻣한 모습을 보이기조차 해 불쾌한 때가 한두 번이 아니다. 게다가 촬영 중인 연예인을 보기 위해 ( ). 모처럼 청계천을 찾은 시민들을 위해서라도 시민들의 통행이 잦은 시간대의 촬영은 피했으면 한다.
( )

제12과 금시조 (2)

"아버님, 김군이 왔습니다"
다시 추수의 목소리가 그를 끝모를 회상에서 깨나게 하였다. 이어 방문이 열리며 초헌(草軒)의 둥글넓적한 얼굴이 나타났다. 대할 때마다 만득자(晚得子)를 대하는 것과 같이 유별난 애정을 느끼게 하는 제자였다. 사람이 무던하다거나 이렇다할 요구 없이 일 년 가까이나 그가 없는 서실을 꾸려 가고 있는 탓도 있겠지만 그보다는 글씨 때문이었다. 붓 쥐는 법도 익히기 전에 행서(行書)를 휘갈기고, 점획결구(點劃結構)도 모르면서 초서(草書)며 전서(篆書)까지 그려대는 요즈음 젊은이들답지 않게 초헌은 스스로 정서(正書)로만 3년을 채웠다. 또 서력(書歷) 7년이라고는 하지만 7년을 하루같이 서실에만 붙어산 그에게는 결코 짧은 것이 아닌데도 그 봄의 고죽 문하생 합동전에는 정서 두어 폭을 수줍게 내놓았을 뿐이었다. 그러나 그의 글은 서투른 것 같으면서도 이상한 힘으로 충만돼 있어, 고죽에게는 남모를 감동을 주곤 했다. 젊었을 때는 그토록 완강하게 거부했지만 나이가 들수록 그윽하게 느껴지는 스승 석담의 서법을 연상케 하는 데가 있었기 때문이었다.

"오늘도 나가 보시렵니까? 추수 누님 말을 들으니, 거동이 불편하신 것 같은데…"

병석의 스승에게 아침문안도 잊은 채 초헌은 엉거주춤한 자세로 더듬거렸다. 그의 내숭스러워 뵈기까지 하는 어눌(語訥)도 젊었을 때의 고죽 같으면 분명 못 견뎌 했을 것이리라. 하지만 고죽은 개의치 않고 부드럽게 말했다.

"그러니까 한 점이라도 더 거두어들여야지. 그래, 시립도서관에 있는 것은 기어이 내놓지 않겠다더냐?"

"전임자(前任者)에게서 인수인계받을 때 품목에 있던 것이라 어쩔 수 없다고 했습니다."

"매계(梅溪)의 횡액(橫額)을 준다고 해도?"
"누구의 것이라도 품목을 바꿀 수는 없다는 게 관장님의 말씀이었습니다."
"알 수 없는 것들이로구나. 오늘은 내가 직접 만나봐야겠다."
"정말 나가시겠읍니까?"
"잔말 말고 가서 차나 불러오너라."

고죽이 다시 재촉하자 초헌은 묵묵히 나갔다. 궁금하다는 표정은 여전하였지만 스승이 왜 그렇게 집요하게 자신의 작품들을 거두어들이려 하는지는 그날도 역시 묻지 않았다.

날씨는 화창했다. 젊은 제자의 부축을 받고 화방골목 입구에서 내린 고죽은 차례로 화방을 돌기 시작했다. 몇 달째 반복되고 있는 순례였다.

"아이구, 고죽선생님, 오늘 또 나오셨군요. 하지만 들어온 건 하나도 없습니다. 선생님의 건강이 나쁘시단 소문이 돌았는지 모두 붙들고 내놓질 않는 모양이에요."

고죽을 아는 화방 주인들이 그런저런 인사로 반겨 맞았다. 계속 허탕이었다. 그러다가 다섯번째인가 여섯번째 화방에서 낯익은 글씨 한 폭을 찾아냈다. 행서 족자였다. 낙관의 고죽에 고자가 옛고(古)가 아니라 외로울 고(孤)로 되어 있는 것으로 보아 두번째로 석담 문하를 떠나 떠돌 때의 글씨 같았다.

"내 운곡선생의 난초 한 폭을 줌세. 되겠는가?"

그런 제안에 주인은 은근히 좋아하는 눈치였다. 고죽의 낙관이 있기는 하나 일반으로 외로울 고를 쓴 것은 높게 쳐주지 않을 뿐 아니라 들어온 것도 한눈에 알아볼 정도의 소품이었다. 거기다가 운곡선생의 난초가 어느 정도인지는 알 수 없으나, 고죽과의 그런 물물교환에 손해가 없다는 것은 이미 오래 전부터 동업자들 사이에 떠도는 소문이었다.

"선생님이 원하신다면 그렇게 해드리지요."

마침내 주인은 생색쓰듯 말했다.

"고맙네. 물건은 나중에 이 아이편에 보내주지."

"저희가 사람을 보내겠습니다. 아니, 제가 찾아가 뵙죠. 저녁나절이면 되겠습니까?"

"그러게."

그러자 주인은 족자를 말아 포장할 채비를 했다.

"쌀 필요 없어. 그냥 주게."

고죽이 그런 주인을 말리며 앙상한 손을 내밀었다. 그리고 족자를 받자 응접용의 소파에 가 앉으며 족자를 폈다.

"잠깐 쉬었다 가지."

누구에게랄 것도 없는 고죽의 말이었다.

玉露磨來濃霧生
銀箋染處淡雲起

고죽이 펴든 족자에는 그런 댓귀가 쓰여 있었다. 그 무렵 한동안 취해 있던 황산곡체(黃山谷=황정견)의 행서였는데, 술 한 잔 값으로나 써준 것인지 저획이 몹시 들떠 있었다. 그러자 다시 그 시절이 그리움도 아니고 회한도 아닌, 담담하여 오히려 묘한 빛깔로 떠올랐다.

…석담선생의 문하를 떠나온 후 한동안 고죽은 스승이 자기를 내쳤다고 믿었다. 함부로 서화를 흩뿌린 대가로 술과 여자에 파묻혀 살면서도 자신은 비정한 스승에 대한 정당한 보복을 하고 있는 것이라고 생각했다. 그러나 아니었다. 차츰 거리의 갈채와 속인들이 던져주는 푼돈에 익숙해지면서, 그리하여 그것들이 가져다 주는 갖가지 쾌락에 탐닉하게 되면서, 진실로 스승을 버리고 떠나온 것은 그 자신이라는 생각이 들었다.

그도 가끔씩은 지금 자기가 즐기고 있는 세상의 대가가 반생의 추구와는 아무런 관련이 없고 더구나 지난 날의 뼈를 깎는 듯한 수련을 보상하기에는 너무 초라한 것이라는 것을 떠올렸다. 노자 또는 붓값의 명목으로 그가 받는 그림값은 비록 고상한 외형을 갖추고 있어도 본질적으로는 기생에게 내리는 행하(行下)와 다를 바 없으며, 그가 받는 떠들썩한 칭송 또한 장마당의 사당패에게 보내는 갈채에 지나지 않았다. 그것들은 결국 마시면 마실수록 더욱 목말라진다는 바닷물 같은 것으로서, 스승의 문하를 떠날 때의 공허감을 더욱 크게 할 뿐이었다.

그런데도 그를 유탕(遊蕩)이며 낭비와도 같은 그 세월에 그토록 잡아둔 것은 그런 깨달음과 공허감 사이의 묘한 악순환이었다. 저열한 쾌락이 그의 공허감을 자극하고, 다시 그 공허감은 새로운 쾌락을 요구했다.

거기다가 그때까지 억눌리고 절제당해 왔던 그의 피도 한몫을 단단히 했다. 역시 그 무렵에 고향엘 들러 알게 된 것이지만 그의 부친은 천석 재산을 동서남북 유람과 주색잡기로 탕진하고 끝내는 건강까지 상해 서른 몇에 요절한 한량이었고,

그의 모친은 망부(亡夫)의 탈상을 기다리지 못해 이웃집 홀아비와 야반도주를 해 버린 분방한 여자였다. 소년시절에는 엄격한 스승의 가르침과 그 길밖에는 달리 구원이 없으리라는 절박감에, 그리고 청장년(靑壯年)시절에는 스스로 설정한 이상의 무게에 눌려 잠들어 있었지만, 한번 깨어난 그 피는 걷잡을 수 없게 그를 휘몰았던 것이다. 그는 미친 듯이 떠돌고, 마시고, 사랑하였다.

나중에 소위 대동아전쟁이 터지고, 일제의 가혹한 수탈이 시작되어 나라 전반이 더할 나위 없는 궁핍을 겪고 있을 때에도 그의 집요한 탐락은 멈출 줄 몰랐다. 아무리 모진 바람이 불어도 덕을 보는 사람들이 있듯이 그 총중에도 번성하는 부류가 있어 전만은 못해도 최소한의 필요는 그에게 제공해 주었던 것이다. 변절로 한몫 잡은 친일 인사들, 소위 그 문화적인 내지인(內地人)들, 수는 극히 적었지만 전쟁경기로 재미를 보던 상인들…

그러다가 고죽에게 한 계기가 왔다. 흘러흘러 총독부의 고등문관(高等文官)을 아들로 둔 허참봉(許參奉)이란 친일지주(親日地主)의 식객으로 있을 때였다. 어느 때 참봉인지는 알 수 없지만 그런대로 서화를 알아보는 눈이 있는 참봉영감은 가끔씩 원근의 묵객들을 불러 술잔이나 대접하는 것을 낙으로 삼고 있었다. 잡곡밥이나 대두박도 없어 굶주리던 대동아전쟁 막바지이고 보면, 실은 술잔이나마 조촐하게 내오고 몇 푼 노자라도 쥐어주는 것이 여간한 생색이 아닐 수 없었다. 게다가 친일지주라고는 해도 일찍 고등문관시험에 합격한 아들을 둔 덕에 일제의 남다른 비호를 받고 있다는 것뿐, 영감이 팔걷고 나서 일본사람들을 맞아들인 것은 아니어서, 청이 들어오면 대부분의 묵객들은 기꺼이 필낭을 싸들고 왔다. 그런데 고죽이 머물고 있는 동안에 공교롭게도 운곡선생이 찾아들었다. 고죽은 반가웠다. 그는 스승 석담선생의 몇 안 되는 지음(知音)의 하나였을 뿐만 아니라 고죽 자신도 육칠 년 가까이나 그에게서 한학을 익힌 인연이 있었다. 결과야 어떠했건 결혼도 그의 중매에 의한 것이었고, 석담의 문하를 떠날 때 가장 고죽을 잘 이해한 것도 그였다. 그러나 고죽의 반가운 인사에 대한 운곡선생의 반응은 뜻밖이었다.

"흥, 조상도 없고, 스승도 없고, 처자도 없는 천하의 고죽이 이 하찮은 늙은이는 어찌 알아보누?"

한때 고죽이 객기로 섰던 삼무자(三無子)란 호(號)를 찬바람 도는 얼굴로 그렇게 빈정거린 운곡선생은 허참봉의 간곡한 만류도 뿌리치고 선 채로 되돌아섰다.

"석담이 죽을 때가 되긴 된 모양이로구나. 너같은 것도 제자라고 돌아올 줄 믿고 있으니… 괘씸한 것."

그것이 대문간을 나서면서 운곡이 덧붙인 말이었다. 평소에 온후하고 원만한 인품을 지녔기에 운곡의 그러한 태도는 고죽에게 그야말로 절굿공이로 정수리를 얻어맞은 듯한 충격을 주었다.

그러지 않아도 고죽은 이미 그런 떠돌이 생활에 지칠대로 지쳐 있었다. 애초에 그를 사로잡았던 적막과 허망감은 감상적인 여정(旅情)이나 속인들의 천박한 감탄 또는 얕은 심미안(審美眼)이 던져주는 몇푼의 돈으로 달랠 수 있는 것이 아니었으며, 그런 것들에 뒤따르는 값싼 사랑이나 도취로 호도(糊塗)할 수 있는 것도 아니었다. 거기다가 나이도 어느새 마흔을 훌쩍 뛰어넘어, 지칠 줄 모르던 그의 피도 서서히 식어 가기 시작했다.

아마도 그 뒤에 있었던 오대산 여행은 꺼지기 전에 한 번 빛나는 불꽃과 같은 그의 마지막 열정에 충동된 것이었으리라. 운곡선생에 이어 허참봉에게 작별을 고한 그는 그 길로 오대산을 향했다. 그 어느 산사에 주지로 있는 옛벗의 하나를 바라고 떠난 것이었으나, 이미 그때껏 해온 과객(寡客)생활의 연장은 아니었다. 막연히 생각해 오던 늙은 스승에게로의 회귀가 이제는 더 이상 미룰 수 없는 일이 되면서, 그에 앞서 일종의 자기정화(自己淨化)가 필요함을 느꼈기 때문이었다.

무사히 그 산사에 이른 뒤 그는 거의 반 년에 가까운 기간을 선승(禪僧)처럼 지냈다. 그러나 십 년에 걸쳐 더껴앉은 세속의 먼지는 스승에 대한 오래된 분노와 더불어 쉽게 씻어지지 않았다. 새봄이 와도 석담의 문하로 돌아간다는 일이 좀체 흔연해지지 않았던 것이다.

그러던 어느 날이었다. 오전에 상좌중을 도와 송기(松肌)를 벗겨 내려온 그는 잠깐 법당 뒤 축대에 앉아 땀을 식히고 있었다. 그런데 그런 그의 눈에 희미하게 바랜 벽화 하나가 우연히 들어왔다. 처음에는 십이지신(十二支神)상 중에 하나인가 하였으나 자세히 보니 아니었다. 머리는 매와 비슷하고 몸은 사람을 닮았으며 날개는 금빛인 거대한 새였다.

"저게 무슨 새요?"

그는 마침 그곳에 나타난 주지에게 물었다. 주지가 흘깃 그림을 돌아보더니 대답했다.

"가루라(迦樓羅)외다. 머리에는 여의주가 박혀 있고, 입으로 불을 내뿜으며 용을 잡아먹는다는 상상의 거조(巨鳥)요. 수미산 사해(四海)에 사는데 불법수호팔부중(佛法守護八部衆)의 다섯째로, 금시조(金翅鳥) 또는 묘시조(妙翅鳥)라고 불리기도 하오."

그러자 문득 금시벽해(金翅碧海)라는 구절이 떠올랐다. 석담선생이 그의 글씨가 너무 재예(才藝)로만 흐르는 것을 경계하여 써준 글귀 중의 하나였다. 그러나 그때껏 그의 머리속에 살아 있는 금시조는 추상적인 비유에 지나지 않았었다. 선생의 투박하고 거친 필체와 연관된 어떤 힘의 상징이었을 뿐이었다. 그런데 이제 그 퇴색한 그림을 대하는 순간 그 새는 상상 속에서 살아 움직이기 시작했다. 잠깐이긴 하지만 그는 그 거대한 금시조가 금빛 날개를 퍼덕이며 구만리 창천을 선회하다가 세찬 기세로 심해(深海)를 가르고 한 마리 용을 잡아올리는 광경을 본 듯한 착각마저 들었다. 그제서야 그는 객관적인 승인이나 가치부여의 필요없이, 자기의 글에서 일생에 단 한 번이라도 그런 광경을 보면 그것으로 그의 삶은 충분히 성취된 것이라던 스승을 이해할 것 같았다….

이튿날 고죽은 행장을 꾸려 산을 내려왔다. 해방 전 해의 일이었다.

이미 스승은 돌아가신 후였지——고죽은 후회와도 비슷한 심경으로 석담선생의 문하로 돌아오던 날을 회상했다. 평생을 쓸쓸하던 문전은 문하와 동도들로 붐볐다. 그러나 누구도 고죽을 반가워하기는커녕 말을 거는 이도 없었다. 다만 운곡선생만이 냉랭한 얼굴로 말했다.

"관상명정(棺上銘旌)은 네가 써라. 석담의 유언이다. 진사니 뭐니 하는 관직은 쓰지 말고 다만 <石潭金公及儒之柩>라고만 쓰면 된다."

그러더니 이내 눈물을 쏟으며 말했다.

"그 뜻을 알겠는가? 관상명정을 쓰라는 건 네 글을 지하(地下)로 가져가겠다는 뜻이다. 석담은 그만큼 네 글을 사랑했단 말이다. 이 미련한 작자야…"

석담과 고죽, 그들 사제간의 일생에 걸친 애증(愛憎)이 흔적 없이 사라지는 순간이었다. 그제서야 고죽은 단 한 번이라도 스승의 모습을 뵙고 싶었으나 이미 입관이 끝난 후여서 끝내 다시 뵐 수는 없었다….

"선생님, 이젠 가보시지 않겠습니까?"

자신의 족자를 펴들고 하염없는 생각에 잠긴 고죽에게 초헌이 조심스레 말했다. 고죽은 순간 회상에서 깨어나며 천천히 몸을 일으켰다.

"가봐야지."

그러나 다시 네번째 화방을 나설 때였다. 갑자기 눈앞이 가물거리며 두 다리에 힘이 쑥 빠졌다.

"선생님, 웬일이십니까?"

초헌이 매달리듯 그의 팔에 의지해 축 늘어지는 고죽을 황급히 싸안으며 물었다.

"괜찮다. 다른 곳엘 가보자."

고죽은 그렇게 말했으나 마음뿐이었다. 이상한 전류 같은 것이 등골을 찌르며 지나가더니 이마에 진땀이 스몄다. 그러다가 다섯번째 화방에 들러서는 정신조차 몽롱해졌다.

"이제 그만 돌아보시지요. 가봐야 이제 선생님의 작품은 더 나올 게 없을 겁니다."

화방주인도 그렇게 권했다. 그러나 고죽은 쓰러지듯 응접소파에 앉으면서도 초헌에게 이르기를 잊지 않았다.

"너라두 나머지를 돌아보아라. 만약 나온 게 있거든 이리로 연락해라."

초헌은 그런 고죽의 안색을 한동안 살피다가 말없이 화방을 나갔다.

"작품을 거두어 무엇에 쓰시렵니까?"

한동안을 쉬자 안색이 돌아오고 숨결이 골라진 고죽에게 화방주인이 넌즈시 물었다. 그것은 몇 달 전부터 화방골목을 떠도는 의문 중의 하나였다. 그러나 고죽은 그 누구에게도 내심을 말하지 않았다. 그날도 마찬가지였다.

"다 쓸 데가 있네."

"그럼 소문대로 고죽기념관을 만드실 작정이십니까?"

기념관이라――고죽은 희미하게 웃었다. 그러면서도 가슴속에서는 형언할 수 없는 쓸쓸함이 일었다. 내가 말한들 자네들이 이해해 주겠는가.

"그것도 괜찮은 일이지."

고죽은 그렇게 말하고는 슬쩍 말머리를 돌렸다.

"저거 진품인가?"

분명 진품이 아닌 줄 알면서도 그가 가리킨 것은 추사를 임모(臨摹)한 예서족자였다. 書法有長江萬里 書藝如孤松一枝――원래 병풍의 한 폭이니 족자가 되어 떠돌 리 없었다.

"운봉(雲峰)이란 젊은이가 임사한 것인데 제법 탈속한 격(格)이 있어 받아두었습니다"

화방주인도 그렇게 대답하며 그 족자를 바라보았다.

"그렇구먼…"

고죽은 희미한 옛 사람의 자태를 떠올리듯 추사란 이름을 떠올리며 의미없는 눈길로 그 족자를 한동안 살폈다. 한 때 그 얼마나 맹렬하게 자기를 사로잡았던 거인이었던가.

석담선생의 집으로 돌아온 고죽은 그 뒤 거의 십 년 가까이나 두문불출 스승의 고가를 지켰다. 한편으로는 외롭게 남은 사모(師母)와 늦게 들인 스승의 양자(養子)를 돌보면서 한편으로는 새로운 수업에 들어갔다. 이미 다 거쳐나온 것들로 여겨 온 여러 서체를 다시 섭렵하기 시작한 것이었다.
그는 모공정(毛公鼎), 석고문(石鼓文)으로부터 진(秦), 한(漢), 삼국(三國), 서진(西晋)에 이르기까지의 여러 금석 탁본들을 새로이 모으고, 종요(種繇), 위관(衛瓘), 왕희지 부자(父子)로부터 지영(智永), 우세남(虞世南)에 이르는 남파(南派)와 삭정(索靖), 최열(崔悅), 요원표(姚元標)등으로부터 구양순(歐陽詢), 저수량(緖遂良)에 이르는 북파(北派)의 필첩을 처음부터 다시 살폈다. 고죽이 만년에 보인 서권기로 미루어 그 동안의 학문적인 깊이도 한층 더해졌음에 틀림이 없다. 문밖에서는 해방과 동족상잔의 전쟁이 휩쓸어 가고 있었으나 그 어떤 혼란도 고죽을 석담선생의 고가에서 끌어내지는 못했다.
그 서결을 통해서 석담 문하에 들어선 고죽이 추사와 새롭게 만나게 된 것도 그 기간 동안이었다. 그 거인은 처음 한동안 그가 힘들여 가고 있는 길 도처에서 불쑥불쑥 나타나 감탄을 자아내다가 이윽고는 온전히 그를 사로잡고 말았다. 일찍이 경험해 보지 못한 일로, 그것은 특히 스승 석담에 대한 새삼스런 이해와 사모에서 비롯된 것이었다. 생전에 스스로 밝힌 적은 없었지만 분명 스승은 추사의 학통을 잇고 있었다. 아마도 스승은 그 마지막 전인(傳人)이었으리라. 그리고 스승이 가르침에 있어서 그토록 말을 아낀 것은 그와 같은 거인의 가르침에 더 보낼 것이 없어서였을 것이다.
그러나 추사도 끝까지 고죽을 사로잡고 있지는 못했다. 스승 석담이 일찍이 그를 받아들일 것을 주저했으며, 생전 내내 경계하고 억눌렀던 고죽의 예인적인 기질이 승화된 형태이긴 하지만 차츰 되살아나기 시작한 것이었다. 먼저 고죽이 끝내 받아들일 수 없었던 것은 추사의 예술관이었다. 예술은 예술로서만 파악되어야 한다고 보는 고죽의 입장에서 보면 추사의 예술관은 학문과 예술의 혼동으로만 보였다. 문자향(文字香)이나 서권기는 미를 구현하는 보조수단 또는 미의 한 갈래일 수는 있어도 그것이 바로 미의 본질적인 요소거나 그 바탕일 수는 없었다. 그럼에도 추사에게 그토록 큰 성취를 볼 수 있었던 것은 다만 그 개인의 천재에 힘입었을 뿐이었다. 거기다가 그의 서화론이 깔고 있는 청조(淸朝)의 고증학(考證學)은 겨우 움트기 시작한 우리 것(國風)의 추구에 그대로 된서리가 되고 말았으며, 그만한 학문적인 뒷받침이 없는 뒷사람에 이르러서는 이 땅의 서화가 내용 없는 중국의 아류로 전락돼 버리게 한 점도 고죽을 끝까지 사로잡을 수 없던 원인이었다. 결국 추사는 스승 석담처럼 찬탄하고 존경할 만한 거인이기는 하지만 예술에 있어서의 노선(路線)까지 따를 만한 사람은 아니었다.

화방주인의 예상대로 초헌은 한 시간쯤 뒤에 빈손으로 돌아왔다. 나머지 여섯 곳을 다 돌았지만 밤 사이에 나온 고죽의 작품은 없었다는 게 그의 대답이었다.

고죽은 말리는 그를 억지로 앞세우고 시립도서관으로 향했다. 그 책임자를 달래 그곳에 있는 권학문(勸學文) 한폭을 되거둬들이기 위해서였다. 그러나 결국 거기서 일은 벌어지고 말았다. 융통성 없는 관장과 언성을 높이다가 혼절해 버린 것이었다.

고죽이 눈을 뜬 것은 오후 늦게였다. 자기 방에 누워 있었는데 주위에는 몇몇 낯익은 얼굴들이 근심스런 표정으로 둘러앉아 있었다. 고죽은 천천히 눈을 돌려 그들을 살펴보았다. 무표정한 초헌 곁에 두 사람의 옛 제자가 앉아 있고 그 곁에 운 흔적이 있는 추수가 앉아 있다가 눈을 뜬 고죽에게 울먹이는 소리로 물었다.

"아버님, 이제 정신이 드십니까?"

고죽은 대답 대신 고개만 끄덕이고 계속하여 주위를 둘러보았다. 추수 곁에 다시 낯익은 얼굴이 하나 앉아 있었다. 고죽에게는 첫번째 수호제자(受號弟子)가 되는 난정(蘭丁)이었다. 뻔뻔스러운 놈… 그를 보는 고죽의 눈길이 험악해졌다. 난정은 고죽이 석담선생의 고가에 칩거할 초기부터 나중에 서실을 연 직후까지 거의 십 년 세월을 고죽에게서 배웠다. 나이 차가 불과 십여 년밖에 안되고, 입문할 때 벌써 사십에 가까왔으며, 또 나름대로 어느 정도 글씨를 익힌 상태였지만 그래도 어디까지나 호까지 지어 준 어엿한 제자였다. 그런데 어느 날 갑자기 발길을 뚝 끊더니 몇 년 후에 스스로 서예원을 열었다. 고죽은 자기에게 한 마디 말도 없이 떠난 제자가 서운했지만, 기가 막힌 것은 그 뒤였다. 난정이 스스로를 석담선생의 제자라고 내세우면서 고죽은 단지 사형(師兄)으로 그와 함께 십여 년 서화를 연구했다고 떠벌리고 다닌다는 소문 때문이었다. 고죽이 불같이 노해 그의 서예원으로 달려갔다. 함부로 배분(配分)을 높인 제자를 꾸짖으러 간 것이었지만 결과는 난정을 여러 사람 앞에서 시인해 준 꼴이 되고 말았다.
"어이구, 형님 웬일이십니까?"
수많은 문하생들 앞에서 그렇게 빙글거리며 시작한 그는 끝까지 "아이구, 형님"이요, "우리가 함께 수련할 때…"였다. 그리고는 여러 사람 앞에서 자신을 욕한 고죽을 석담선생이 살아 있을 때 몇 번 드나든 것을 앞세워 모욕죄로 법정에까지 불러들였다. 십여 년 전의 일이었다.
"아버님, 이분께서 아버님의 대나무 두 폭을 가져오셨어요."
난정을 보는 눈이 험악해지는 것을 보고 추수가 황급히 설명했다.
"선생님께서 거두어들인다시기에…제가 가진 것을 전부 가져왔습니다."
그렇게 더듬거리는 난정에게도 옛날의 교활함은 보이지 않았다. 그도 벌써 육십에 가까운가——못 보고 지난 십여년 사이에 눈에 띄게 는 주름을 보며 고죽은 가만히 눈을 감았다. 그러나 가슴속의 응어리는 쉽게 풀어지지 않았다.
"알았네. 가보게."
잠시 후 간신히 끓는 속을 가라앉힌 고죽이 힘없이 말했다.
"그럼… 여기 두고 가겠습니다."
난정도 어쩔 수 없다는 듯 그렇게 말하며 어두운 얼굴로 방을 나갔다. 잠시 방 안에 무거움 침묵이 흘렀다. 다시 추수가 그 침묵을 깨뜨렸다.
"재식(在植)이 오빠에게서 전화가 있었어요."
"언제 온다더냐?"
"밤에는 도착할 거예요. 윤식(潤植)이에게도 연락할까요?"
"그래라."
고죽이 한숨처럼 나직이 대답했다. 재식이는 죽은 본처에게서 난 맏아들이었다. 원래 남매를 보았으나 딸아이는 6·25때 죽고 그만 남은 것이었다. 윤식이는 마지막으로 데리고 살던 할멈에게서 난 아들로 고죽에게는 막내인 셈이었다. 재식이는 벌써 마흔셋, 부산에서 장사를 하고 있었고, 윤식이는 갓스물로 서울에서 대학을 다니고 있었다. 별로 자상한 아버지는 못 되었지만, 통상으로 아들들을 생각하며 언제나 어린 윤식이가 마음에 걸렸다. 겨우 열세살 때 어머니를 잃고 이복누이인 추수 손에 자라난 탓이리라. 그러나 그날만은 웬지 재식의 얼굴이 콧마루가 찡하도록 그립게 떠올랐다. 찌들어 가는 중년남자로서가 아니라 거지와 다름없이 떠도는 걸 찾아왔을 때의 열여섯 소년인 얼굴이었다. 그리고 그와 함께 몇십 년을 거의 잊고 지낸 본처의 얼굴이 떠올랐다.

고죽이 운곡선생의 중매로 아내를 맞은 것은 스물 두 살 때의 일이었다. 운곡선생의 먼 질녀뻘이 되는 경주 최문(崔門)의 여자였다. 얼굴은 곱지도 밉지도 않았지만 마음씨는 무던해서 고죽의 기억에는 한번도 그녀가 악을 쓰며 대들던 모습이 없다. 그러나 그들의 결혼은 처음부터 그리 행복한 것은 못 되었다. 고죽의 젊은 날을 철저하게 태워 버린 서화에의 열정 때문이었다. 신혼의 몇몇 날을 제외하면 고죽은 거의 하루의 전부를 석담선생의 집에서 보내었고, 집에 돌아와서도 정신은 언제나 가사(家事)와는 먼 곳에 쏠려 있었다. 생계를 꾸려 가는 것은 언제나 그녀의 몫이었다. 수입이라고는 이따금씩 들어오는 붓값이나 석담선생이 갈라 보내는 쌀말 정도여서 그녀가 삯바느질과 품앗이로 바쁘게 돌아도 항상 먹을 것 입을 것은 부족하였다.

그래도 고죽이 석담 문하에 있을 때는 나았다. 정이야 있건 없건 한 지붕 아래서 밤을 보냈고, 아이들도 남매나 낳았으며, 가끔씩은 가장(家長)으로서 할 일도 해나갔기 때문이었다. 그러나 고죽이 석담의 문하를 떠나면서부터 그나마도 끝나고 말았다. 온다간다 말도 없이 훌쩍 집을 나선 그는 그 뒤 십 년 가까운 세월을 떠돌면서 처자를 까마득히 잊고 지냈다..

아직 살아 있는지 이미 죽었는지조차 모르는 사람에게는 미안한 일이지만, 고죽에게 있어서 아내와 아이들은 거북살스러워도 참고 입어야 하는 옷 같은 존재였다. 하나의 구색(具色), 또는 필요만큼의 의무였으며——그것이 그토록 훌훌히 아내와 아이들을 떨치고 떠날 수 있었던 이유였고, 또한 한번 떠난 후에는 비정하리만치 깨끗하게 그들을 잊을 수 있었던 이유였다.

실제로 아내는 몇 번인가 여기저기 수소문 끝에 고죽을 찾아온 적이 있었다. 그러나 그때마다 고죽은 뒷날 스스로도 잘 이해 안 될 만큼의 냉정함으로 그녀를 따돌리곤 했다. 어린 남매를 데리고 어렵게 살아가는 그녀에 대한 연민보다는 자기 삶의 진상을 보는 듯한 치욕과 까닭 모를 분노 때문이었으리라. 단 한 번 딸을 업고 그가 묵고 있는 여관을 찾아온 그녀에게 돈 7원과 고무신 한 켤레를 사준 적이 있는데, 그것도 아내와 자식이었기 때문이기보다는 헐벗고 굶주린 자에 대한 보편적인 동정심에 가까웠다. 그때 아내의 등에 업힌 딸아이는 신열로 들떠 있었고, 먼지 앉은 아내의 맨발에 꿰어져 있던 고무신은 코가 찢어져 자꾸만 벗겨지려고 하고 있었다. 그러나 그나마도 그것이 마지막이었다.

견디다 못한 아내는 결국 고죽이 집을 나선 지 오 년 만에 어린 남매와 함께 친정으로 의지해 갔다. 고죽이 매향과 살림을 차리던 그 해였다. 그리고 다시 이듬해 는 친정오라버니가 있는 대판(大阪)으로 이주해 버린 후 다시는 돌아오지 않았다. 듣기로는 그곳에서 오빠의 권유로 개가하였다고 한다. 나중에 데려가기로 하고 친 정에 맡겨둔 남매를 끝내 데려가지 않은 것으로 보아 그 소문은 사실임에 틀림없 었다. 고죽이 다시 재식 남매를 거두어들인 것은 오대산에서 내려와 석담 문하로 돌아온 몇 해 후였는데, 그때 재식은 벌써 열여섯, 그 밑의 딸아이는 열 한 살이었 다.

　고죽은 그가 아내를 돌보지 않은 것에 대해 한 번도 미안하게 생각해 본 적이 없 듯이 자기와 아이들을 버리고 떠난 그녀를 결코 원망하지 않았다. 그것은 평생 동 안 수없이 그를 스쳐간 모든 여자들에게도 마찬가지였다. 매향처럼 살림을 차렸 던 몇몇 기생들이나 노년을 함께 보낸 두 할멈은 물론 서화로 맺어졌던 여류(女流) 들도 지속적인 열정으로 그를 사로잡지는 못했던 것이다. 상대편 여자들이 어떠했 건 고죽의 그런 태도만으로 그의 삶은 쓸쓸하게끔 운명지어져 있었던 셈이다.

　그렇다면 내가 진정으로 열렬하게 사랑했던 것은 무엇이었을까, 내가 일생을 골 몰하여 얻고자 했던 것은 무엇이었을까… 그 사이 하나 둘 빠져나가고 초헌만 목 상처럼 앉아 있는 병실을 힘없이 둘러본 고죽은 다시 짙은 비애와도 흡사한 회상 속으로 빠져들어갔다. 물론 그것은 서화였다. 이미 보아 온 것처럼 그에게는 애초 부터 가족이나 생활의 개념이 없었다. 소유며 축적이란 말도 그에게는 익숙한 것 이 아니었고, 권력욕이나 명예욕 같은 것에 몸달아 본 적도 없었다. 언뜻 보기에 는 분방스럽고 다양해도 사실 그가 취해 온 삶의 방식은 지극히 단순했다. 자기를 사로잡는 여러 개의 충동 중에서 가장 강한 것에 사회적인 통념이나 도덕적 비난 에 구애됨이 없이 충실하는 것, 말하자면 그것이 그를 이해하는 실마리이기도 한 그의 행동양식이었다. 그런데 가장 세차면서도 일생을 되풀이된 충동이 바로 미적 (美的) 충동이었고, 거기에 충실하는 것이 그의 서화였던 것이다.

　하지만 결국 그것이 내게 무엇을 줄 수 있었단 말인가. 고죽은 다시 자족적인 기 분이 되면서 스스로에게 물었다. 아직도 그것이 내게 무엇을 줄 수 있다는 것인 가….

　스승 석담과의 관계에서 알 수 있듯이, 고죽의 전반생(前半生)은 두 개의 상반 된 예술관 사이에 끼어 피흘리며 괴로워한 세월이었다.

　동양에서의 미적 성취, 이른바 예술은 어떤 의미로 보면 통상 경향적(傾向的)이었다. 애초부터 통치수단의 일부로 출발한 그것은 그 2耀도 끝내 정치권력의 그늘을 벗어나지 못했으며, 때로는 학문적인 성취나 종교적 각성에 의해서까지도 침해를 입었다. 충성이나 지조 따위가 가장 흔한 주제가 되고, 문자향이니 서권기니 하는 말과 마찬가지로 도골선풍(道骨仙風)이니 선미(禪味)니 하는 말이 일쑤 그 높은 품격을 나타내는 말로 쓰이는 것이 그 예일 것이다.

물론 서양에 있어서도 근세까지는 사정이 이와 별반 다르지 않았다. 오랜 기간 예술은 제왕이나 영주(領主)들의 궁성을 꾸미거나 권력이며 부(富)에 기생하였고, 또는 신의 영광을 찬양하는 데 바쳐지기도 했다. 그러나 시민사회의 형성과 더불어 그들의 예술은 주체성을 획득하고 팔방미인격인 동양의 예술가와는 다른 그 특유의 인간성을 승인받았다. 다시 말해 그들은 예술을 강력한 인접가치로부터 독립시키고, 예민한 감수성이나 풍부한 상상력 같은 이른바 예술적 재능도 하나의 사회적 가치로 평가하게 된 것이다.

그런데 고죽이 태어날 때만 해도 시대는 아직 동양의 전통적인 예술관에 얽매어 있었다. 예인(藝人)은 대부분 천민(賤民)계급에 속해 있었으며, 그들의 특질은 역마살이나 무슨 <-기>로 비웃음의 대상이었다. 예술의 정수는 여전히 학문적인 것에 있었고, 그 성취도 도(道)나 선정(禪定)에 비유되고 있었다. 그리고 석담선생은 아마도 끝까지 그런 견해에 충실했던 마지막 사람이었다.

서구적인 견해로 보면 고죽은 타고난 예술가였다. 그러나 석담선생의 눈에는 천박하고 잡상스런 예인 기질에 지나지 않았다. 만약 고죽의 개성이 보다 약했거나 그가 태어난 시대가 조금만 일렀다면, 그들 사제간의 불화는 그토록 길고 심각하지 않았을 것이다. 하지만 고죽은 자기의 예술이 그 본질과는 다른 어떤 것에 얽매이는 것을 못 견뎌했고, 점차 시민사회로 이행해 가는 시대도 그런 그의 편에 서 있었다. 정말로 그들 사제간을 위해 다행한 것은 스승의 깊은 학문에 대한 제자의 본능적인 외경(畏敬) 못지않게, 스승에게도 제자의 타고난 재능에 대한 애정이 남아 있어 늦게나마 화해가 이루어진 일이었다.

그러나 석담선생의 문하로 돌아왔다고 해서 고죽의 정신적인 방황이 끝난 것은 아니었다. 다시 십년 간의 칩거를 통해 고죽은 스승의 전통적인 예술관과 화해를 시도했지만 끝내 뜻을 이루지 못했다. 추사에의 앞뒤없는 몰입과 어쩔 수 없는 이탈이 바로 그 과정이었다.

그 뒤 다시 이십 년——나름대로 끊임없이 연마하고 모색해 온 세월이었지만 과연 나는 구하던 것을 얻었던가. 그러다가 고죽은 혼절하듯 잠이 들었다.

고죽이 이상한 수런거림에 다시 눈을 뜬 것은 이미 날이 저문 후였다.

"곧 통증이 시작될 것입니다. 그러나 막아 드리지요."

누군가가 그렇게 말하며 이불을 젖혔다. 정박사였다. 이어 살갗을 뚫고드는 주사바늘의 느낌이 무슨 찬바람처럼 몸을 오싹하게 했다. 방안에 앉은 사람들의 수가 늘어 있었다. 고죽은 직감적으로 그것이 무엇을 뜻하는지 알 수 있었다.

"아버님, 절 알아보겠습니까? 재식입니다."

주사바늘을 뽑기가 무섭게 언제 왔는지 맏아들 재식이 울먹이며 손을 잡았다. 열 여섯에 거두어들인 후로도 언제나 차가운 눈빛으로 집안을 겉돌던 아이, 그 아이가 첫번째로 집을 나간 날이 새삼 섬찟하게 떠오른다. 제 이름이라도 쓰게 하려고 붓과 벼루를 사준 이튿날이었다. 망치로 부수었는지 밤톨만한 조각도 찾기 힘들 만큼 박살이 난 벼루와 부채살처럼 쪼개 놓은 붓대, 그리고 한웅큼의 양모(羊毛)만 방 안에 흩어놓고 녀석은 사라지고 없었지. 그 뒤 그가 군에 입대할 때까지 고죽은 속깨나 썩였다. 낙관도 안 찍은 서화를 들고 나가기도 하고, 금고를 비틀어 안에 든 것을 몽땅 털어가기도 했다. 그러나 제대하고 돌아와서부터 기세가 좀 숙여지더니, 덤프트럭 한 대 값을 얻어 나간 후로는 씻은 듯이 발길을 끊었다. 그가 다시 고죽을 보러 오기 시작한 것은 마흔 줄에 접어든 재작년부터였다.

"윤식이도 왔어요."

추수가 흐느끼는 윤식의 손을 끌어 고죽의 남은 손에 쥐어 주었다. 그녀의 눈은 이미 보기 흉할 정도로 부어 있었다. 각각 어미가 다른 불쌍한 것들, 몹쓸 아비였다. 이제 너희에게 남기는 약간의 재물이 아비의 부족함을 조금이라도 메꾸어주는지… 고죽은 이미 그들 삼남매를 위해 유산을 몫지어 놓았었다. 근교에 있는 과수원은 재식의 앞으로, 서실 건물은 윤식이 앞으로, 그리고 살고 있는 집은 추수에게, 그러고 보니 나머지 동산(動産)으로 문화상(文化賞)이라도 하나 제정할까 하던 계획을 취소한 것이 새삼 잘했다는 생각이 들었다. 평생을 무관하게 지내온 사회라는 것에 대해 삶의 막바지에 와서 그런 식으로 아첨하고 싶지는 않은 탓이었다.

"이 사람들, 진정하게. 사람을 이렇게 보내는 법이 아니야."

둘러앉은 사람들 중에서 어떤 여자 하나가 흐느끼는 삼남매를 말렸다. 그리고 그들을 대신하여 고죽의 두 손을 감싸쥐면서 가만히 물었다.

"절 알아보시겠어요?"

벌써 약효가 퍼지는지 고죽은 풀리는 시선을 간신히 모아 그녀를 바라보았다. 옥교(玉橋)라는 여류 서예가였다. 고죽의 첩(妾)이라는 소문이 파다하게 돌 정도로 한때 몰두했던 여자였는데, 지금은 근교에서 자신의 서실을 가지고 조용히 살고 있었다. 알지, 알고말고⋯ 그러나 무슨 말을 하기도 전에 혼곤한 잠이 먼저 고죽을 사로잡았다.

 금시조가 날고 있었다. 수십 리에 뻗치는 거대한 금빛 날개를 퍼득이며 푸른 바다 위를 날고 있었다. 그러나 그 날개짓에는 마군(魔軍)을 쫓고 사악한 용을 움키려는 사나움과 세참의 기세가 없었다. 보다 밝고 아름다운 세계를 향한 화려한 비상의 자세일 뿐이었다. 무어라 이름할 수 없는 거룩함의 얼굴에서는 여의주가 찬연히 빛나고 있었고, 입에서는 화염과도 같은 붉은 꽃잎들이 뿜어져 나와 아름다운 구름처럼 푸른 바다 위를 떠돌았다. 그런데 그 거대한 등 위에 그가 있었다. 목깃 한가닥을 잡고 미끄러지지 않으려고 애쓰면서 매달려 있었다. 갑자기 금시조가 두둥실 솟아오른다. 세찬 바람이 일며 그의 몸이 한곳으로 쏠려 깃털 한올에 대롱대롱 매달린다. 점점 손에서 힘이 빠진다. 아아⋯ 깨고 보니 꿈이었다. 꽤 오랜 시간을 잔 모양으로, 마루의 괘종시계가 새벽 네 시임을 알리는 소리가 들렸다. 진통제의 기운이 걷힌 탓인지 형용할 수도 없고 부위(部位)도 짐작이 안 가는 그야말로 음험한 동통이 온몸을 감돌고 있었지만, 정신만은 이상하게 맑았다.
 문병객은 대부분 돌아가고 없었다. 남은 것은 벽에 기대 잠들어 있는 재식이 형제와 책궤에 엎드려 자고 있는 초헌뿐이었다. 고죽은 가만히 상체를 일으켜 보았다. 뜻밖에도 쉽게 일으켜졌다. 허리의 동통이 조금 가라앉는 것 같았다. 그러자 문득 자기가 할 일이 남았다는 것을 상기했다.
 "상철아."
 고죽은 조용한 목소리로 초헌의 이름을 불렀다. 미욱해 보이는 얼굴에 비해 잠귀는 밝은 듯 초헌은 몇 번 부르지 않아 머리를 들었다.
 "서, 선생님, 무슨 일이십니까?"
 잠이 덜 깬 눈에도 상체를 벽에 기대고 있는 고죽이 이상하게 보이는 모양이었다. 그는 황급히 일어나 고죽을 부축하려고 무릎걸음으로 다가왔다. 그러나 고죽은 손짓으로 그를 저지한 후 말했다.
 "벽장과 문갑에서 그간 거두어들인 서화를 꺼내라."
 "네?"

"모아놓은 내 글씨와 그림들을 꺼내 놓으란 말이다"

그러자 초헌은 일어나서 시키는 대로 했다. 여기저기서 꺼내 놓고 보니 이백 점이 훨씬 넘었다. 액자는 모두 빼 없앴는데도 제법 방 한구석에 수북했다.

"아버님, 뭘 하십니까?"

그제서야 재식이와 윤식이도 깨어난 눈을 비비며 궁금한 듯 물었다. 고죽의 행동이 거의 아픈 사람 같지 않아서, 간밤에 정박사가 한 말은 잊어버린 모양이었다. 그러나 고죽은 대답 대신 초헌에게 물었다.

"이 방의 불을 좀더 밝게 할 수 없겠느냐?"

"스탠드가 어디 있는 것을 보았는데… 한번 찾아보겠습니다."

여간해서는 고죽이 하는 일을 캐묻지 않는 초헌이 그렇게 말하며 밖으로 나가더니 잠시 후에 스탠드 하나를 찾아왔다. 방 안이 갑절이나 밝아지자 고죽은 다시 초헌에게 명했다.

"지금부터 그걸 하나씩 내게 펴보이도록 해라."

초헌은 여전히 말없이 고죽이 시키는 대로 했다. 첫장은 고죽이 삼십대에 쓴 것으로 우세남(虞世南)의 체를 받은 것이었다.

"우백시(虞伯施)의 글인데, 오절(五節=덕행, 충직, 박학, 文辭 등)을 제대로 본받지 못했다. 왼쪽으로 미뤄 놓아라."

그 다음은 난초를 그린 족자였다.

"이미 소남(所南=정사초)을 부인해 놓고 오히려 석파(石坡=대원군)의 그늘을 벗어나지 못했구나. 산란(山蘭)도 심란(心蘭)도 아니다. 왼쪽으로 미뤄 놓아라"

고죽은 한 폭 한 폭 자평(自評)을 해 나갔다. 오랜 원수의 작품을 대하듯 준엄하고 냉정한 평이었다. 글씨에 있어서는 법체(法體)를 본받은 경우에는 그 임모(臨謀)나 집자(集字)의 부실함을 지적하고, 그리고 자기류(自己流)의 경우에는 그 교졸(巧拙)과 천격(賤格)을 탓하면서 모두 왼편으로 제쳐 놓았다. 그림에 있어서도 마찬가지였다. 옛법의 엄격함에다 자신의 냉정한 눈까지 곁들이니, 또한 오른편으로 넘어갈 게 없었다.

새벽부터 시작된 그 작업은 아침해가 높이 솟을 때까지 계속되었다. 나중에 정박사가 몇 번이고 감탄했던 것처럼 거의 초인적인 정신력이었다. 아침부터 몰려든 사람들로 고죽의 넓은 병실은 어느덧 발디딜 틈 없이 빽빽해졌다. 그러나 엄숙한 기세에 눌려 누구도 그 과도한 기력의 소모를 말릴 엄두를 못 냈다. 고죽도 초헌 외에는 아무도 느끼지 못하는 것 같았다.

그러다가 열 시가 넘어서야 분류가 끝났다. 결국 초헌의 오른쪽으로 넘어간 서화는 단 한 폭도 없었다.
  "더 없느냐?"
  마지막까지 간절한 기대에 찬 눈으로 자신의 작품을 검토하고 있던 고죽이 더 이상 제자의 무릎 앞에 놓인 서화가 없는 것을 뻔히 보면서도 이상하게 불안에 떨리는 목소리로 물었다.
  "네."
  초헌이 무감동하게 대답했다. 그러자 고죽의 얼굴에 일순 처량한 빛이 떠돌더니 그때까지 꼿꼿하던 고개가 힘없이 떨구어지며 그의 몸이 스르르 무너져내렸다. 무슨 끔찍한 일이라도 당한 줄 알고 몇 사람이 얕은 외마디 소리와 함께 고죽 주위로 모였다. 그러나 고죽은 그 순간도 명료한 의식으로 내면의 자기에게 중얼거리고 있었다. 결국 보이지 않았다. 나 역시 일생에 단 한 번이라도 그걸 보고자 소망했지만, 어쩌면 그 소망은 처음부터 이룰 수 없는 것이라는 걸 실은 알고 있었는지도 모르지. 그래서 마지막 순간까지 이 일을 미루어 온 것인지도 모르지….
  그렇다면 고죽이 그의 일생에 걸친 작품에서 단 한 번이라도 보고자 했던 것은 무엇이었을까. 그것은 바로 그 새벽의 꿈에서와 같은 금시조였다. 원래 그 새가 스승 석담으로부터 날아올 때는 굳센 힘이나 투철한 기세 같은 동양적 이념미의 상징으로서였다. 그러나 고죽이, 끝내 추사에 의해 집성되고 그 학통을 이은 스승 석담에게서 마지막 불꽃을 태운 동양의 전통적 서화론에서 벗어나게 되면서 그 새 또한 변용되었다. 고죽의 독자적인 미적 성취 또는 예술적 완성을 상징하는 관념의 새가 되어 버린 것이었다.
  이미 생애 곳곳에서 행동적으로 표현되긴 하였지만, 특히 후인을 지도하면서 보낸 마지막 이십 년 동안에 뚜렷이 드러나게 된 고죽의 서화론은 대개 두 가지 점으로 요약될 수 있었다. 그 하나는 전통적인 견해가 글씨로써 그림까지 파악한 데 비해 그는 그림으로써 글씨를 파악하려는 점이었다. 만약 글씨를 쓴다는 것이 문자로 뜻을 전하는 과정에 불과하다면 서예란 일생을 바칠 만한 의미가 없어지고 만다. 붓으로도 몇달이면 뜻을 전할 만큼은 되고, 더구나 연필이나 볼펜 같은 간단한 필기구가 나온 지금에는 단 며칠로도 충분하다. 그러므로 서예는 의(意)에 있는 것이 아니라 정(情)에 있으며 글씨보다는 그림으로 파악되어야 한다. 특히 서예가 상형문자인 한문을 표현수단으로 사용하는 동양권에서만 발달하고 표음문자를 쓰는 서양에서는 발달하지 못한 것도 그 까닭이다. 그런데도 글씨로만 파악했기 때문에 처음부터 그림이었던 문인화(文人畵)까지도 문자의 해독을 입고 끝내 종속적인 가치에 머물러 있었다——이것이 고죽의 주장이었다.

그 다음 고죽의 서화론에서 특징적인 것은 물화(物畵)와 심화(心畵)의 구분이었다. 물화란 사물을 있는 그대로 표현하면서 거기다가 사람의 정의(情意)를 의탁하는 것이고, 심화란 사람의 정의를 드러내기 위해 사물을 빌어오되 그것을 정의에 맞추어 가감하고 변형시키는 것인데, 아마 서양화의 구상(具象) 비구상에 대응되는 것 같다. 고죽은 전통적인 서화론에서 그 두 가지가 묘하게 혼동되어 있음을 지적하면서 그 구분을 주장하였다. 그리고 서화가에 있어서 그 둘의 관계는 우열의 관계가 아니라 선택적일 뿐이며, 문자향이니 서권기 같은 것은 심화에서의 한 요소이지 서화 일반의 본질적인 요소일 수는 없다고 생각했다.

따라서 고죽의 금시조는 그런 서화론의 바다에서 출발하여 미적(美的) 완성을 향해 솟아오르는 관념의 새였다. 죽음을 생각해야 할 나이에 이르면서부터 고죽의 마음속에 간직하고 있던 서원(誓願)의 하나는 자기의 붓끝에서 날아가는 그 새를 보는 일이었다. 그는 그것으로 자신의 일생에 걸친 추구가 헛되지 않았으며 괴로웠던 삶도 보상될 것으로 믿었다. 그런데——그는 끝내 그 새를 보지 못했다. 그가 힘없이 자리로 무너져내린 것은 단순히 기력을 지나치게 소모한 탓만은 아니었다.

그 자리에 있던 제자들이나 친지들은 고죽이 다시는 깨어나지 못할 것으로 생각했으나, 그는 채 오 분도 되지 않아 다시 눈을 떴다. 그리고 주위의 만류에도 불구하고 전처럼 상체를 일으키더니 뚜렷한 목소리로 초헌을 불렀다.

"이걸 싸서 밖으로 가지고 나가거라. 장독대 옆 화단이다"

"?…"

좀체 스승의 말을 되묻지 않는 초헌도 그때만은 좀 이상한 모양이었다.

"나는 저것들로 일평생 나를 속이고 세상 사람들을 속여 왔다. 스스로 값진 일을 하고 있다고 착각하고, 당연한 듯 세상 사람들의 감탄과 존경을 받아들였다"

"무슨 말씀을…"

"물론 그와 같은 삶이 있을지도 모른다. 그러나 나는 아니다."

"…"

"조금 전까지만 해도 나는 그것들에서 솟아오르는 금시조를 보기를 간절히 원했다. 그것으로 내 삶이 온전한 것으로 채워질 줄 알았다. 그러나 지금은 설령 내가 그 새를 보았다 한들 과연 그러할지 의문이다."

"…"

"자, 그럼 이제 시키는 대로 해라. 이것들을 남겨두면 뒷사람까지도 속이게 된다."

그러자 초헌은 말없이 서화 꾸러미를 안고 문을 나섰다. 스승의 참뜻을 알아들었기 때문인지, 아니면 더는 영을 거역할 수 없기 때문인지도 알 수 없지만, 자리에 있던 사람들은 아무도 그런 초헌을 말리러 나서지 않았다. 언제부터인가 고죽을 감돌고 있는 이상한 위엄과 기품에 압도된 탓이었다.

"문을 닫지 마라."

초헌이 나가고 누군가 문을 닫으려 하자 고죽이 말했다. 그리고 마당께로 걸어가고 있는 초헌을 향해 임종을 앞둔 병자답지 않게 높고 뚜렷한 목소리로 말했다.

"거기다. 모두 내려놓아라"

방 안에서 한눈에 들어오는 장독대 곁 화단이었다. 몇 포기 시들어가는 풀꽃 옆에 초헌이 서화 꾸러미를 내려놓자, 고죽이 다시 소리높여 명령했다.

"불을 질러라."

그제서야 방 안이 술렁거렸다. 일부는 고죽을 달래고 일부는 달려나와 초헌을 붙들었다. 모두가 쓸데없는 소란이었다. 자기를 달래는 사람들을 거들떠보지도 않은 채 고죽이 돌연 벽력 같은 호통을 쳤다.

"어서 불을 붙이지 못할까!"

그런데 알 수 없는 것은 초헌이었다. 그 역시 까닭 모르게 노한 얼굴이 되어 잠깐 고죽을 노려보더니, 말리려는 사람을 거칠게 제쳐 버리고 불을 질렀다. 뒷날 고죽을 사이비(似而非)였다고까지 극언한 것으로 보아, 그의 내면에 숨겨져 있던 석담선생적(的)인 기질이 고죽의 그 철저한 자기부정(自己否定) 또는 지나친 자기비하(自己卑下)에 반발한 것이리라. 마를 대로 마른 종이와 헝겊인데다가 개중에는 기름까지 먹인 것도 있어 서화더미는 이내 맹렬한 불꽃으로 타올랐다. 신음 같은 탄식과 숨죽인 흐느낌과 나지막한 비명들이 여기저기서 터져나왔다.

어떤 사람에게는 고죽 일생의 예술이 타고 있었다. 어떤 사람에게는 그 처절한 진실이 타오르고 있었고, 또 어떤 사람들에게는 고죽의 삶 자체가 타는 듯도 보였다. 드물게는 불타는 서화더미가 그대로 그만한 고액권 더미처럼 보이는 사람도 있었다. 반 세기 가깝게 명성을 누려 온 노대가, 두 대통령이 사람을 보내 그의 서화를 얻어가고, 국전 심사위원도 한마디로 거부한 고죽의 전적(眞蹟)들이 한꺼번에 타 없어지고 있는 것이었다.

그러나 그때 고죽은 보았다. 그 불길 속에서 홀연히 솟아오르는 한 마리의 거대한 금시조를. 찬란한 금빛 날개와 그 험한 비상을.
　——고죽이 숨진 것은 그날 밤 8시경이었다. 향년 72세.

단 어

무던하다	[형]	① 정도가 어지간하다.
		② 성질이 너그럽고 수더분하다.
엉거주춤하다	[형]	① 아주 앉지도 서지도 아니하고 몸을 반쯤 굽히고 있다.
		② 이러지도 저러지도 못하고 망설이고 있다.
어눌하다(語訥)	[형]	말을 유창하게 하지 못하고 떠듬떠듬하는 면이 있다.
인수인계	[명]	물려받고 넘겨줌.
들뜨다	[동]	① 마음이나 분위기가 가라앉지 아니하고 조금 흥분되다.
		② 단단한 데에 붙은 얇은 것이 떨어져 틈이 벌어지며 일어나다.
흩뿌리다	[동]	① 비나 눈 따위가 흩어져 뿌려지다. 또는 그렇게 되게 하다
		② 마구 흩어지게 뿌리다.
탐닉하다	[명]	어떤 일을 몹시 즐겨서 거기에 빠짐.
사당패	[명]	사당의 무리. 돌아다니며 노래와 춤, 잡기(雜技) 따위를 팔았던 유랑 극단의 하나이다.
한량	[명]	<역사>조선 후기에, 무과의 합격자로서 전직(前職)이 없던 사람. 늑궁척.
야반도주	[명]	남의 눈을 피하여 한밤중에 도망함.
절박감	[명]	일이 급하여 몹시 긴장된 느낌.
걷잡다	[동]	① 한 방향으로 치우쳐 흘러가는 형세 따위를 붙들어 잡다.
		② 헤아려 짐작하다.
수탈	[명]	강제로 빼앗음.

총중	[명]	① 한 떼의 가운데.
		② 떼를 지은 뭇사람.
흘러흘러	[부]	계속 흘러서
대두박	[명]	콩기름을 짜고 남은 찌꺼기. 사료, 비료로 쓴다.
비호	[명]	편들어서 감싸 주고 보호함.
객기	[명]	객쩍게 부리는 혈기(血氣)나 용기.
절굿공이	[명]	절구에 곡식 따위를 빻거나 찧거나 할 때에 쓰는 공이. 나무, 돌, 쇠 따위로 만든다.
과객(過客)	[명]	지나가는 나그네.
흔연하다	[형]	기쁘거나 반가워 기분이 좋다.
축대	[명]	높이 쌓아 올린 대나 터.
여의주	[명]	용의 턱 아래에 있는 영묘한 구슬. 이것을 얻으면 무엇이든 뜻하는 대로 만들어 낼 수 있다고 한다.
투박하다	[형]	① 생김새가 볼품없이 둔하고 튼튼하기만 하다.
		② 말이나 행동 따위가 거칠고 세련되지 못하다.
		③ 박정하고 불성실하다.
선회하다	[동]	둘레를 빙글빙글 돌다.
섭렵하다	[동]	물을 건너 찾아다닌다는 뜻으로, 많은 책을 널리 읽거나 여기저기 찾아다니며 경험하다.
탁본	[명]	비석, 기와, 기물 따위에 새겨진 글씨나 무늬를 종이에 그대로 떠냄. 또는 그렇게 떠낸 종이.
필첩	[명]	① 옛 사람의 필적을 모아서 엮은 책.
		② =수첩(手帖).
된서리	[명]	① 늦가을에 아주 되게 내리는 서리. 늑숙상·엄상.
		② 모진 재앙이나 타격을 비유적으로 이르는 말.
아류	[명]	문학 예술, 학문에서 독창성이 없이 모방하

칩거	[명]	는 일이나 그렇게 한 것. 또는 그런 사람. 나가서 활동하지 아니하고 집 안에만 틀어박혀 있음.
어엿하다	[형]	행동이 거리낌 없이 아주 당당하고 떳떳하다.
떠벌리다	[동]	이야기를 과장하여 늘어놓다.
응어리	[명]	① 근육이 뭉쳐서 된 덩어리. ② 가슴속에 쌓여 있는 한이나 불만 따위의 감정.
거북살스럽다	[형]	몹시 거북스럽다.
구색	[명]	여러 가지 물건을 고루 갖춤. 또는 그런 모양새.
훌훌히	[부]	행동이 거침이 없고 시원스럽게.
따돌리다	[동]	① 밉거나 싫은 사람을 따로 떼어 멀리하다. ② 뒤쫓는 사람이 따라잡지 못할 만큼 간격을 벌려 앞서 나가다.
신열	[명]	병으로 인하여 오르는 몸의 열.
개가	[명]	결혼하였던 여자가 남편과 사별하거나 이혼하여 다른 남자와 결혼함.
골몰하다	[명]	다른 생각을 할 여유도 없이 한 가지 일에만 파묻힘.
자족적(－的)	[명]	① 스스로 넉넉하게 여기고 만족하는 성질이 있는. 또는 그런 것. ② 필요한 물건을 자기 스스로 충족시킬 만한. 또는 그런 것.
지조	[명]	원칙과 신념을 굽히지 아니하고 끝까지 지켜 나가는 꿋꿋한 의지. 또는 그런 기개.
역마살	[명]	늘 분주하게 이리저리 떠돌아다니게 된 액운.
잡상스럽다	[형]	잡되고 상스러운 데가 있다.
수런거리다	[동]	여러 사람이 한데 모여 수선스럽게 자꾸 지껄이다.
살갗	[명]	살가죽의 겉면. 주로 사람의 것만 지칭한다.
겉돌다	[동]	다른 사람과 잘 어울리지 못하고 따로 지내다.

밤톨	[명]	낱낱의 밤알.
웅큼	[명]	'움큼'의 잘못.
덤프트럭	[명]	화물 자동차의 하나. 차에 실은 짐을 자동적으로 한꺼번에 부릴 수 있도록 짐받이의 밑바닥을 떠받쳐 올리면서 뒤쪽으로 기울어지게 장치한 것으로, 자갈·모래·석탄·쓰레기 따위를 나르는 데 쓴다.
메꾸다	[동]	'메우다'의 잘못.
파다하다	[형]	소문 따위가 널리 퍼져 있다.
혼곤하다	[형]	정신이 흐릿하고 고달프다.
사악하다	[형]	간사하고 악함.
두둥실	[부]	물 위나 공중으로 가볍게 떠오르거나 떠 있는 모양.
대롱대롱	[부]	작은 물건이 매달려 잇따라 가볍게 흔들리는 모양.
미욱하다	[형]	하는 짓이나 됨됨이가 매우 어리석고 미련하다.
갑절	[명]	배(倍).
꼿꼿하다	[형]	① 물건이 휘거나 구부려지지 아니하고 단단하다. ② 사람의 기개, 의지, 태도나 마음가짐 따위가 굳세다. ③ 어려운 일을 당하여 꼼짝할 수가 없다.
외마디 소리	[명]	[북한어]오직 한결같은 단조로운 소리.
변용	[명]	용모가 바뀜. 또는 그렇게 바뀐 용모.
종속적	[명]	어떤 것에 딸려 붙어 있는. 또는 그런 것.
서원	[명]	조선 시대에, 선비가 모여서 학문을 강론하고, 석학이나 충절로 죽은 사람을 제사 지내던 곳.
상기되다	[동]	흥분이나 부끄러움으로 얼굴이 붉어지다.

연습

1. 다음 ( ) 안에 알맞은 것을 고르십시오.

   (1) 대나무는 ( ) 매서운 겨울 바람을 무지 싫어한다.
      ① 폭폭 감기는　　　　　② 쉴 새 없이 부는
      ③ 하늘을 찌르는 듯한　　④ 살을 에는
   (2) 비록 오늘은 이렇게 물러나지만, 언젠가는 오늘의 이 치욕을 ( ) 갚아 주겠다.
      ① 과감히　　② 고스란히　　③ 결단코　　④ 끝끝내
   (3) 꾸준한 피아노 연습을 해 온 현숙이의 실력이 ( ) 발전했다는 것을 느낄 수 있었다.
      ① 약동적으로　② 전격적으로　③ 충격적으로　④ 비약적으로
   (4) 이 술은 그리 독하지 않은 술이지만 조금만 마셔도 ( ) 취하게 된다.
      ① 은은히　　② 은근히　　③ 살며시　　④ 살포시
   (5) 그 동안에는 대기 오염의 실태를 그저 ( ) 생각해 왔는데 오늘 발표된 자료를 보고 그 실태가 얼마나 심각한 것인가를 깨닫게 되었다.
      ① 하물며　　② 비로소　　③ 막연히　　④ 소심히

2. 다음 밑줄 친 부분과 의미가 가장 비슷한 것을 고르십시오.

   (1) 연말연시에 들뜬 분위기를 틈타 이메일로 전송되는 크리스마스 카드메일이나 신년 연하장을 위장한 이메일 웜이 출현할 가능성이 높은 것으로 지적됐다.
      ① 분위기를 뒤쫓아　　② 분위기에 휩싸여
      ③ 분위기를 이용해　　④ 분위기에 맞추어
   (2) 밤마다 열심히 다리를 주물러 주는 것이 고맙고도 미안한 일이라 생각하다가도 나름의 예비 아빠라는 자신의 역할에 충실함을 생색낼라 치면 그 억울함이 슬며시 고개를 쳐들어 또 도끼눈을 뜨기 십상이었다.
      ① 생색낼까 하여　　　② 생색내련만
      ③ 생색낼 셈으로　　　④ 생색내기라도 하면

(3) 땀을 많이 흘리면 기가 허해지고 입맛도 <u>잃게 마련이잖아요</u>. 이렇게 더울 때는 음식으로 기분 전환하는 것도 좋은 거 같아요.
① 잃은 꼴이잖아요　　　　② 잃게나마 하잖아요
③ 잃기 십상이잖아요　　　④ 잃기 때문이잖아요

● 3. 다음 밑줄 친 부분 중 잘못된 것을 고르십시오.

(1) (　　)
① 함께 웃고 마음 졸이고 한숨짓다 보면 어느덧 <u>눈시울이 붉게 물 들어 있다</u>.
② 만약 <u>우물 안 개구리식</u> 인생을 원치 않는다면 발 아래 박혀 있는 편자의 고통을 인내해야 한다.
③ 사람들은 물이 불어난다고 외치는데도 들은 체 만 체 하였고, 나는 <u>닭 쫓던 개</u> 마냥 밀려오는 강물만 맥없이 바라보았다.
④ <u>길눈이 어두워</u>도 너무 어두워 밤길에 전봇대에 부딪힐까 조심해야 한다.

(2) (　　)
① 저는 그 거래처와 계약을 연장할 의도가 <u>전혀</u> 없습니다.
② 무더위에 자동차를 운전하는 것은 <u>여간</u> 고역이 아니다.
③ 하루 일을 마치고 집으로 돌아갈 때면 <u>이따금</u> 많은 피로를 느낀다.
④ 물에 빠진 사람을 구할 경우 가장 유용하게 쓸 수 있는 것이 바로 주변에서 <u>차차</u> 볼 수 있는 빈 페트병을 활용하면 효과가 있다.

● 4. 다음 글을 읽고 물음에 답하십시오.

　사장으로 산다는 것이 참 힘들다. 누구는 기업경영의 핵심을 '인재 경영'이라고 했다. 회사가 얼마나 성장하는지는 (　㉠　) 인재를 얼마나 많이 모시고 키우느냐에 달려 있다고 한다. 그런데 요즘 (　㉡　) 인터뷰를 하다보면 속이 다 썩는다. 지난 주말 신입사원 면접을 했을 때도 마찬가지였다. 서류전형으로 고르고 또 골라 9명만 면접했다. 괜찮은 사람이 있을 것이라 생각하면서 많은 시간을 투자했다. 그러나 실망이었다. 아니 실망보다는 (　㉢　)했다고나 할까?

(1) 위의 ㉠,㉡,㉢에 순서대로 들어갈 가장 적합한 것을 고르십시오.
① 완벽한, 채용, 실신
② 완벽한, 사원, 허탈
③ 훌륭한, 채용, 허탈
④ 훌륭한, 사원, 실신

(2) 위 글의 내용으로 보아 사장이 실망한 이유에 포함되지 않은 것을 고르십시오.
① 많은 시간을 투자하고도 결과가 없어서
② 괜찮은 사람이 있을 것이란 희망이 없어져서
③ 서류전형을 9명만 골랐기 때문에
④ 면접을 하다 보니 속이 너무 상해서

5. 다음 글을 읽고 물음에 답하십시오.

미리 깔고 누울 자리와 야외용 의자를 준비한다. 수건과 풍선 베개도 아이와 이야기해서 아침에 읽고 싶은 책을 들게 하고 차에 탄다. 가까운 곳에 있는 산속으로 향한다. 물이 있으면 좋지만 그런 데는 사람이 많게 마련이니 그늘만 있어도 상관없다. 마실 물은 미리 준비한다. 물을 준비할 때 아이가 좋아하는 라면이나 과자, 내가 좋아하는 김밥과 과일도 산다. 나 역시 읽고 싶은 책을 한두 권 들고 있다. 사람이 드문 곳을 골라 자리를 깔고 나란히 눕는다. 책을 읽기 시작한다. 배가 고프면 라면을 끓이고 과일을 먹는다. 계속 책을 읽는다. 모기향을 가져올 걸, 하고 후회한다. 벌레 물린 데 바르는 약이라도 가져올 걸, 하고 또 후회한다. 내 책을 다 읽고 나면 아이의 책을 빼앗아 읽는다. 반대의 경우도 발생할 수 있기 때문에 (㉠). 땅거미가 내리면 자리를 정리하고 쓰레기를 담은 뒤에 차를 타고 내려온다. "정말 좋았지? 내일 또 오자" 하는 말을 차에서 내리기 전에 꼭 하고 머리를 끄덕이는 걸 반드시 확인한다. 난 이런 휴가가 좋다.

(1) ㉠에 들어갈 내용으로 알맞은 것은 무엇입니까?
① 책을 되도록이면 여러 권 준비하도록 한다.
② 아이가 읽어도 될 만한 내용의 책을 준비한다.
③ 책을 아이보다 빨리 읽고 바꿔 볼 준비를 한다.
④ 읽은 책은 아이 몰래 차 뒤 트렁크에다 감춰둔다.

(2) 이 글의 내용과 일치한 것은 무엇입니까?
① 휴가 장소는 사람이 많은 곳이라야 안전한 곳이므로 그런 곳이 좋다.
② 스트레스를 풀기 위해 산으로, 바다로, 계곡으로 떠나는 휴가가 좋다.
③ 휴가 때 모기가 많은 장소는 피하고 물이 넉넉한 장소를 선택하는 게 좋다.
④ 인적이 드물고 몸과 마음을 재충전할 수 있는 웰빙 휴가가 좋다.

● 6. 다음을 읽고 물음에 답하십시오.

사고 현장을 중계할 때에 미리 정해진 대본이란 있을 수 없다. 그런데도 방송 진행자는 ㉠놀라울 정도로 신속하고 정확하게 현장의 상황을 시청자들에게 전달해 준다. 심지어는 예기치 않은 방송 사고가 났을 때도 위급한 상황을 재빨리 수습하는 (㉡)의 능력을 보여 준다.

(1) ㉠과 바꾸어 쓸 때 알맞은 것을 고르십시오.
① 놀라우련마는   ② 놀라우리만치
③ 놀라울 뿐더러   ④ 놀라울 따름이니

(2) ㉡에 알맞은 것을 고르십시오.
① 임기응변   ② 자승자박   ③ 부화뇌동   ④ 청천벽력

● 7. 다음을 읽고 물음에 답하십시오.

소설은 인간의 삶을 토대로 하지만 언제나 인간의 삶 그 이상을 그리고 있다고 해도 ㉠지나친 말이 아니다. 소설 속에는 삶에 대한 깊은 성찰과 고민이 담겨 있다. 이 때문에 독자들은 소설을 읽으면서 자신의 삶을 반추할 수 있게 된다. 하지만 어떤 이들은 소설이 (㉡) 거기에 무슨 의미를 부여해야 하느냐고 말한다. 그러나 재미만을 추구하게 된다면 소설이 가졌던 삶 그 너머의 의미를 잃게 될 것이다.

(1) ㉠과 바꾸어 쓸 때 알맞은 것을 고르십시오.
① 과언이 아니다.   ② 궤변이 아니다.
③ 긴 말이 필요 없다.   ④ 말만 앞세우지 않는다.

(2) ⓒ에 알맞은 것을 고르십시오.
  ① 재미없기 그지없어서   ② 재미있으면 그만이지
  ③ 재미있는 건 고사하고   ④ 재미있는 건 차치하고

8. 다음 글의 주제로 가장 적절한 것을 고르십시오.

(1) 지금과 마찬가지로 조선 시대에도 여성 의사가 있었다. 그렇지만 그 당시 여의사의 사회적인 위치와 대우는 지금과는 차이가 있었다. 조선 시대에는 남녀 간의 내외법이 엄격하여 여자들이 남자 의원에게 치료받기를 꺼려했기 때문에 가볍게 고칠 수 있는 병으로 죽는 경우가 많았다. 여성 의사인 의녀는 이러한 문제를 해결하기 위하여 양성되었다. 그러나 조선 시대는 신분 제도가 엄격했기 때문에 여자이면서 노비 출신인 의녀들에 대한 전문적인 훈련 과정이 부족했다. 결국 의녀들은 전문적인 의사로서 대우를 받기보다는 보조 역할을 담당하는 경우가 많았다.
  ① 조선 시대에는 여자들이 남자 의원에게 치료받기를 꺼려했다.
  ② 조선 시대에는 노비 출신들에게 제대로 대우를 해주지 않았다.
  ③ 의녀들은 사회적인 신분 때문에 전문 의사로서 대우를 받지 못했다.
  ④ 조선 시대는 의료 기술 수준이 낮아 병을 못 고치는 경우가 많았다.

(2) 나무는 분수에 만족할 줄을 안다. 나무로 태어난 것을 탓하지 아니하고, 왜 여기 놓이고 저기 놓이지 않았는가 하고 불평을 하지 아니한다. 등성이에 서면 햇빛이 따사로울까, 골짜기에 내려서면 좋을까 하여 새로운 자리를 엿보는 일도 없다. 물과 흙과 태양의 아들로, 물과 흙과 태양이 주는 대로 받고, 불만족을 말하지 아니한다. 이웃 친구의 처지를 부러워하는 일도 없다. 소나무는 소나무대로 스스로 만족하고, 진달래는 진달래대로 만족한다.
  ① 주어진 상황에 만족하며 살아야 한다.
  ② 자신에게 없는 것을 얻기 위해 노력해야 한다.
  ③ 인간은 자연 속에서, 자연과 함께 살아야 한다.
  ④ 자신의 상황에 대해 반성하며 사는 것이 필요하다.

9. 다음을 읽고 물음에 답하십시오.

지난 5월부터 '국민건강증진법'이 일부분 개정되었다. 이에 정부가 아닌 지방 자치 단체가 중심이 되어 버스 정류장이나 공원, 학교 근처 등 많은 사람이 모이는 공공장소를 금연 구역으로 정할 수 있게 되었다. 그러나 그 범위를 어디까지로 정해야 할지를 두고 많은 논란이 있다. (㉠) 흡연자들의 반발도 만만치 않다.

그러나 많은 연구에 따르면 흡연자들이 내뿜는 담배 연기에는 비흡연자들의 건강을 위협하는 물질들이 들어 있다고 한다. 또 비흡연자인데도 폐암에 걸린 환자들 중 다수가 가족이나 주변 사람의 담배 연기를 들이마셨던 것으로 보고되었다. (㉡) 다른 사람이 피운 담배 연기 때문에 건강을 잃을 수 있다는 것이다. 따라서 이러한 문제를 최소한으로 줄이기 위해 많은 사람이 모이는 지역을 금연 구역으로 지정하는 것은 너무나 당연한 일이다.

(1) 글쓴이가 이 글을 쓴 이유로 적절한 것은 무엇입니까?
　① 법 개정에 대한 흡연자의 반발을 무마하기 위해
　② 비흡연자들의 피해를 줄일 수 있는 방법을 조사하기 위해
　③ 공공 지역을 금연 구역으로 지정해야 한다는 주장을 하기 위해
　④ 공공장소 중 금연 구역의 범위를 어디까지 할지 논의하기 위해

(2) 다음 ㉠와 ㉡에 들어갈 말로 알맞은 것은 무엇입니까?
　① ㉠ 또한　　㉡ 즉　　　② ㉠ 이에　　㉡ 반면
　③ ㉠ 그런데　㉡ 결국　　④ ㉠ 게다가　㉡ 마찬가지로

10. 다음을 읽고 물음에 답하십시오.

㉠번역이란 한 언어로 나타낸 의미를 다른 언어로 바꾸는 행위이다. 그러나 ㉡이것을 그릇에 담긴 음식을 다른 그릇으로 옮기는 것과 마찬가지의 단순한 행위라고 생각해서는 안 된다. 한 언어의 어휘와 표현에는 그 언어가 사용되는 나라 특유의 문화와 정서가 녹아 있다. 만일 ㉢그것이 문학작품 속의 언어라면 문화적인 특수성은 더욱 강할 것이다. 예를 들어, 시인 백석의 시에 나오는 '김치가재이', '우물든덩'과 같은 시어들은 매우 한

국적인 특수성을 가지는 말로서 이들을 다른 언어로 그대로 옮기는 것은 거의 불가능에 가깝다. 그럼에도 불구하고 다음과 같이 매우 훌륭하게 ㉣ 이러한 작업을 해 낸 작품들이 있다.

(1) 이 글의 뒤에 이어질 내용으로 적절한 것은 무엇입니까?
　　① 번역이 어려운 이유
　　② 훌륭한 번역을 하는 방법
　　③ 문화적 특수성과 번역의 관계
　　④ 훌륭한 번역을 한 작품의 예

(2) ㉠~㉣ 중 다른 것과 의미가 다른 하나는 무엇입니까?
　　① ㉠　　　② ㉡　　　③ ㉢　　　④ ㉣

11. 다음 글을 읽고 (　　)에 알맞은 말을 쓰십시오.

(1)

　　요즘 단체 급식소, 고속도로 휴게소, 백화점 식당가 등 자외선 소독기를 설치한 곳이 많다. 자외선 소독기는 자외선이 닿는 부분만 소독이 된다. 그런데 대부분 업소에서 컵을 겹겹이 포개 뒤집어서 넣어 둔다. 이는 잘못된 사용법이다. 소독 효과를 보려면 컵을 바로 세워 컵 안쪽과 입이 닿는 부분에 자외선이 비치도록 둬야 한다. 기껏 비용을 들여 소독기를 마련하고 작동을 위해 전기를 쓰면서도 (　　　　). 자외선 소독기가 그저 식기 보관대가 되지 않도록 제대로 사용해서 위생에 소홀함이 없도록 해 주면 좋겠다.

(　　　　　　　　　　　　　　　　　　　　　　　　　　　　)

(2)

　　각 대학이 방학에 들어가면 계절학기가 실시된다. 학기 중 부족한 학점을 보완하거나 조기 졸업을 위해 사전 수강하는 제도다. 그런데 사립대학은 계절학기 수강료가 굉장히 비싸다. 학점당 보통 8만 원 이상으로 3학점짜리 2과목만 들어도 50여만 원이다. 경제적 부담이 만만치 않다. 개설 강좌도 대개 단순 교양이나 계열 기초과목 정도다. 전공과목을 보충하는 게 더 효율적이지 않을까. (   ) 들을 수 있으면 좋겠다.

(   )

普通高等教育"十一五"国家级规划教材
——21世纪韩国语系列教材

书号978-7-301	书名	编著者	定价
08062-7/H·1264	韩中翻译教程（若批量使用可配送教师用书）	张敏　朴光海　【韩】金宣希 编著	38.00
08120-0/H·1283	韩国语概论	林从纲　任晓丽 编著	20.00
15055-9/H·2232	大学韩国语修订版(第一册)	牛林杰　【韩】崔博光 主编（1-4册附光盘，如选用教材可赠送课后答案）	30.00
15053-5/H·2229	大学韩国语修订版(第二册)		32.00
15052-8/H·2228	大学韩国语修订版(第三册)		36.00
15051-1/H·2227	大学韩国语修订版(第四册)		36.50
15845-6/H·2320	大学韩国语(第五册)		35.00
16136-4/H·2375	大学韩国语(第六册)		32.00
08909-0/H·1463	中韩翻译教程（若批量使用可配送教师用书）	张敏　【韩】金宣希 编著	52.00
11705-7/H·1282	韩国语写作	林从纲　金龙 编著	26.00
10301-2/H·1595	新编韩国语词汇学	林从纲 编著	36.00
12147-4/H·1722	韩国语中级阅读	方今淑　张英美 编著	26.00
韩国语国情阅读教程　张光军 总主编（若选用教材赠送课后习题答案）			
14447-3/H·2120	韩国的政治和外交	张文江 编著	36.00
14488-6/G·2480	韩国的社会	赵新建　马会霞 编著	39.00
14485-5/H·2126	韩国的地理和旅游	刘吉文 编著	39.00
14483-1/H·2125	韩国的语言	张光军　江波　【韩】李翊燮 编著	38.00
14487-9/I·2069	韩国的文学	金英今 编著	38.00

即将推出：韩国语国情阅读教程：韩国的信仰和民俗，韩国现代文学选读

韩国语能力考试必备系列

本套书从韩国语能力考试备考方案、模拟试题等几大部分入手,全方位、有重点地指导能力考试应试者备考,并可作为韩国语学习者测试自身学习成果的课外学习资料。作者为韩国新罗大学、韩国釜山外国语大学、上海外国语大学等著名高校具有丰富教学经验及韩国语能力考试指导经验的教师、学者。

注:目前韩国教育课程评价院已经注册商标TOPIK、KICE专有权,北京大学出版社在中国享有本商标的专有使用权。

书号	书名	编著者	定价
09374-0/G·1572	韩国语能力考试语法词汇备考方案	金忠实 陈艳平	32.00
09373-X/G·1571	韩国语能力考试阅读理解备考方案	金忠实 金英实	25.00
10516-9/H·1654	韩国语能力考试听力备考方案	金忠实 李明姬	39.80(附光盘)
10515-0/H·1653	韩国语能力考试写作备考方案	金忠实	30.00
09159-1/H·1495	韩国语惯用型100例	【韩】李伦珍	20.00
10484-7/H·1649	韩国语能力考试高级模拟试题集	金忠实 等	28.00(附光盘)
11618-0/H·1737	韩国语能力考试初级模拟试题集	金忠实 等	28.00(附光盘)
10487-1/H·1651	韩国语能力考试中级模拟试题集	金忠实 等	36.00(附光盘)
12342-3/H·1783	实务韩国语	肖伟山 林成姬	40.00(附光盘)
16001-5/H·2350	韩语常用句型大全	陈艳平 郑 杰	28.00

《韩国语语法精讲与训练》(引进版)
作者:[韩] 申恩琼 [韩] 金春周 [韩] 李敬姬 著
    陈艳平 译

《韩国语词汇精讲与训练》(引进版)
[韩] 李敬姬 [韩] 申恩琼 [韩] 金春周 著
陈艳平 何彤梅 译

适用范围:韩国语能力考试(TOPIK)中、高级培训教材、自学教材
内容简介:《韩国语语法精讲与训练》在对韩国语能力考试历年试题和韩国国内主要韩国语教材进行综合分析的基础上,精选320个语法现象进行一一讲解,并辅以例句和大量练习,实现讲解、练习与考试实战的完美结合,是一本实用的韩国语能力考试中、高级备考教材。其姊妹篇为《韩国语词汇精讲与训练》,在对韩国语能力考试历年试题和韩国国内主要韩国语教材进行综合分析的基础上,从近义词、反义词、多义词、词组、拟声拟态词、俗语、惯用语、汉字成语、接头词接尾词几大方面入手,精选重点词汇进行一一讲解,并辅以例句和大量练习,实现讲到、练到与考试实战的完美结合。这两本教材也是韩国语学习者学习语法的辅助工具书,是韩国语教师讲解语法的参考书,还可作为韩国语专业的语法教材。原版由韩国语能力考试出题机构KICE唯一指定的出版机构韩国教育振兴研究会出版。

即将推出:韩国语写作精讲与训练,韩国语阅读精讲与训练,2009年韩国语能力考试真题及解析(初级、中级、高级)(第14回)

《大学韩国语》课后习题参考答案信息

尊敬的老师：

您好！

为了方便您更好地使用《大学韩国语》(1~6册)，我们特向使用该书作为教材的教师赠送课后习题参考答案。如有需要，请完整填写"教师联系表"并加盖所在单位系(院)或培训中心公章，免费向出版社索取。

北京大学出版社

教 师 联 系 表

教材名称	《大学韩国语》(___册)					
姓名：		性别：		职务：		职称：
E-mail：		联系电话：		邮政编码：		
供职学校：			所在院系：			（章）
学校地址：						
教学科目与年级：			班级人数：			
通信地址：						

填写完毕后，请将此表邮寄给我们，我们将为您免费寄送课后习题参考答案，谢谢合作！

北京市海淀区成府路205号
北京大学出版社外语编辑部　张娜
邮政编码：100871
电子邮箱：flowin@163.com
　　　　　ccxuan@hotmail.com

邮 购 部 电 话：010-62534449
市场营销部电话：010-62750672
外语编辑部电话：010-62765014